中国金融四十人论坛

CHINA FINANCE 40 FORUM

致力于夯实中国金融学术基础，探究金融领域前沿课题，
引领金融理念突破与创新，推动中国金融改革与发展。

经济运行的真相

高善文 著

中信出版集团 | 北京

图书在版编目（CIP）数据

经济运行的真相 / 高善文著 .-- 北京 : 中信出版社 , 2020.3（2025.12重印）
ISBN 978-7-5217-1341-1

Ⅰ . ①经… Ⅱ . ①高… Ⅲ . ①中国经济—宏观经济—研究 Ⅳ . ① F123.16

中国版本图书馆 CIP 数据核字（2019）第 287685 号

经济运行的真相

著　　者：高善文
出版发行：中信出版集团股份有限公司
（北京市朝阳区东三环北路 27 号嘉铭中心　　邮编　100020）
承 印 者：北京盛通印刷股份有限公司

开　　本：787mm×1092mm　1/16　　印　　张：22　　字　　数：293 千字
版　　次：2020 年 3 月第 1 版　　印　　次：2025 年 12 月第 11 次印刷
书　　号：ISBN 978-7-5217-1341-1
定　　价：65.00 元

中国金融四十人论坛书系
CHINA FINANCE 40 FORUM BOOKS

"中国金融四十人论坛书系"专注于宏观经济和金融领域，着力金融政策研究，力图引领金融理念突破与创新，打造高端、权威、兼具学术品质与政策价值的智库书系品牌。

中国金融四十人论坛是中国最具影响力的非官方、非营利性金融专业智库平台，专注于经济金融领域的政策研究与交流。论坛正式成员由40位40岁上下的金融精锐组成。论坛致力于以前瞻视野和探索精神，夯实中国金融学术基础，研究金融领域前沿课题，推动中国金融业改革与发展。

自2009年以来，"中国金融四十人论坛书系"及旗下"新金融书系""浦山书系"已出版160余本专著。凭借深入、严谨、前沿的研究成果，该书系在金融业内积累了良好口碑，并形成了广泛的影响力。

前 言

承蒙中国金融四十人论坛编辑部廉薇女士的热情鼓励和一再催促，我终于将过去的一些文章编选整理成册，适当补充了文章写作背景的介绍，以期尽快付梓，与朋友们见面。

其中一部分文章曾经收在《经济运行的逻辑》一书中，这次编辑的时候重新收录进来，另外一部分文章主要是2013年以后的一些研究和思考。尾声收录两篇散文，一篇为纪念高中毕业三十年而写，另一篇为纪念改革开放四十年而写，由于文笔轻松，当时在网络上颇有一些点击量。

结合过去的经验和教训，这次收录的文章主要考虑以下几个方面。

一是阅读的趣味性。这既包括文字上的趣味性，也包括观察和思考方面的趣味性。例如，书中收录了关于反腐败与房价变化的一些观察，这类文章读起来颇有趣味。

二是时间的沉淀。作为商业机构，我们高度关注经济的起伏和市场的涨跌，并时常做出预测。从事后来看，这些预测有的正确，有的错误。即使对于正确的预测而言，时过境迁，相关的研究报告也早就失去了意义。有一些报告经历了时间的过滤和岁月的沉淀，似乎仍然留有当时思考的余香，具有更长远的价值，我试图将这些报告编选在册，多少算是敝帚自珍吧。

三是在写作时，这些文章是否引起一些关注和讨论，是否产生了一些社会影响。我觉得这些文章就像老照片一样，记录和映照着过往的点点滴滴，在当前可能也是有认识和思考价值的。

从编选后的结果看，书中大致收录了这样一些内容。

第一章是关于研究方法论的认知及感悟，其中结合了对科学史的粗略了解、日常阅读学术文献的体会和领悟，以及长期观察和思考经济现象的心得感受。这些关于研究方法的总结必然是不全面和不准确的，也许甚至是肤浅的，但叙事的故事性很强，多少算是千虑一得吧。

第二章主要收录了 2010 年底我和同事们对 2010—2020 年中国长期经济趋势增速的思考和估算。十年以后来看，其中的一些关键估算结果与后来的事实十分接近。例如，当时我们认为 2020 年中国经济的增速将下降到 5.5% 左右，现在看来这一推断的偏差不会很大，这可能有一定的侥幸成分。但是，我们当时强调的一些经济趋势减速的结构性因素和力量无疑是比较正确和完备的，并有助于我们进一步思考 2020—2030 年经济趋势的变化。

2019 年底，我们将中国经济过往十年所经历的转型，放在东亚经济体的背景下进行了对照和比较，并对 2020—2030 年的中国经济走向提出一些判断。相关文章也一并收录在这一部分。

第三章是对于物价变化的一些观察和思考，这些文章的时间跨度差不多有十五年，在点滴的积累中认识得以深入。其中，2003 年，我和同事们比较了中国和美国工业中间品的价格指数，发现其自 1996 年以后呈现高度同步的特征。我们将此归因于汇率制度的安排，并作为理解此后中国价格和全球价格相互作用的重要支点。

2010 年我们仔细比较和分析了不同种类谷物长期的价格变化，断定中国已经走过了刘易斯拐点，由于食品等门类的相对价格加速上升，一般消费物价的波动中枢因此提高了 1~2 个百分点。2015 年底我们对这一预测进行了回顾性分析，发现其阐释的机理和推断的结果大体上都是正确的。我们当时还进一步检讨了这一变化可能对收益率曲线和汇率等金融市场关键价格信号产生的影响。这些发现和认识对于我们理解当前和未来的物价变化过程仍然具有很大的指导意义。

第四章是关于产能过剩的研究。我们使用工业行业盈利能力相对于长期趋势的背离程度来衡量产能过剩，并使用周期性因素和所有制因素（主要是考虑国有企业的预算软约束）来共同解释该指标在行业间的分布差异，认为市场的自发力量能够并且的确在促进市场的出清，但在国有企业相对集中的领域，市场出清的节奏更加缓慢。后来供给侧改革显著加速了市场的出清过程，特别是在国有企业集中的领域似乎更加如此。

基于行业是否受到供给侧改革的强烈影响，我们进一步将工业行业分解为两个类别，观察其价格、产出、盈利和投资等关键指标的变化。看起来这一做法很好地孤立、描述和刻画了供给侧改革的影响及其程度，这对于我们理解2016年以来许多重要的宏观指标的变化提供了不可或缺的视角。

第五章是关于房地产的研究。2017年我使用小学在校生数量增长来描述城市的人口流入压力，试图解释不同城市之间长期房价上涨压力的差异，取得了很好的结果，并揭示了2012年以来中国城市人口逐渐向少数大城市加速集中的重要趋势。我与同事们还结合城市建成区面积、常住人口等数据，讨论了土地批租制度对土地供应和房地产市场的潜在影响，以及估算房地产库存、探索并推断市场短期景气变化的方法。

第六章，我从市场的角度探讨了影子银行体系兴起的原因和影响。特别重要的是，通过观察和比较市场化存款利率的变化，我试图强调旺盛的资金需求（相当一部分可能来自房地产和地方政府融资平台）以及监管政策对表内放贷形成的约束，可能是这一体系兴起的最重要的宏观背景，其中需求的原因可能是主导性的，影子银行的持续演化是监管约束下对需求做出的反应。这一认识也延伸到对去杠杆政策的思考。

最后一章，作为中国金融四十人论坛访问团的成员，在过去数年中，我随论坛成员们多次拜访了美国政府相关部门和华盛顿的智库，这为理解 2018 年中美贸易摩擦提供了不少一手资料和观察视角。基于亲自经历和广泛的社会关切，我对中美贸易摩擦进行了一些讨论，引起了很多人的兴趣。

这样的工作是否成功，能否引起足够广泛的阅读兴趣，并令人有所收获，只能由读者来判断。

在多年的工作过程中，我得到了许多同事的热情帮助和指点。就本书而言，我要特别感谢罗斌、莫倩、柳世庆、尤宏业、高伟栋、姚学康、郭雪松和袁方等同事和朋友，他们卓越的数据搜集和处理能力、细致的逻辑分析和推演能力、准确透视和洞察经济现实的能力，都给了我巨大的帮助。在此，我还要感谢中国金融四十人论坛编辑部的廉薇、苏向辉，中信出版集团乔卫兵总编、灰犀牛分社黄静总编以及李婕婷、李亚婷、程璞玉几位编辑的悉心帮助，是他们的专业素养和敬业精神才得以让本书最终付梓。

当然，本书中的所有错误和遗漏，由我来承担责任。

高善文

2020 年 2 月 25 日

目　录

第四章　产能过剩的真相

第五章　房地产的真相

第六章　影子银行与宏观杠杆问题的真相

第七章　国际贸易摩擦的真相

尾　声

第一章

研究方法总论

光线是可以弯曲的
——关于研究方法的随感

这篇文章来源于2010年夏我在上海参加一个研讨班时的即席演讲，主要结合我对科学史的大体了解以及在日常经济研究领域的切实观察，有针对性地提出和讨论了一些方法层面的问题。为了增加趣味性，演讲通过一连串的故事来展开，其优点是语言活泼生动，听众有愉悦感，文字可读性强；缺点是表述并不严谨，甚至不很严肃，内容也不太系统。

后来我的同事对内容进行了整理和删减，保留了其中的十个故事，但原来的语言表述方式基本没有调整。对于即席演讲的随意性和现场的许多调侃，读者不应过于追究故事的具体细节，而宜略观其大端。

一、非洲蚂蚁如何找到自己的家

许多年以前，生物学家热衷于使用进化理论来研究生物的行为。在研究过程中，他们发现非洲沙漠里有一种蚂蚁，这种蚂蚁找回自己巢穴的行为非常奇怪。

当时人们已经知道，在正常的条件下，蚂蚁要找回自己的巢穴，主要是靠它们在离开巢穴时沿途一直留下的气味。等到蚂蚁要回家的时候就会循着气味找回去，因为蚂蚁是没有视觉的。要想验证这一点，方法很简单：在蚂蚁返程时沿途放几个樟脑球。一般来说，蚂蚁就会因此而迷路。

但是，科学家发现非洲沙漠里有一种蚂蚁实际上不是依靠气味来识别路途的。在很长一段时间里，大家对这种蚂蚁如何找回自己的巢穴非常感兴趣。

当时，为了解释这种蚂蚁是如何找回家的，出现了很多不同的理论。其中一种理论认为，在这种蚂蚁体内有一种类似计步器的构造。当蚂蚁离开自己巢穴的时候，它的计步器开始工作，统计蚂蚁的步数；然后，当蚂蚁找回家的时候，计步器开始反向工作；当计步器清零，蚂蚁就知道到家了。

从研究的角度来看，迄今为止我们把这个案例总结为两点。

我们看到研究的第一步是观察现象，提出问题。科学家观察到的现象是蚂蚁回家，提出的问题是：这种蚂蚁回家的方式很奇怪，它们是如何找回家的呢？

研究的第二步就是提出理论，做出猜想。为了解释面对的现象，我们提出一个假说，提出一个理论，这个理论在逻辑上要能够自圆其说，能够解释面对的现象。

但是在计步器假说提出以后的几十年里，人们不知道它是否成立。

我问过很多来参加面试的实习生，如果现在把这样一个假说抛给他，要试图论证这个假说是否成立，怎么办呢？

不少学生的第一反应是把蚂蚁解剖一下，然后用显微镜等生物学的方法来寻找计步器在哪里。其实稍微简单地想想就可以知道，这种办法在操作上是非常困难的，几乎不可能成功。

在这种假说里，很难将计步器与具体的生物器官对应起来。即便能够对应起来，这种器官的运作在解剖学上的意义也是很难理解的。所以，在很长一段时间里，人们始终不知道这种假说是不是对的，它仅仅是一种引人注意的、很有趣的假说。

前几年，学术期刊发表了一篇生物学论文，这篇论文就试图回答这样一个问题：计步器假说是否正确？

这篇文章是如何回答这个问题的呢？以现在的眼光看，办法很简单，但是在很长一段时间里人们都不知道这些办法。

它的办法是捉来一些蚂蚁，把它们分成两组。把第一组蚂蚁的腿截短一半，把第二组蚂蚁的腿延长一倍（像踩高跷一样）。这些是在蚂蚁离开家以后非常快速地完成的。

如果计步器假说是正确的，从这个假说出发得到的推论是，被截短一半腿的蚂蚁在往回走的路上，到了中途就开始团团转，表现出找家的行为；而被延长腿的蚂蚁会跨过自己的巢穴，按照计算的距离继续向前走，然后才表现出找家的行为。

从这样的方法出发，理论上可以做出这样的推测。接下来的问题就是用实验的方法来验证这个推测是不是正确的。

这篇论文能够在学术期刊上发表，很重要的原因就是这个假说居然被证明是正确的。蚂蚁找家的行为表现与这一假说的预测是一模一样的。

在这里我们看到研究的第三步和第四步。

如果说研究的第一步是观察现象，提出问题；第二步是提出理论，做出猜想；那么研究的第三步就是从假说和理论出发，从其内在的逻辑出发，去提出一系列的预测，这一系列的预测本身是基于理论的内在逻辑推演出来的。

由理论推导出来的预测必须是明确的、可以观察的和排他性的。显然，蚂蚁腿的长度被控制以后，其找家行为的变化是明确的和可以观察的。同时，这一预测只有计步器理论可以做出，其他竞争性理论是无法做出的，在此意义上，这一预测是排他性的。

研究的第四步就是系统性地搜集经验、事实和证据，并把这些经验、事实和证据与预测相对照。

如果理论的所有预测都能够和经验事实一致，那么我们就接受这个理论；如果理论的预测和经验事实不一致，那么我们就推翻这个理论，去寻求一个新的理论。

这就是我们迄今知道的科学研究的四个步骤。这四个步骤是缺一不可的。关于它们的重要性，我们再举一个例子。

二、重的物体比轻的物体下落得更快

古希腊时期人们很喜欢辩论。为了提高辩论技巧，一部分人训练了非常突出的形式逻辑。形式逻辑在此后上千年时间里的发展水平都很难超过古希腊。在那个时代，形式逻辑的典型也许是欧氏几何。

欧氏几何基于一系列非常简单的假设，可以推演出非常庞大且严谨的命题体系。

古希腊学者在那个时代就试图论证“地球是圆的”，并提出了一系列证据，他们还以几何学为基础去估算地球的周长。即使以现代的眼光来看，这样的估算成就也是很了不起的。

我们想说的是，任何一个理论都必须有逻辑，而它的基础就是基于古希腊时期的形式逻辑。在数千年以前的古希腊时代，大约跟中国的孔子时代差不多，希腊人的逻辑就非常发达，远高于中国先哲的水平。

但是我们也知道，古希腊有一个先哲亚里士多德。他提出过很多命题，其中一个备受瞩目的命题是：重的物体比轻的物体下落得更快。这个命题在亚里士多德的著作中有非常明确的阐述，而我们现在清楚地知道这个命题本身是不对的。

但是，从亚里士多德提出这个命题一直到伽利略时代，在上千年的时间里，没有人公开地、严肃地去质疑这个命题或这个预言。为什么呢？因为在漫长的时间里，人们不知道做科学研究的第三步和第四步。

亚里士多德观察到，羽毛比石头下落得更慢，因此他提出了一个理论，认为重的物体比轻的物体下落得更快。这是一个抽象的理论，但是这个理论是否正确呢?

他需要进行第三步，以这个理论为基础做出预测，然后是第四步，用可控的实验去验证这个预测。从亚里士多德一直到伽利略时代的漫长时间里，人们不知道为了取得知识和理解上的进步，第三步和第四步是否不可或缺。所以，在那段漫长的时间里，科学的进步非常缓慢，甚至可以说科学还没有诞生。

直到伽利略和牛顿时代，人们才认识到，理论不但需要逻辑支撑，还需要对世界进行系统的观察，并用这些观察来验证理论的预测，在验证的基础上推翻一个理论或者接受一个理论。

爱因斯坦说过，现代科学的诞生是一次偶然。这次偶然来自两种思想的碰撞和融汇。一种思想是形式逻辑。从现代对文明史的回顾来看，只有古希腊提出了非常发达的形式逻辑。而另一个很重要的精神源头就是实证精神。所谓实证精神，就是对事实进行系统的搜集、测量和记录。

只有当形式逻辑和实证精神这两种思潮交融在一起的时候，欧洲的科学才大放光芒。从伽利略时代到牛顿、达尔文，再到麦克斯韦、爱因斯坦，无不遵循这样的方法，将科学推向更加繁盛的地步。

二、光线是可以弯曲的

爱因斯坦的广义相对论本身在数学上、思想上，毫无疑问是异常复杂的。但是他做出的预测，他做出的可以观察的、以前人们不知道的预测，却是惊人的简单。

比如说，一个非常重要的预测是：当光线通过重力场的时候，光线本身可以被拉弯（其实是空间在弯曲）。这个事实以前人们不知道，并且是无法想象的。而这个在现代天文学中的观察一般叫作“重力场透镜效应”

或“爱因斯坦透镜效应”。

以这样一个重要的理论为基础，他做出的预言是什么呢？爱因斯坦经过严密计算做出的预言是：当发生日全食时，太阳的光芒会完全被月亮屏蔽。在这样的条件下，太阳背后的恒星发出的光经过太阳的重力场时被拉弯，照射到了地球上。这个时候人们对这颗恒星位置的计算，同太阳在其他位置时的计算有轻微的偏离，而这个偏离的大小是可以计算出来的。

1918年，英国的远征队分别在地球的不同地方对这一预言进行了观测，而观测的结果与爱因斯坦的预言是一模一样的。这是广义相对论获得广泛支持，爱因斯坦成为世界名人非常重要的实验证据。

在这里，我们也可以看到科学研究的四个步骤是缺一不可的，科学研究本质上是实证精神和形式逻辑的结合。

四、民可使由之，不可使知之

如果回过头看中国数千年的文明史，我们会看到，中国人既缺乏实证精神，也缺乏形式逻辑。在中国大量的史料中，我们看到的记录是，皇帝当晚宠幸了哪位妃子，名字叫什么；韩信在月下策划政变，最后没有成功。我们很少看到对世界的运行做出的系统的测量、观察和记录。

中国的先秦时代也有很激烈的辩论，这种辩论推动了逻辑的发展，其到达的高度中国人再也没有超越，但是它跟古希腊的形式逻辑相比不在一个量级上。

在朱熹所在的时代或是更晚的时代，知识分子都醉心于解读古代的典籍。这种解读首先沉迷于对定义的辩论，比如对论语的解读；其次沉迷于这句话在字义上如何解读、如何定义，而没有严密的逻辑推演和合理预测。

举例来说，康有为如何解释“民可使由之，不可使知之”呢？中国古代是没有标点的，这句话在很长时间里大家的解读是一样的，但是康有为提出了新的解读，认为原意是“民可，使由之；不可，使知之”，意思是“如果老百姓答应，那就这么办；如果老百姓不答应，就跟他们讲明白”。这个倒有点儿像现代西方民主政治的理想，但是包括梁启超在内的人对这样的解读都非常怀疑。

这里我们看到的是中国人古代的治学方法：命题本身没有非常清晰的含义，命题的基础没有非常严密的定义，命题的展开过程没有密实的逻辑，也没有提出任何预测。有时候即使提出预测，人们也不用通过系统性的观察去验证这个预测。

例如，在中医的著作中，关于生男生女，理论上是这样解释的：夫妇双方如果在单日行房，则生男；在偶日行房，则生女。这也是一个理论，这个理论做出了很重要的预测，但是你没有看到哪个中国人去系统性地搜集事实来验证这个理论。

所以中国人在漫长的文明史中既缺乏形式逻辑，也缺乏实证精神，因此，中国科学自始至终很不昌明。但中国文明居然延续至今，也算一大奇迹。

为什么我们要从这么遥远的孔子时代讲起呢？非常重要的原因是，这种传统一直延续到当代。即使是洋务运动和五四运动在一定程度上使西方的思想在中国开始广泛传播，但是在骨子里，中国学者，至少在社会科学领域，仍然非常深刻地缺乏实证精神与形式逻辑。余绪所及，影响很广。

五、“下边，没有了”

如果再具体到证券研究领域，个人认为，绝大多数我们看到的研究报告中，你找不到非常密实的逻辑和基于这些逻辑提出的预测，或者你偶尔能看到一点密实的逻辑，但是看不到通过对证据进行系统性的梳理来验证这些预测，从而接受或者推翻一个想法。

在不少研究报告中，我们看到的是材料的堆积，我们看到的是像孔子一样突然的灵感，或者像中医一样突然来一段论断，然后就没有了。像纪晓岚对老太监讲的故事：从前有位公公，下边，没有了。既不以此为基础做出一系列的预测，更谈不上对事实和经验进行系统性的梳理去验证预测。

这些是我对方法论做的第一个层面的陈述。我们回顾了科学研究遵循的一些共同的规则，所有的学科都要遵循这些规则。霍金说过："这注定是我们的知识能够取得大的进步的方法。除了这样的方法，我们不知道还有其他方法可以帮助我们进步。"

六、引力与温度无关

接下来我们对研究做第二个层面的展开。从哲学的角度来看，研究的对象是什么呢？研究的对象在本质上是讨论因果关系。什么叫因果关系呢？因果关系本身需要一个密实的定义。

以我个人的体会来看，因果关系是对一个封闭的系统而言，我们可以观察到它的输入，也可以观察到它的输出。假设一个封闭系统，我们把它隔离起来，它有 100 项输入，我们可以看到输入，也可以看到输出。当这个封闭系统的 99 项输入都不变，只有 1 项输入在变化，这个输入的变化在输出层面产生了变动，我们就说这两个现象之间存在因果关系。

之所以要对因果关系做这样一个密实的定义，我举几个例子。

第一个例子，在牛顿时代，牛顿本人研究了很多的现象，研究了光线色彩的构成、潮汐、地球围绕太阳运动和月亮围绕地球运动，等等。但是如果我们去看牛顿理论本身，以现代的眼光来看，这是一个奇迹。

这个奇迹并不仅仅是说他在数学和科学上多么了不起——尽管他在这些领域非常了不起，是划时代的人物。

我们想说的是，地球与太阳之间的相互作用，不依赖于太阳是由什么样的元素组成的，不依赖于太阳的表面温度是什么，不依赖于太阳本身的密度有多大，只依赖于太阳的质量和太阳与地球之间的距离，而太阳很多其他的属性，都是可以屏蔽和隔离开的。这本身是个奇迹，使我们在研究地球和太阳相互运动的时候，可以忽略太阳的物理构成，但是依然可以把两者的作用关系理解得非常清楚。

我举这个例子是想说，物理学研究的世界在原则上是可以隔离的。你可以把太阳的很多属性隔离掉，但是仍然能把这个系统研究得很清楚。

当人们在研究更现实的物理理论的预测时，进行的都是可控试验。比如说伽利略把一个 20 斤和一个 10 斤的铁球，从同样的位置扔下去，人们看到它们同时落地。这本身是一次可控试验。可控试验意味着你可以严密地控制输入。或者，在研究天体物理学的时候并不是可控试验，但是这个世界的研究在方法上、原则上居然是可以隔离的。这使得在研究因果关系的时候，研究过程变得相对容易。

为什么经济学的研究在这个层面上非常难？为什么生物学的研究，特别是关于人体的研究非常难？为什么现代医学的研究非常难？因为这些系统在原则上、方法上是很难隔离的。它们不能够像研究地球与太阳的运动一样，把太阳的表面温度隔离掉。

比如在生物体的层面上，一个普遍的现象叫“代偿”，就是说如果你某一项生物机能非常不发达，一定有另一项生物机能非常发达。“代偿”很可能跟漫长的进化过程中的竞争有关系，但是它非常清楚地表明人体在研究上是很难简单隔离的。一个系统的调整在另一个系统之中会引起非常复杂的反应，这些反应又会反过来影响你原来研究的这个问题，而且这些过程本身很难理解清楚。

在处理这些体系的方法上，简单隔离法和可控实验的研究方法是很难操作的。

七、雄鸡一声天下白

我们都知道在经济研究中，对经验数据的处理通常只能得到相关关系，但是相关关系和因果关系有很大的不同。

我先举一个例子，唐代有一句诗“雄鸡一声天下白”。这句诗描述了一个观测，有两个现象：第一个现象是公鸡叫，第二个现象是天亮。诗文还描述了这两个现象之间的联系，就是公鸡叫稳定地领先并预言着天要亮了。所以这是一个命题。

从这个描述中，我们清楚地知道这两种现象至少存在着非常紧密的相关关系，而且公鸡叫是稳定地领先于天亮的，但是这并不意味着公鸡叫是天亮的原因。

我们如何知道公鸡叫不是天亮的原因呢？从这个命题本身，从它们密切的关系，从公鸡先叫这些角度，我们都是无法知道的。我们能够很幸运地知道这一点，需要其他一些知识。

这些知识至少在两个层面上可以获得。第一个层面是现代天文学以令人信服的证据告诉我们，天亮不亮和公鸡叫是没有关系的。我们接受现代天文学的这些结论，我们知道这跟地球自转有关系，而跟公鸡叫是没有关系的。但是这些知识在我们刚才的数据处理系统之外，是一些额外的知识。如果没有这些额外的知识，我们不知道公鸡叫和天亮之间有没有因果关系。

第二个方法就是通过对鸡瘟的研究来判断。鸡瘟使大量的鸡都被宰杀，但是天照样准时地亮起来。这样一个自然实验清楚地表明它们之间不可能有因果关系，即鸡瘟这个自然事件导致公鸡叫这个现象被控制住了，公鸡不叫，天也照常亮，说明它们之间是没有因果关系的。从这个意义来讲，鸡瘟提供了一个类似的可控实验。在这个系统中，把这个变量控制住，其他的结果是不变的，所以不存在因果关系。

八、诗必穷而后工

我们知道，许多实证的经济研究处理的都是相关关系。比如很多人通常说 M1（狭义货币供应量）跟股市有什么样的关系，物价跟哪些因素有关系。这些论证在方法上都是基于一些相关性的描述,两条线拉在一起，比较认真负责的人会计算一个相关系数，不认真负责的人就说：“你看，这两条线很像！”但是原则上都是基于对相关关系的描述。

在密实的理论研究中，我们探究的是因果关系。那我们要问的是：因果关系和相关关系的区别在哪里？弄清楚这一区别对理解和厘清经济研究是非常重要的。那么如何解释二者之间的区别？

如果 A 是一个现象，B 是另一个现象 ，C 是一个我们没有看到的现象。

假设 A 与 B 之间存在相关关系，那么可能存在三种情况：第一种是 A 导致 B，A 是 B 的原因；第二种是 B 导致 A，B 是 A 的原因；第三种是 C 同时导致 A 和 B，C 既是 A 的原因，也是 B 的原因。

如果我们不能排除 C 的存在，就无法断定 A、B 之间的相关关系可以上升为因果关系；此外，弄清楚这个因果关系是沿着 A 到 B，还是沿着 B 到 A 也不太容易，这些问题是实证研究领域困难比较大的地方。

可以控制的实验的好处就是,可以把这个 C 排除掉。在天文学实验中，比如研究地球和太阳的运动，一个非常大的优势是假如 C 是太阳的表面温度，它跟 A、B 之间没有关系，你可以认为它不存在。

但是在经济研究之中，C 太多，B 到 A 的情况太多。所以从做出预测到观察事实，如果用因果关系的链条来梳理，有非常大的不确定性。为了说明这一点，我举一个例子。

古人喜欢写诗，其中学问很大。那么怎样写出好的诗歌呢？一个重要的概括是，“诗必穷而后工”。很多人认为这个命题描述的是因果关系，但是在我看来，它描述的顶多是一个相关关系。

“穷”是什么意思呢？不是贫穷，而是郁郁不得志。“穷则独善其身，达则兼济天下”，这个“穷”不是贫穷，而是指不得志，不能施展自己的抱负。

中国古代的知识分子希望被皇帝重视，如果不被重视，就躲到深山老林里边等着别人来求他。所以“穷”本质上是不得志，没有人重用他，官府不理他，即便躲到山林里还是没人理。

“穷”，是一个现象；“工”，是另一个现象，是指诗词写得很好。诗词写得好有很多标准。第一是格律非常好，汉语作为一种单音节的语言，对格律的要求是非常高的。现代人都认为，苏东坡的诗词写得那么好，李清照是和他同时代的人，却说苏东坡的词不够好，原因就是苏东坡的诗词“不谐音律”，在音律、音调的和谐、押韵方面有很大的问题。

第二是意境很高。所谓意境，就是一种幻觉，是通过语言和格律等去刺激你产生想象的一种幻觉，如果这种幻觉让你感到很舒服，那么就说这首诗“工”。

“诗必穷而后工”，这句话描述了两个现象：第一个现象是“穷”，第二个现象是“工”。很多人都认为这句话描述的是一种因果关系，就是因为“穷”，因为郁郁不得志，所以才能写出很感人的诗歌。所以“穷”是现象 A，“工”是现象 B，他们认为因果关系是 A 导致 B。

但是我后来仔细地研究了这个命题，我认为中国在上千年的时间里，以现代科学研究的方法来看，对这个命题的解读几乎注定是错的。为什么呢？我们至少可以提出两种竞争性的、令人信服的解释来说明这种解读可能是错的。

第一，诗写得很好是要花时间、花心思去琢磨的，不是随便能写出来的。李白的很多诗看起来写得很轻松，实际上他没事干，骑在马上都在琢磨音节、格律和意境。

一个人的精力是有限的，如果你花心思去琢磨格律，就没有办法去琢磨领导的心思，去琢磨周围的同事在想什么，去琢磨怎样把股票炒好。所以，是因为你喜欢“工”，花了很多心思在那个方面，那么花在主营业务上的心思就很少，你的业绩自然就很差，老板就不会喜欢你。老板不喜欢你，就肯定发不了奖金给你，也提拔不了你，所以你就“穷”。

这是第一种解释，认为因果关系是倒过来的，是“工”导致了“穷”。

举几个例子，李白受玉真公主之荐入宫，李隆基非常喜欢他。李隆基动不动就带着杨玉环在宫里耍，但是老觉得不痛快，因为爽的感觉不能长久地保留下来，不能很好地抒发出来，找了很多御用诗人都写得不透彻，就把李白叫过来。

李白当时还不知道干什么，得到吩咐以后，一提笔，流传千古的诗词就创作出来了，比如“云想衣裳花想容”等。但是李白在宫里只待了两年就被赶出来了，为什么呢？因为同事在背后诬陷他、嘀咕他、琢磨他，说他的坏话，他的上级也拼命给他使绊了。他们联合起来在李隆基面前扎他的针，扎了一针又一针，到后来李隆基实在受不了了，“赐金放归”，给了李白很多钱，让他出去玩儿吧，实在罩不住他了。

从根源上这是为什么呢？就是因为李白在写诗这个层面上花的心思太多。李白既不揣摩领导的意图，也不揣摩同事的想法。同事都在他背后使绊子，他茫然无知，被流放以后琢磨了很多年终于明白了。后来他落魄时写的回忆这段生活的诗歌，很多是充满牢骚的，比如同事陷害他，这帮人真坏，他写过一些这样的诗歌。

以李白的现实案例来看，“工”完全有可能是“穷”的原因。因果关系完全可能是倒过来的。

第二，还有一种可能性，就是存在一个C。怎样提出存在C的理论呢？这个理论也是很容易提出来的。为什么张三生下来数学就学得很好，李四怎么学都学不明白呢？因为人的天分是不一样的。这个天分就是我说的C。

有的人生下来感情就比较脆弱，非常多愁善感，听到秋风吹动树叶的声音就会流泪，有的人听了啥感觉也没有，这个就是天分的差异。

如果你是一个听见秋风就会流泪的人，你的本性是这样，那么你的诗歌就容易写得很好，因为你对世界的观察体会非常细微，你有一个高傲细微、敏感脆弱的心灵。你自己首先被感动了，你写出来的东西就容易感动别人。所以这个C就是你的天分，你的天分导致你的诗歌写得很好。

如果你的心灵天生如此脆弱，领导批评你两句你马上就哭鼻子，哭完鼻子就怠工，怠工完就提交辞呈，那你肯定领不到奖金，更别说被提拔了，这样“穷”就是不可避免的。

如果这个解读是对的，那么A和B——“穷”和“工”之间是没有因果关系的，两者之间只是一种相关关系。

我们举这个“穷而后工”的例子是想说明，我们看到的大量经济现象和社会现象，如果对它们进行统计手段的处理，只能得到相关关系。但是我们为了获得对世界的洞察，并以这样的洞察为基础，获得对世界比较稳定可靠的预测能力，我们必须探究因果关系。

但是从相关关系跨越到因果关系，这条沟有多宽呢？本质上要排除C的存在，或者说认为C不存在。而“C不存在”这一命题可能是无法证伪的，至少在绝大多数时候很难，除非是受控实验。

九、上帝是存在的吗

如果我们再回到哲学层面上，除了前面讨论的形式逻辑、实证精神、因果关系与相关关系外，可能还需要对研究再施加一些约束。

20 世纪科学最重要的发展之一是：命题在原则上必须是可以证伪的，也就是说原则上我们必须能够证明它是错的。举一个例子，“树叶是绿色的”。原则上我们能够证明这个命题是错的，方法就是我们找到一片黄色的树叶。在我们找到一片黄色的树叶之前，我们相信这个命题，认为它是对的。但是，直到我们找到了一片黄色的树叶，马上就可以推翻这个命题。只要找到黄色的树叶，就能够证明“树叶是绿色的”这个命题是错的，这就是说原则上这个命题是可以证伪的。

但是，有一些命题是无法证伪的。比如说，“上帝是存在的”。这个命题你无法证明它是错的。英国一个著名的天文学家对公众发表演讲，介绍现代天文学的发展，他用望远镜看到了遥远的太空，最后得出的结论是“上帝是不存在的”。然后一个虔诚的基督教老太太用一句话就推翻了他，她说：“你用望远镜看了那么多的东西，你用望远镜看到过风吗？”我们都知道风是存在的，而用望远镜是无法看到风的。虽然用望远镜看到了全宇宙，没看到上帝，但你怎么就知道上帝是不存在的呢？

“上帝是存在的”这个命题是无法证伪的。我们没能在家里的厨房和冰箱里找到上帝，但是这不证明上帝不存在，只能说明上帝不存在于你家的冰箱和厨房里。航天飞机飞到了 360 千米以外的太空，绕轨道一周没有探测到上帝，那也不能说明上帝不存在，上帝可能在人类去不到的地方。原则上你无法证明这个命题是错的。这个命题在哲学上和“树叶是绿色的”这个命题是不一样的。

但是现代科学的所有命题在原则上都必须有方法证明它是错的。不见得它已经被证明是错的，但是原则上必须有方法能够证明它是错的。

在它被证明是错的之前，我们先相信它，直到被证明是错的，然后我们去接纳一些新的命题。

所以，作为科学研究的命题，在哲学上必须具有这样的特征：本质上是可以被证伪的。我们观察现象，提出一个理论，从这个理论做出了很多预测，所有的预测在原则上必须是可以证伪的。这是卡尔·波普对科学哲学思考的一个非常重要的贡献。

为什么经验证据的分析中很难厘清因果关系和相关关系呢？一个重要的原因是需要排除 C 的存在。但“C 是存在的”这个命题就像“上帝是存在的”一样，是很难证伪的。

十、“上帝难以捉摸，但他并不邪恶！”

我们观察100个现象，可以提出10个理论，每一个理论解释10个现象，都很成功，这是第一种做法。第二种做法是，提出一个理论，解释这 100 个现象，每一个现象都不是那么成功，但是它可以解释所有的现象。这两种做法哪一种是正确的呢？科学研究遵循一个原则，一般认为第二种方法是正确的。

有什么道理吗？显然没有特殊的道理，第二种方法更简单，这是一种信仰。为此我举两个科学史上的例子。哥白尼最早认为地球绕着太阳转，并且轨道是圆形的。这个理论非常简单，太阳在中心，所有行星都围绕太阳转，当时人们还不知道太阳系之外的其他星系。在这个理论提出之前，主导性的理论是托勒密的“地心说”。“地心说”对世界的描述要更复杂，特别是描述其他行星轨道的时候。

哥白尼的“日心说”提出来的时候并没有托勒密的“地心说”成功，很重要的原因是他假定轨道是圆形的，但是本来轨道是椭圆形的，因此预测与经验观察的误差是比较大的，而托勒密的预测同经验观察的结合程度要紧密得多。

但是欧洲科学界主流的学者私下里都认为哥白尼学说是对的，这不是因为它跟经验证据吻合得好，而是因为它简单。从过去几百年科学的发展历程来看，实际的情况也是这样，简单的理论往往胜过复杂的理论。

最后我再讲一个故事来结束我的陈述。

爱因斯坦的理论非常重要的一个前提是，光速是恒定的。在相对论提出一段时间以后，它还没有被普遍接受。在一次错误的测量中，人们发现这个假设是不对的。

爱因斯坦当时已经非常有名了。这个结果出来后，有人问爱因斯坦对此怎么评价。爱因斯坦说了一句话："上帝难以捉摸，但他并不邪恶！"这句话像诗一样，很优美，但也很难理解。

多年以后，爱因斯坦的理论几乎被所有人接受。他的一个朋友请教爱因斯坦当时说的这句话是什么意思，爱因斯坦解释说："上帝隐藏他的秘密，是因为他本性高傲，而不是凭借什么狡猾的手段。"这就是说，这个世界原则上是可以理解的，而且可以用很简单的方法去理解。如果你弄了一堆很复杂的方法，几乎注定是错的。

"上帝隐藏他的秘密，是因为他本性高傲"，就是说事情很简单，但是由于本性高傲，轻易不让你知道；"狡猾的手段"，就是把事情弄得很复杂，你怎么都摸不清楚。

希望我们面对的世界，原则上也是简单的。

我理解的市场研究

2012年夏初，清华大学有位研究生写信给我，谈到他在实习期间从事市场研究过程中的一些困惑，希望我能够提一些建议。以其昏昏，使人昭昭，这显然是我难以胜任的工作，并且还有误人子弟的风险。但思来想去，借这个机会谈一点我的感受，如果能够抛砖引玉，推动有关话题的深入讨论，应该还是有意义的。因此，我以过去多年从事市场研究的反思和感悟为基础，写了这篇回信，对市场研究的哲学基础及其局限等做了一些讨论。

十年以前，我编过一副对联，上联：解释过去头头是道，似乎有理；下联：预测未来躲躲闪闪，误差惊人；横批：经济分析。这当然是调侃，但也不全是杜撰。

当今的经济理论在方法上日臻精巧，在思想上直指本性，研究对象包罗万象，数据处理相当复杂，常常给人以深刻的震撼和启迪，这是没有疑义的。但与自然科学、工程技术在预测和操控方面取得的巨大成就相比，经济分析在面对未来时提供前瞻性预测的能力仍然比较逊色，大家对这一点应该也是很清楚的。

人们对于世界的认识总是要从对历史数据的研究出发，因此对未来具备预测能力需要一些重要的假设，即未来在本质上是对过去的重复。对于日升月落、寒来暑往的自然现象而言，这样的假设大体上是站得住脚的。对于经济波动、市场起伏而言，这样的假设在一些时候大体上说得过去，但在本质上未必能够成立。

原因是比较清楚的，例如，经济主体和政府能够从过去的经验中学习并调整自己的行为，这显然会影响经济活动的路径；人们总是基于对结果的预期采取行动，这本身有时候会改变结果（有时候也可能强化结果）；技术变化对经济活动具有广泛和难以预知的影响，而且技术演变本身是无法预测的。根据乔治·索罗斯的看法，在人们的认识和经济现象之间还存在反射性过程，如果确实如此，那么预测几乎就是不可能的。

研究总是从简化开始的，爱因斯坦说理论要尽可能简单，但又不能太简单。从学术的角度看，经济分析可以（并且似乎总是）专注于一点，不及其余。在尽可能简单的情形下深入剖析感兴趣的问题及其内在机理，从而提出不同于前人、逻辑上站得住、能够自圆其说的看法，这可能就算过得去的学术研究了。

但市场研究的终极价值是提供对未来的准确预测，这使从学术研究过渡到市场研究面临两个方面的困难：一是未来并非过去的重复，这意味着预测在原则上是不可能准确的；二是即使未来是过去的重复，准确的预测需要对现实和历史做全面且没有重大遗漏的认识和把握，而学术分析通常专注于其中一个（也许是非常重要的）方面，这也制约着预测能力。

因此，市场研究通过分析历史案例和经济周期，在未来能够重复过去的基础上，确实能够提供一些有价值的预测，但其局限性也很明显。

在操作上，还涉及如下两个问题。

一是如何看待逻辑。

我曾经在很长一段时间里都认为，评价一份商业研究报告，合理的逻辑是第一位的，预测的正误相对次要。对于专业从事研究和分析的人而言，可能大多持有这样的看法。现在我开始认识到，对于商业研究来说，尽管从长期来看逻辑和结果之间并无矛盾，并且都很重要，但如果确实要分出主次，那么结果的正确性是第一重要的。这是因为作为商业活动，投资者最终追求的是结果，而不是理由，并且他们中绝大多数人不具备经济领域的专业分析能力，当然也没有必要。

因此，一些商业报告的逻辑不很完美，依赖经验和主观判断的色彩也许比较多，但就取得正确结果而言，其商业价值是很大的。投资活动总是有不少艺术的成分。运气因素之外，对分寸的把握在相当程度上还依赖于经验、感觉以及个人的悟性。

二是如何看待历史。

研究历史数据所需要的深度和跨度取决于预测活动所需要的深度和跨度。如果我们要对未来二十年的经济趋势进行预测，那么我们必须研究同样时长，甚至更长时段的历史数据。如果我们要分析未来 6~18 个月的经济活动，那么研究过去几年的数据也许就足够了。深度方面也是一样的情况。

从商业的角度看问题，我的经验是，无论你的研究数据多么扎实、逻辑多么漂亮、思想多么原创，投资者最终可能只关心一个问题，或者只记住一个结果，那就是：你是看多，还是看空。这是投资者试图从宏观分析领域得到的最关键的结果。

简单地说，投资活动主要面临两个决策：一是买不买，二是买什么。投资者从宏观研究中试图解决（也许是部分地解决）买不买的问题，从行业公司研究领域解决买什么的问题。

从现实情况看，投资者需要对未来 6~12 个月的经济趋势进行判断，以解决多或空的问题。因此，宏观经济分析需要专注于对过去几年的数据进行比较全面的分析和把握，并重点回答三个问题：一是经济走向，二是政策立场，三是资金松紧。

宏观研究的潜在客户包括外汇市场、商品市场、债券市场和股票市场的参与者，不同市场的需求各有侧重，但大体如上所言。目前，股票市场的投资者与券商研究之间存在稳定的商业模式，其他市场研究的商业模式还不是很清晰，在实际工作中，宏观研究领域主要侧重股票市场的需求，顶多偶尔兼顾一下其他市场。

当然，宏观研究如果能够进一步回答行业层面的配置问题就更好了，但这得由策略研究来完成。我认为，这样的环境决定了商业领域宏观研究的取向和方法，并使它与学术领域的宏观研究存在基本的差异。那么这种差异体现在什么地方呢？我的体会是三个方面。

一是数据把握要尽量全面。深刻的片面分析有巨大的学术价值，但在商业领域没有意义；全面的数据把握可能不够深刻，但也许会有更好的预测能力。

二是重点关注方向和趋势，而不过分计较数值的大小和误差，不过分计较琐碎的细节。例如，政策立场偏宽松或者相当宽松，这是重点；至于加息次数、贷款规模等，则相对次要一些。

三是在横断面上做好数据的交叉验证和横向比对，绝不轻信单一数据来源。过去几个月发生的事件对现在乃至未来几个月常会产生一些影响，从长期来看，这样的事件也许是扰动，但是从目前来看它可能就是关键趋势。

对于短期数据分析，我们一般抱有两个假设：一是横向数据之间应该存在紧密的关联，并且可以相互印证和说明；二是一件事情的发生一定会留下一些痕迹，并在不同的领域都有所表现。

第一个假设的重要性在于框架，它使我们可以合理把握和预期主要变量的方向，并且通过数据之间的相互印证，对框架及其推论的合理性建立信心。第二个假设的重要性在于识别冲击，从而把握原来的预测可能产生的偏离。

举例来说，如果总需求在扩张，那么在进出口、价格、利率、信贷、产出、资本流动、汇率、企业盈利等层面都会造成影响，通过同时观察这些广谱的数据变化，我们就能剔除局部的扰动因素，保留对大趋势的合理把握。

那么适合商业研究的宏观分析框架如何形成呢?

我的体会是,基本的原则是逻辑的提出、预测以及与经验事实的比对。其中关键的一点是,逻辑必须能够提出可以观察的、确定的、排他性的预测（如非洲蚂蚁的案例显示的那样），并得到经验事实的支持。也许我的学识过于局限，但依我来看，就服务于预测的目的而言，照搬教科书的分析或者西方的理论模型，故作高深地摆弄统计技术和数据，人云亦云地泛泛而谈，这些纸上谈兵式的做法并没有实际的意义。

最后，只有当未来代表了对过去的重复时，预测才有可能准确。但这样的假设许多时候并不成立，因此，对于商业研究及其预测能力的局限，我们必须抱有必要的认识;对市场和未来抱有必要的敬畏，并祈祷神灵，希望运气总是站在我们这一边。

第二章

把脉宏观经济

三十年未有之变局
——中国潜在增速的趋势转折

这是我与高伟栋、莫倩在2010年10月12日撰写的一篇研究报告，主要讨论2010—2020年中国经济潜在增速的变化及其影响。我们当时在中性情景假设下的估算认为，2015年中国经济的潜在增速可能下落到7%左右，到2020年进一步下降到5.5%左右。差不多十年以后回头来看，这些推算的偏差并不算很大。

现在翻阅和检视当时的推断过程，虽然许多假设和预测细节并不准确，但是一些关键的想法差强人意。比如，我们当时认为造成长期经济减速的因素来自劳动力、技术进步、资本积累和资本系数（即经济增长对资本积累的弹性）等所有关键因素的放缓。特别是最后一个因素，容易被研究者忽略，但其影响并不小，也与过去十年中国宏观杠杆率的上升关系密切。再比如，政策当局容易将经济减速归结为周期性力量，并试图通过总需求管理政策来对冲，这带来政策摇摆等诸多现实中的困难。

中国的劳动力供应正在趋紧，人口红利也将在未来一段时间内转为人口负债，国民储蓄率将出现下降趋势，这意味着资本存量的增长可能将在一定程度上放缓。考虑到劳动力供应与资本存量增速的趋势性下降，以及总产出对资本的弹性可能会从过去十年的高位上明显回落，在一些合适的假设下，我们的测算结果表明，中国的潜在GDP增速即将出现趋势性下降，在未来十年内可能会从当时的9%~10%下降到6%附近。

经济潜在增速下降的主要风险在于，这一调整过程往往伴随着宏观政策的剧烈摆动乃至经济或金融危机。以逆周期政策应对结构性变化，使经济表现与潜在趋势之间的裂口越来越大，最终导致难以忍受的通货膨胀或资产泡沫，随后的政策紧缩会相应地导致经济衰退或资产泡沫破裂，其表现通常是一场危机。

一、劳动力供应转折

中国的劳动力供应可能正在面临从宽裕到短缺的转折。从人口统计层面的数据考察，扣减退休人口后的新增劳动力将在 2011 年前后进入零增长区间（见图 2-1）。在未来五年，即“十二五”规划期间，中国的新增劳动力将几乎没有增长；展望未来十年，中国的劳动力供应总额将显著下降。如果进一步扣减高等教育人口，低端劳动力供应在 2005 年前后可能就已经进入了零增长区间。一般认为 40 岁以上的劳动力进行城乡转

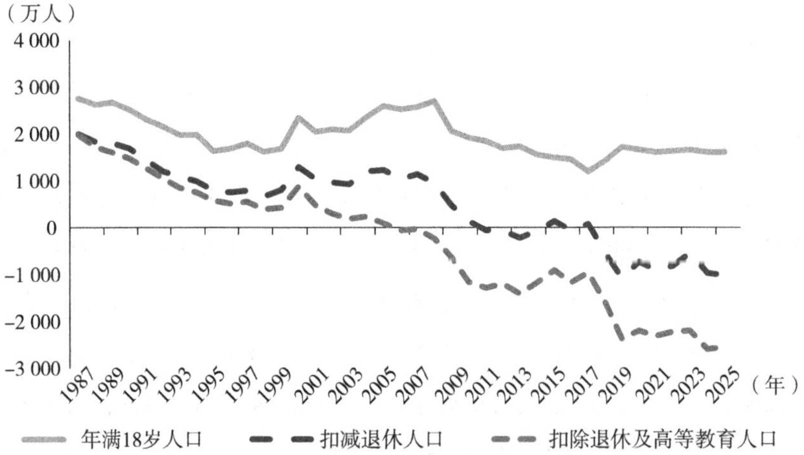

图 2-1　中国新增劳动力的下降趋势

数据来源：CEIC（香港环亚经济数据有限公司），安信证券。

移的概率较小，那么考察 20~40 岁的新增人口趋势，我们也可以看到 2005 年前后这一年龄层次的人口已经进入了零增长区间，如图 2–2 所示。

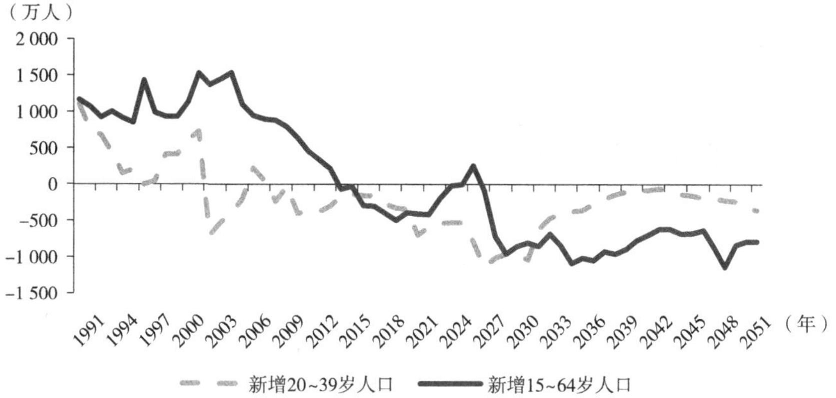

图 2–2 中国新增劳动力的下降趋势

数据来源：Census（人口普查），安信证券。

除了上述人口统计学证据之外，更为关键的证据来自劳动力及相关产品的价格层面的数据。2003 年以来，CPI（消费者物价指数）和 CPI– 食品之间出现了明显的裂口，并且这一裂口自 2007 年以来越来越大；2006 年以来，农民工工资年均增速也在 20% 附近，低端劳动力市场上存在着明显的价格压力。从这些综合性的证据出发，我们认为可以做出一个具有结论意义的判断：中国在 2007 年前后已经走过了刘易斯拐点。对这一判断的详细论证请参阅《刘易斯拐点后的中国经济》《上升的地平线——刘易斯拐点与通货膨胀裂口》等文。

二、“三十年未有之变局”

这一局面可以说是改革开放以来“三十年未有之变局”。自 20 世纪 80 年代以来，中国新增劳动力每十年新增 1 亿人左右，支撑了年均 10%

的经济增速。此后十年这一局面将不复存在。

在中国已经出现或者即将经历劳动力供应的逆向转折时，经济增长的趋势在劳动力投入、资本投入、技术进步和资本系数四个方面可能都会受到负向冲击。

三、负向冲击的四个维度

一般认为经济的长期趋势取决于供应能力的演化。从经济学角度来看，经济的总供应能力可以分解为劳动力供应、资本存量和 TFP（全要素生产率，用于衡量技术进步的指标）。更为微妙的一个变量是资本系数，即经济增长对资本的弹性。我们将学术文献中资本投入、劳动力投入和全要素生产率对中国经济增长贡献的研究成果总结如下，如表 2–1 所示。

表 2–1　资本、劳动力、全要素生产率对中国 GDP 增速的贡献（%）

样本期	资本	劳动力	TFP	文献
1953—1977 年	101	25	–26	Yan WANG, Yudong YAO（2003）
1986—1990 年	72	17	11	Mitsuo EZAKI, Lin SUN（2000）
1952—1998 年	70	13	16	邹至庄（2002）
1995—2005 年	67	14	19	Jinghai Zheng 等（2009）
1978—1998 年	63	11	29	邹至庄（2002）
1978—1999 年	59	16	25	Yan WANG, Yudong YAO（2004）
1981—1995 年	50	13	37	Mitsuo EZAKI, Lin SUN（1998）
1978—1995 年	45	18	37	Jinghai Zheng 等（2009）
1981—1985 年	44	16	40	Mitsuo EZAKI, Lin SUN（1999）
1991—1995 年	41	8	50	Mitsuo EZAKI, Lin SUN（2001）

资料来源：安信证券整理。

（一）劳动力投入

中国目前可能已经站在劳动力供应收紧这一趋势的初期，劳动力供应在未来的下降趋势是可以通过人口学数据进行具体测算的。美国人口统计局对各国的人口预测具有很强的权威性，我们也可以根据中国国家统计局等机构的调查数据进行推算。

对中国尤为不利的一个影响是，中国在尚未达到中等富裕程度时，就实行了计划生育这一国策。这使未来十年劳动力供应的减少和老龄化趋势格外陡峭，人口红利转为人口负债的拐点和刘易斯拐点距离很近。例如，一些估计结果表明，人口红利转为人口负债的拐点出现在 2013 年前后，距离 2007 年中国跨过刘易斯拐点只有五六年的时间。

（二）资本投入

在投资层面，中国受到两个结构性因素的不利影响。第一个基本原因来自劳动力层面，即中国走过刘易斯拐点以及人口红利即将在未来几年中消失。伴随着劳动力供应的趋势性收紧以及人口结构的不利变化，可用于资本积累的资金和资源将向非生产性支出倾斜配置。具体而言，劳动力供应的收紧将同时导致工资收入提高、投资占比下降、消费占比上升等。

第二个基本原因是，中国的重工业化进程可能已经接近尾声。中国自 2002 年以来经历了与日本 20 世纪 60 年代类似的重化工业化。2007 年，重工业增加值占全部工业行业增加值的比重达 70%，较 2002 年提高了 7.4 个百分点。我们选定 2007 年工业增加值占比在 1% 以上的行业作为样本。这 22 个行业中，2002—2007 年份额提升最快的是有色金属、煤炭、黑色金属、通用设备、化学原料及化学制品等重化工代表行业，份额不升反降的是纺织、造纸及纸制品等轻工业（见图 2–3、表 2–2）。

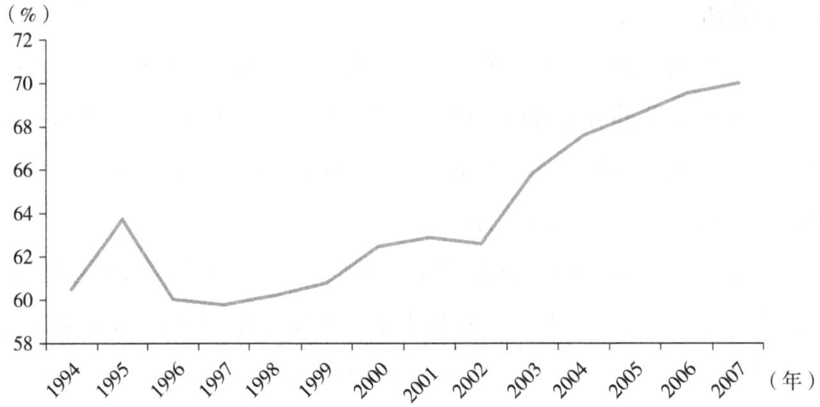

图 2-3　重工业增加值占全部工业行业增加值比重

数据说明：CEIC，安信证券。

表 2-2　2002—2007 年工业行业增加值占比变化（%）

序号	行业名称	2002—2007 年份额提升百分比	2007 年份额占比
1	有色金属冶炼及压延加工业	101.5	3.8
2	煤炭开采和洗选业	44.0	4.0
3	黑色金属冶炼及压延加工业	41.1	7.7
4	通用设备制造业	24.8	4.4
5	化学原料及化学制品制造业	11.1	6.3
6	专用设备制造业	10.6	2.6
7	电气机械及器材制造业	7.7	5.2
8	金属制品行业	0.9	2.6
9	非金属矿物制品行业	0.1	4.1
10	食品制造业	−5.1	1.6
11	石油和天然气开采业	−6.1	5.5
12	塑料制品行业	−6.9	1.8
13	皮革、毛皮、羽毛（绒）及其制品行业	−8.9	1.3
14	交通运输设备制造业	−9.7	6.0

续表

序号	行业名称	2002—2007 年份额提升百分比	2007 年份额占比
15	通信设备、计算机及其他电子设备制造业	−11.4	6.8
16	纺织业	−11.7	4.2
17	石油加工、炼焦及核燃料加工业	−13.1	2.6
18	造纸及纸制品行业	−14.0	1.5
19	纺织服装、鞋、帽制造业	−14.4	1.9
20	医药制造业	−22.8	2.0
21	饮料制造业	−25.2	1.6
22	烟草制品业	−39.5	2.5

数据来源：CEIC，安信证券。

重化工业占比提升伴随着固定资本的快速积累，反映在总量层面上，我们就看到固定资本形成总额占 GDP 比重自 2003 年起上升了一个平台（见图 2-4）。此前这一比例均值略高于 30%，2003 年以来均值上升到 40% 以上。

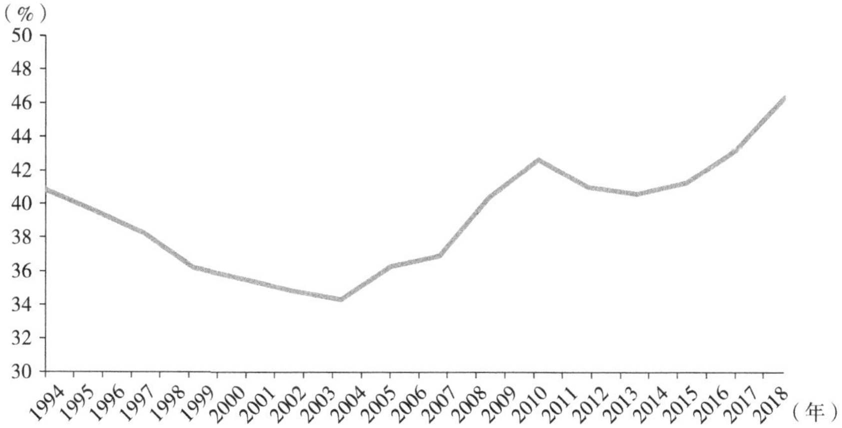

图 2-4 固定资本形成总额占 GDP 的比重

数据来源：CEIC，安信证券。

投资占比的提高通常伴随着经济增速的平台上升。2003 年之后中国经济增速的平台较 20 世纪 90 年代有所提升。20 世纪 50 年代以来日本的经济增速的平台也与投资占比有非常密切的联系（见图 2-5）。

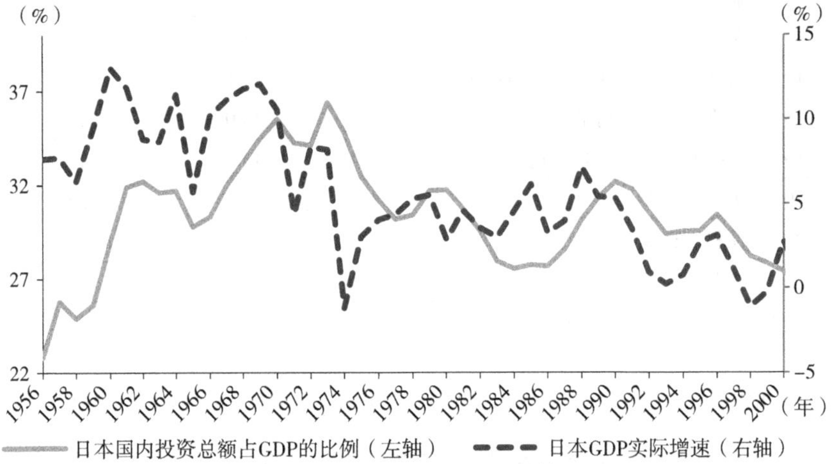

图 2-5　日本国内投资总额占 GDP 的比例与经济增速

数据来源：CEIC，安信证券。

2002 年之后，伴随着投资占比的上升，居民消费占 GDP 的比例出现了下降趋势（见图 2-6）。这一状况在 2009 年开始逆转，我们预计消费占比的提升将是未来十年的一个趋势，其水平可能从目前的 35% 左右恢复到 20 世纪 90 年代的 45% 左右。

需要澄清的是，消费占比的提升并不一定意味着消费增速提升到将经济增速维持在 10% 这样高的水平上。从国际比较情况来看，消费占比的提升、投资占比的下降往往伴随经济增速的平台下降。例如泰国在 20 世纪 80 年代后期到 90 年代中期的十年中，经济增速平台在 9.5% 左右（见图 2-7）。这一经济增速平台的提升依靠的是国外资本流入及投资的上升，在总量数据表现上，私人部门投资占比从这一时期之前的 20% 左右上升到 35% 左右。

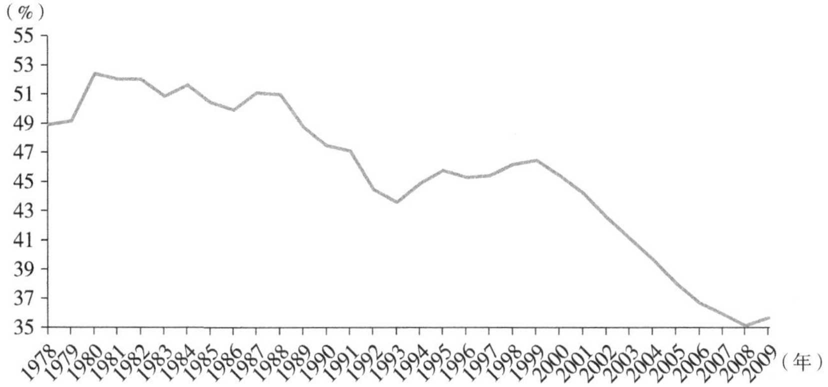

图 2-6　中国居民消费占 GDP 比例

数据来源：CEIC，安信证券。

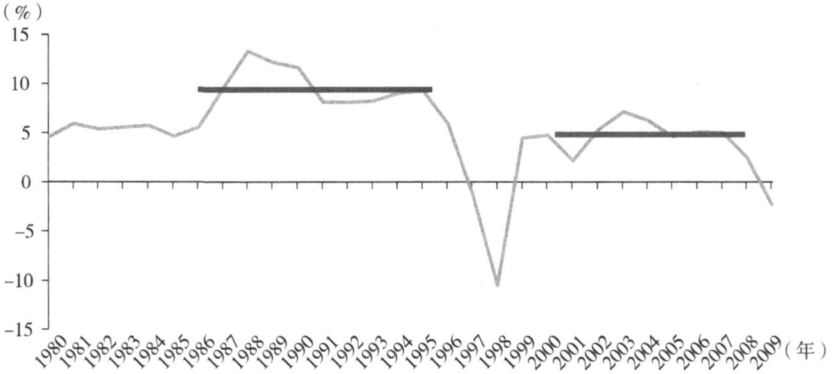

图 2-7　泰国的 GDP 增速

数据来源：CEIC，安信证券。

数据说明：1987—1996 年，泰国 GDP 年均增速 9.5%；2002—2008 年，年均增速 5.1%。

在亚洲金融危机之后，泰国的固定资本投资大幅放缓，私人部门投资占比回落到 15% 左右（见图 2-8），比经济腾飞之前更低。与之相伴的现象就是经济增速被“腰斩”，从接近 10% 下降到 5% 左右。（这些均值的计算都扣除了亚洲金融危机和次贷危机期间的数据点，以反映经济相对均衡时的趋势增速。）

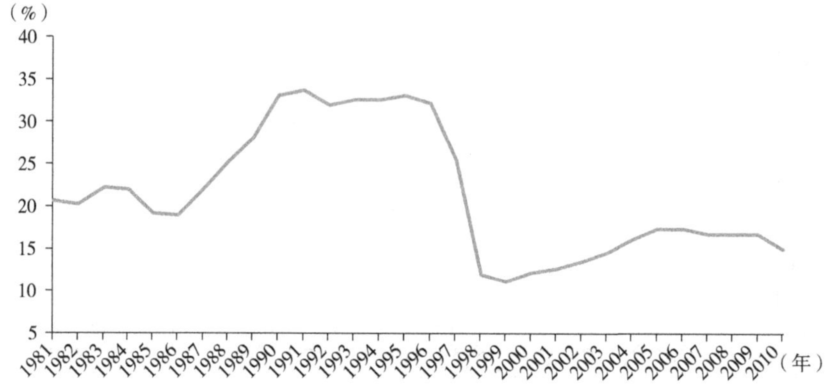

图 2-8　泰国私人投资占比

数据来源：CEIC，安信证券。

一些研究者考虑到中国城市化率与国际水平相比偏低，因此重化工业可能仍将高速发展，进而带动投资增长，使中国经济仍维持在 10% 左右甚至更高的平台上。

我们认为，至少中国的重化工业加速发展的时期已经接近尾声。因为中国的重化工业已经实现了从大量净进口到大量净出口的过程。这一进口替代过程的完成表明，中国重化工业的代表性行业具有国际竞争力，站在了国际技术的前沿，此后这一行业的增长将更多地取决于相对较慢的全球经济增长与技术进步。

以钢铁行业为例。中国在 2004 年从粗钢的净进口国跃升为净出口国（见图 2-9，钢材已折算为粗钢）。在这一阶段，中国钢铁行业的增长速度是最快的，这不仅是因为当时中国面临的全球经济环境较为有利，更重要的是在这一阶段中国实现了对进口产品的替代，并开始占据海外市场的份额（见图 2-10）。这表明这一行业已经发展得较为成熟，并在国际市场上具有较强的竞争力（见图 2-11）。一个相对成熟的行业是很难继续维持较高增速的。

图 2-9　中国粗钢净出口占中国粗钢产量的比例

数据来源：CEIC，安信证券。

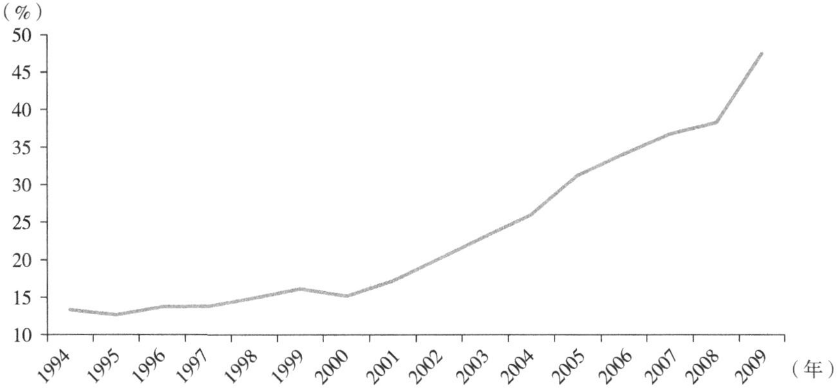

图 2-10　中国粗钢产量占世界产量的份额

数据来源：CEIC，安信证券。

一叶知秋，异地皆然。从钢铁这一代表性重工业行业的情况，我们大体上可以判断中国重化工业加速增长的阶段已经过去了，接下来十年的增速甚至有可能比 2003—2007 年这一平台有所下降。考虑到中国经济中重工业目前的占比状况及其在经济周期中的先导作用，我们对未来十年中国经济增速的潜在趋势抱以相对谨慎的态度。

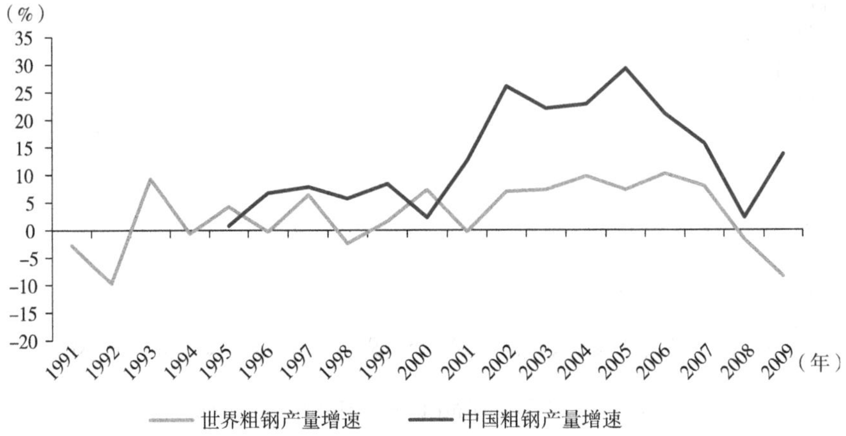

图 2-11 中国与世界粗钢产量增速

数据来源：CEIC，安信证券。

(三)技术进步

从技术进步角度来看，考虑到中国处于转轨过程的特别情形，中国的技术进步中相当大的一部分来自制度红利，以及后发优势形成的“追赶红利”。从文献和历史数据表现来看，制度红利释放强度最大的时期是 20 世纪 80 年代初期，一般认为 90 年代中期之后制度红利的释放比较缓慢。

“追赶红利”的成因是中国作为一个追赶型经济体，与技术进步的最前沿国家例如美国相比，在技术层面存在非常大的断层，因此技术进步的速度较高。而这种技术断层可以用购买力平价（PPP）下的人均收入差距进行某种程度上的度量。从这一角度来讲，中国自 1978 年实行改革开放以来，经过 20 年左右的赶超，与发达经济体之间的收入差距已经缩小，未来 10 年的追赶红利将会出现明显的下降趋势（见图 2-12）。

综合考虑到制度红利和赶超红利的趋势，我们可以对技术进步的前景设定三种情形。最乐观的情形即中国未来十年的技术进步达到过去几十年的长期平均水平；最不利的情形中，我们假设中国已经和美国一样走在了技术进步的前沿，而美国自 20 世纪 80 年代中期以来技术进步的长期均值都在 1% 左右；中性情形下，我们可以假设中国的技术进步落在这两者之间。

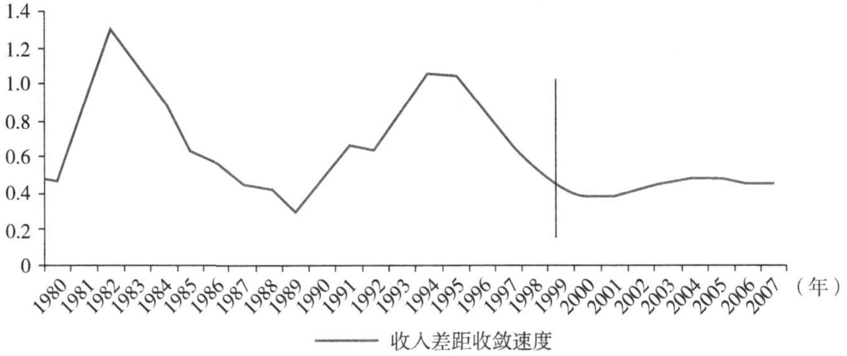

图 2-12　中美收入差距的收敛速度

数据来源：PWT（佩恩表），安信证券计算。

数据说明：收入差距定义为 PPP 下的美国 / 中国不变价人均 GDP，我们使用这一序列的一阶差分的绝对值以衡量收入差距的收敛速度。为平滑波动，我们取 5 年等权重移动平均。

（四）资本系数

劳动力供应的收紧对经济增速还有一个更为复杂的影响，即经济增长对资本存量弹性的下降，或称资本系数冲击。这一点在实际经济运行中是容易理解的。一种理解是，在劳动力增长放缓甚至负增长的情况下，资本的边际产出下降，设备投资对经济增速的贡献缩小。

另一种理解是此前劳动力供应充裕，资本是短边，并且资本远较劳动力容易组织，因此资本的议价能力较强，而这种议价能力的优势将随着劳动力供应的抽紧逐步消失。这一点是有鲜活的证据的，如 2010 年以来本田下属工厂的罢工事件、富士康的工资调整案例等。

从另一个角度来看，资本系数和劳动系数实际上表征了初次分配格局。考虑到收入分配改革的进程，资本系数在未来 5~10 年出现下降也是具有较大概率的。

2003年以来，伴随着我国重化工业的加速发展，资本系数显著提高，一种估计是该系数从20世纪90年代的0.55左右上升至0.76左右。这和劳动份额的恶化是比较一致的，资本密集型产业自身也要求更高的资本份额。根据我们此前的分析，我们认为至少重化工业的加速阶段已经过去了，此后固定资本形成总额占GDP的比重的下降趋势也使重化工业发展难以为继。

鉴于资本系数的负向冲击，研究起来非常复杂，因此我们也对其进行了情景假设，一种情景是假设资本系数维持在2003年以来的水平不变，另一种情景是假设资本系数对称式恢复到20世纪90年代的水平，这实际上也对应着一次分配领域劳动收入份额的恢复。

四、中国经济增速的趋势转折

根据以上分析，对上述四个维度进行一些合适的数值假设，我们可以得到中国未来十年潜在经济增速的模拟路径。（关于估算方法与技术细节请参考本文附录。）

图2-13中的深灰色虚线表示乐观情景下中国潜在GDP增速的预测路径，浅灰色虚线表示悲观情景下中国潜在GDP增速的预测路径。在这些情景中，“十二五”规划期间，即2015年之前，中国的潜在GDP增速在悲观情况下将下降到6.2%左右，在乐观情况下仍将保持在8.9%左右。如果将视野扩展到更远的时期，即未来十年，那么潜在增速将下降到4%~7%。

采用比较中性的假设，在未来五年期间，中国的潜在GDP增速可能会从目前10%左右的水平下降到7%多一些的水平。从这一意义上来说，中国正处于经济增速发生趋势性转折的起点。

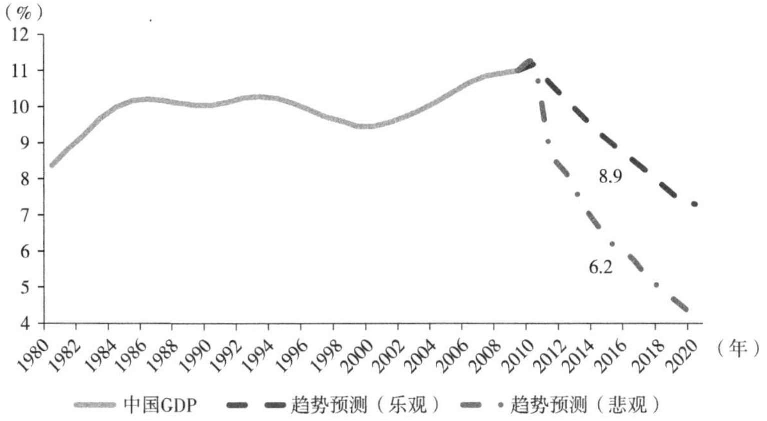

图 2-13　中国的潜在 GDP 增速

数据来源：CEIC，安信证券。

五、潜在经济增速下降的风险

（一）潜在经济增速下降的经验事实

我们回顾了全球 30 个主要经济体自第二次世界大战结束以来的经济表现，发现潜在 GDP 出现中长期下降趋势的国家，其经济增速的下降通常不是平稳发生的。反复出现的调整模式是，经济在潜在趋势之上运行一段时间，随后伴随着经济危机的发生，经济增速出现台阶式的下降。

案例一：美国 1968—1981 年

从20世纪60年代后期开始，美国潜在GDP增速出现了趋势性的下降。这一趋势延续较久，直至 80 年代初期才基本结束（见图 2-14）。美国经济在这期间为何会出现潜在经济增速趋势性放缓，目前仍不是非常清楚。常见解释有人口结构的变动、技术进步的放缓等，少数解释归因于计算机技术导致学习成本的上升。近四十年的时间过去之后，人们对这一趋势的成因仍然没有达成一致的理解。

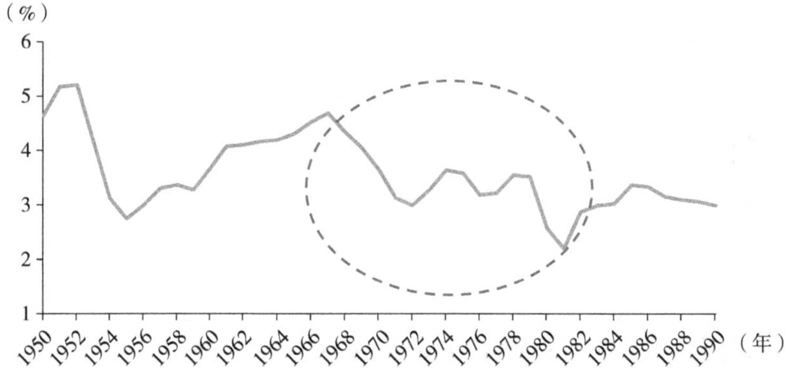

图 2-14　1968—1981 年美国实际潜在 GDP 增速

数据来源：CBO（美国国会预算办公室），安信证券。

尽管对其成因尚不清楚，但美国决策者们对这一趋势的应对和结果是很清楚的。从事后决策官员的反思来看，当时美国货币与财政政策的主体可归结为逆周期政策。这使面对原油价格暴涨等外部冲击时，决策者对政策实施的力度与方向很容易发生误判。从结果来看，在这期间，美国的通货膨胀非常难以控制（见图 2-15）。

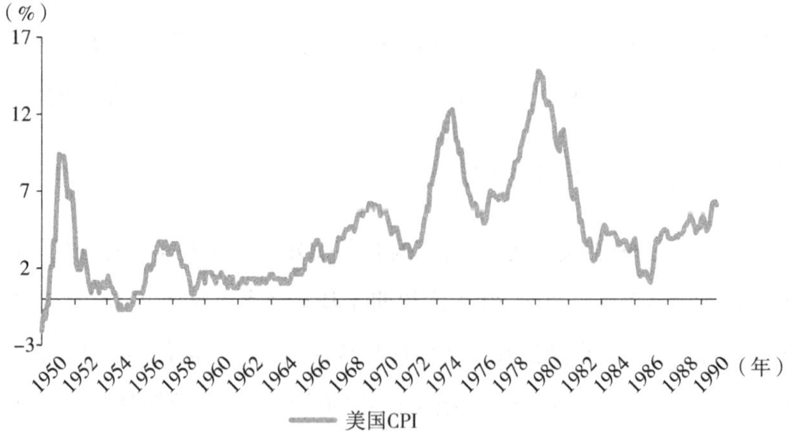

图 2-15　美国的通货膨胀

数据来源：Wind（金融数据和分析工具服务商），安信证券。

案例二：美国 2002—2008 年

美国经济的潜在增速在 2002 年之后再次出现中长期的下降趋势（见图 2-16）。在美国互联网泡沫破灭、“9·11 事件”冲击之后，美国经济的乐观主义崩溃，技术进步和设备投资均有所放缓。

为了调控美国经济的下降趋势，以美联储为代表的美国决策机构挑选了房地产市场作为新的经济增长点，配套政策包括降息、放松监管等。最终结果是，催生出了一个很难控制的金融泡沫。

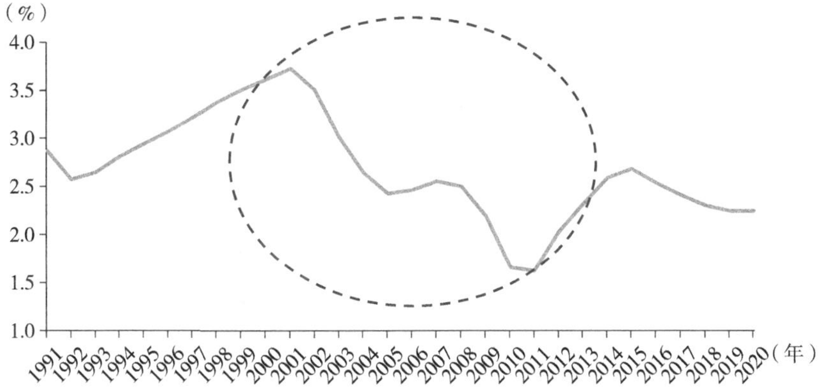

图 2-16　2002—2008 年美国潜在 GDP 增速呈现下降趋势

数据来源：CBO，安信证券。

案例三：日本经济的三个台阶

因为数据获取不易，对于日本，我们可以通过中长期内经济增速的中轴去推断其潜在 GDP 的大致水平。

日本自“二战”之后经济呈现非常明显的三个台阶：“二战”结束至 1970 年之前是年均经济增速 10% 左右的高速增长时期；1976—1990 年是年均增速 5% 左右的“多样化”发展时期，经济结构从重工业向服务业和消费电子等高附加值行业转型；1994 年至今处于年均增速 1% 左右的第三个台阶，这一时期日本经济因去杠杆、人口老龄化加剧等负面因素影响，显得步履维艰（见图 2-17）。

值得注意的是，日本经济增速的下降是以台阶式跳跃的方式完成的。与美国的情况类似，在 20 世纪 70 年代初第一次“跳台阶”之前将近十年时间里，日本的通货膨胀长期维持在 5% 这一较高的水平附近（见图 2-18），其原因主要是日本经济在 20 世纪 60 年代初期跨过刘易斯拐点，导致劳动力的结构性短缺，并产生工业、农产品部门的“生产率差异性通货膨胀”。在 20 世纪 70 年代初日本经济初显疲弱时，日本政府采用的逆周期政策给通货膨胀火上浇油，最终在原油价格暴涨的外生冲击之下，经济增速从 10% 下降到 5% 的水平。

在 20 世纪 90 年代初日本经济第二次“跳台阶”之前的几年中，日本也出现了非常严重的金融资产泡沫。对这一现象的解释也有很多种。从宏观政策视角出发，20 世纪 80 年代中期开始的日元升值使日本国内产业界和舆论对于“日元升值萧条”的担忧非常剧烈，日本政府在国内采用了多种刺激内需的政策，但收效不大，反而使资产泡沫剧烈膨胀。最终决策者对资产泡沫难以容忍，采取了紧缩政策，对经济增速产生了破坏性的后果。

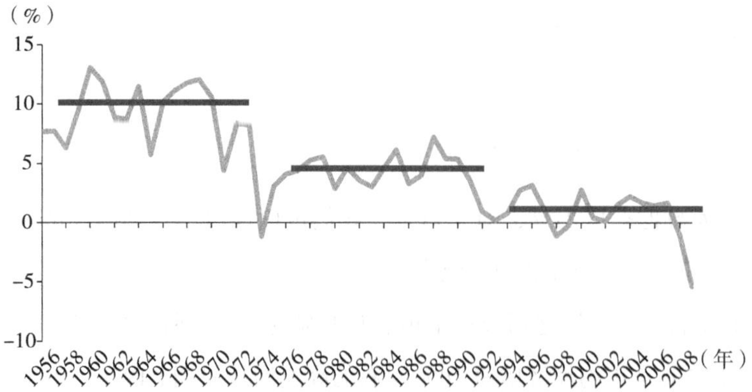

图 2-17 “二战”之后日本 GDP 增速的三个台阶

数据来源：CEIC，安信证券。

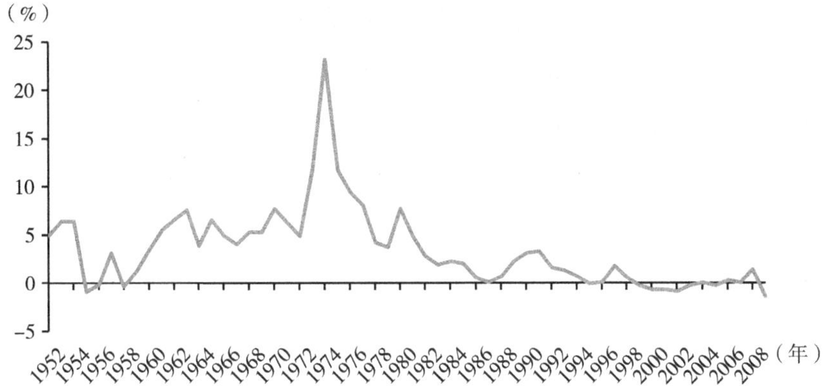

图 2-18 日本居民消费价格指数

数据来源：CEIC，安信证券。

(二)潜在增速下降与调整的一般模式

除了以上所举日本和美国的例子，20 世纪 70 年代初的法国和荷兰、80 年代初的意大利和墨西哥、90 年代中后期的东南亚国家，也都发生了经济增速中轴下移和经济增速的台阶式下降。从这些案例中我们可以归纳出经济潜在增速下降时经济调整的一般模式，它基本可以分为六个步骤。

(1)经济潜在增速的趋势性放缓往往来自技术进步减缓、人口结构变动、自然资源耗尽或贬值、政治体制转变或领导人更迭等结构性因素。

(2)站在潜在增速下降趋势的拐点或初期，从企业到政策制定者往往不能意识到经济增速趋势性下降的真正原因，因此采取的应对政策通常是逆周期政策，而非结构性政策，或结构性政策不占有主要位置。

(3)这种背景下的反周期宏观政策会将经济增速暂时维持在相对较高的水平上，同时导致金融资产泡沫或难以遏制的通货膨胀。具体是出现金融资产泡沫还是严重的通货膨胀，往往与外部环境、制度环境和政策类型有关。

(4)在宏观政策的刺激下，经济增速与潜在增速之间的裂口越来越大，经济在趋势之上运行越久，通货膨胀或资产泡沫就会越严重。

（5）在外生冲击或决策者主动收紧政策的背景下，经济增速出现台阶式下降，这往往伴随着经济或金融危机。

（6）最终，在危机之后，经济增速回归到潜在增速附近。

六、结论

从以上分析中，我们知道中国经济可能正处于潜在增速下降的起点上，新的十年中经济增速的趋势不容乐观。

经济增速下降本身并不可怕。事实上，从美国、日本等国的经验来看，高速增长时期的资本市场表现非常平淡；反而是在经济增速经过台阶式下降之后，资本市场会出现较长时期的繁荣。

风险在于调整过程往往伴随着宏观政策的剧烈摆动和经济或金融危机：反周期的政策使经济表现与其潜在趋势之间的裂口渐行渐远，最终导致难以忍受的通货膨胀或资产泡沫；随后的政策紧缩会相应地导致经济衰退或资产泡沫破裂，其表现通常是一场危机。

附录一

CBO 估算潜在 GDP 的多种方法的总结

一、简介

评估目前的经济状况，衡量通货膨胀压力，预测长期经济增长是美国国会预算办公室经济预测和基准预算预测的核心任务。这些任务需要有一个测量经济生产能力的方法，即测算潜在产出，通常是指对充分就业情况下的国内生产总值的估计，或当经济运行处于资源高效利用的情况下对可达到的 GDP 水平的估计。

虽然潜在产出能够衡量经济的生产能力，但它不是不能超出的产出的技术限定。它衡量的是可持续的产出，其中资源的使用强度既不增加也不减少通胀压力。如果实际产量超过其潜在水平，那么限制产能的约束开始发挥作用，抑制进一步的增长并造成通货膨胀。如果产出低于潜在水平，那么资源将闲置，通货膨胀将下降。

除了作为经济总供给的测量手段，潜在产出也能估计 GDP 趋势。随着更多资源（主要是劳动与资本）的增长，以及技术的变化允许更高效地使用现有的资源，实际 GDP（经通胀调整的）长期趋势一般会上升。在很大程度上因为经济周期的影响，同时也因为随机的、来源难以查明的冲击的影响，实际 GDP 还会表现出围绕长期趋势的短期变化。分析人员经常想要通过去除这类短期变化的因素，来估计 GDP 的深层趋势或一般趋势，另一个独立而相关的目标是要去除仅由经济周期造成的波动。潜在的 GDP 能够满足这两个目标。

潜在产出在 CBO 几个方面的经济预测中都扮演了重要的角色。特别是 CBO 使用潜在产出在其中期（10 年）的预测中为实际 GDP 进行了水平的设定。CBO 假定，任何在短期（2 年）预测结束时仍然存在的实际 GDP 和潜在 GDP 之间的缺口将会在未来的 8 年中消除。CBO 还使用潜在产出水平来衡量近期的通货膨胀压力。例如，当实际 GDP 低于其潜在水平（货币增长是适度的），发生的通胀上升可能是由于临时因素并且不会长久。最后，潜在产出是一个计算标准预算盈余或赤字的重要变量，CBO 用其来评估财政状况。

有很多方法可以用来估计 GDP 的趋势以及计算经济的生产潜力。一些方法纯粹依靠统计技术。其他的方法包括 CBO 的测算方法，以及依靠经济理论的模型。很多用于计算潜在产出的方法并不以通胀趋势或任何独立的产能测量为基准，因此不能被用于估计最大可持续产出的水平，即它们提供的是产出趋势的测量，而不是潜在产出。

潜在 GDP 的测量起初是为了指导货币和财政政策的制定，一般为预测一到两年的情况。如果估计经济将低于潜在水平，即出现劳动或资本不充分就业的情况，那么货币或财政政策可能用于加快产出的增长而不会带来过高的通货膨胀的风险。这个潜在产出的概念被视为一种帮助政策制定者管理总需求，从而保持平稳经济增长的工具。

经济学家中间存在一系列为了货币、财政政策、经济预测而测量潜在 GDP 的有效性意见。一些经济学家并不认为潜在产出是很有用的，其观点可以概括如下。

（一）潜在产出的概念建立在一个即便在短期也有缺陷的通胀原因上。他们认为通货膨胀应该由货币供应的增长决定，并取决于所处的经济周期。

（二）潜在 GDP 非常不稳定且变化很大，无法准确估计，因而不是政策制定或预测的有效指导。

（三）管理需求的政策一般弊大于利，原因可能是时滞、不确定因素和政治压力。因此，产出缺口与政策制定应当无关。

20 世纪 90 年代末的经验支持这些人的论点，因为大部分潜在 GDP 的初步估计均表明需要紧缩货币政策以避免通货膨胀，但较高的通胀从未实现。然而更多最近的经验倾向于支持相反的意见：2001 年的经济衰退是因为需求下降到低于潜在水平才预测到的，并且为应对经济衰退及其后果而采取的财政和货币政策实施得非常及时，有效缓解了衰退。

CBO 认为，潜在的国内生产总值的用途并不限于短期的财政和货币政策。利用增长模型算出的潜在产出对于衡量经济生产力十分有用，并为预算过程所需的 10 年内的国内生产总值的预计提供了最好的基础。通过仔细估算，潜在 GDP 可以提供给使用者一个合理意义上的经济增长潜力。

使用者应该知道，任何潜在产出的估计都有缺点。第一，这种估计是基于很多的统计关系，从而包含随机性因素。预测潜在 GDP 的不确定性可以被减小，但不可能被消除。第二，所有计算潜在 GDP 的方法都有“样本终点”问题。也就是说，在估计一个数据系列的趋势，尤其是附近一个数据样本终点时的困难，使估计结果在使用者最感兴趣的时期最为不确定。第三，所有经济数据都经过修订，最近的历史数据修改最大。

二、CBO 估计潜在产出的方法

CBO 有关潜在产出的估计是建立在一个经典的长期经济增长模型——索洛经济增长模型的框架基础上的。该模型将真实 GDP 的增长归因于劳动力、资本的增加，以及技术（全要素生产率）进步。CBO 使用奥肯定律来估计趋势，以消除周期性变化。

奥肯定律假设产出缺口的大小和失业缺口存在反向关系。根据这种关系，当失业率低于自然失业率时，实际产量超过其潜在水平。当失业率高于自然失业率时，真实GDP跌至潜在水平以下。

CBO使用非加速通货膨胀失业率（NAIRU）来估计自然失业率。NAIRU与充分就业的概念相对应，即与稳定的通货膨胀相一致的失业率。历史上对于NAIRU的估计源于一个被称为菲利普斯曲线的估计关系，它将通货膨胀率的变化与失业率以及其他变量（例如生产力的变化趋势、石油价格冲击以及工资和价格的控制）联系起来。在过去，失业率缺口与通货膨胀率的变化有着强而稳定的关系。当失业率低于NAIRU时，通货膨胀趋于上升；当失业率超出NAIRU时，通货膨胀趋于下降。

三、其他估计潜在产出的方法

CBO方法只是估计潜在GDP的众多方法中的一种，每个方法都有优势和弱点。主要方法包括以下几种。

（一）劳动生产率增长核算。这种方法与CBO方法相似，只是它将潜在产出看作劳动力和劳动生产率的函数。这种方法比CBO简单，因为它不需要估计和预测资金的投入。那些认为资本是无法准确衡量的人青睐这种方法。投入（劳动力和劳动生产率）可以用奥肯定律或其他非趋势方法周期性调整。

（二）统计过滤技术。统计过滤技术，例如中心移动平均值、BP（带通）滤波、HP（高通）滤波和卡尔曼滤波，通常是从GDP中直接获得趋势。这些方法通常不使用奥肯定律，也不需要对有关趋势进行判断。但是，它们需要对包括一个或多个参数的过滤器结构问题做出分析并提出假设。

（三）计量经济模型。一些研究者用方程组来描述变量的行为，例如输出、就业、生产率和通胀。这些方程中的参数可使用统计技术估计，在某些假设下，这些方程可用于计算潜在产出。

（四）多变量时间序列模型。此类别包括称为矢量自动回归（VARs）和结构VARs的估计方法。这些模型与之前提到的利用统计技术估计计量方程参数的计量经济模型类似。但是，它们的区别在于比经济计量模型对结构和关系的限制更少。

四、不同方法的优缺点

前两种方法——CBO 方法和劳动生产率增长核算方法，有几个关键优势。

首先，它们明确地考虑了经济供应面。潜在产出是对生产力的测量，因此它的任何估计结果都与生产要素的变化明确相关。例如，如果劳动力增长加快，那么这些方法的估计结果都将显示潜在产出加速。在 CBO 的估算方法中，投资支出增加也反映在生产率的增长中。

其次，这两种方法都需要一个关于增长来源的核算。换句话说，它们允许分析者通过各要素的投入贡献区分实际的或潜在的 GDP 增长来自何处。对于 CBO 模型，这意味着劳动力、资本和全要素生产率；对于劳动生产率增长核算的模型，这意味着劳动力和劳动生产率。

再次，通过使用分类的方法，这两种方法（特别是 CBO 方法）可以比一个更抽象的模型揭示更多对经济的见解。例如，CBO 模型可以分析确认工作小时、生产性资产存量与全要素生产率在 20 世纪 90 年代末对潜在 GDP 强劲增长的单独贡献。通过观察不同的贡献，CBO 确定对于企业的投资（特别是信息技术）是潜在产出增长加速的主要来源。

CBO 增长模型及劳动生产率增长核算方法也有不足之处。这两种方法的简单性有时是一个缺点。CBO 模型直接使用某些参数，最显著的是劳动与资本在生产函数中的权重，而不是用计量经济的方法估计它们。虽然这种方法是增长核算文献中的标准方法，但它需要做一些强假设，而其可能会与数据不一致。

此外还有一个争论，特别是关于 CBO 方法，就是使用确定性时间趋势以调整模型中的很多变量。一些分析者断言，依赖于固定的时间趋势提供了看待经济时间序列的周期行为的误导性观点。他们坚持认为依据经济周期的实证研究，使用变量而不是固定的时间趋势更适合大多数数据系列。

最后，CBO 增长模型和劳动生产率增长核算方法都基于劳动力市场宽松的数量估计，反过来又要求失业自然率或 NAIRU 的估计值。这种估计是高度不确定的。CBO 方法和劳动生产率的核算方法对 NAIRU 估计水平中可能出现的错误不是非常敏感，但是它们对于辨别每年的水平变化中的错误却十分敏感。

这三种统计方法，即统计过滤技术、计量经济模型和多变量时间序列模型具备一个关键的优势，那就是与其他方法相比，它们在预测数据序列的趋势和参数值时更灵活。比如统计过滤技术，在样本中不需要任何关于增长趋势何时变化的判断。因为它们对数据的追踪更密切，这些方法往往能更迅速地确定趋势的变化。计量经济模型和多变量时间序列模型的方法允许数据来决定模型中变量和公式的关系强度。这三种统计方法还允许参数估计值随着经济发展而变化。

统计方法也有其弊端。

第一，许多滤波方法并不以外部产能测量结果作为预测趋势的基准。因此，其结果可以解释为趋势 GDP 而不是作为潜在 GDP。换句话说，它们不能做出与稳定的通货膨胀一致的产出水平估计。此外，过滤方法不能产生周期性 GDP 估计调整，这意味着它们不能试图去除那些通过筛选的变量造成的经济周期波动的影响。例如，在每次经济衰退和加速后，滤波方法对实际 GDP 的估计量会显著放缓，而一个经过周期性调整的对趋势 GDP 的测量不会显示这种类型的周期性波动。

第二，滤波方法需要分析者做出有关参数值的判断。例如，HP 过滤要求使用者选择一个平滑参数来完全确定最后的评估将显示多少变化。

第三，这些方法通常面临被称为样本终点的问题。它们通常使用一个特定日期之前和之后的数据来计算趋势值，也就是它们“平均”过去和未来的值来计算趋势。因此，这些方法存在样本结尾（在最近的历史记录）识别趋势的困难，因为越来越少的未来值可用于求平均值。当然，最近的历史记录往往是政策制定者最感兴趣的，因为其与未来密切相关。

计量经济模型和多变量时间序列模型的主要缺点是，它们是高度综合的，并会掩盖一些基本经济关系。在某种意义上，这正是CBO方法的关键优势所在，CBO方法使增长的来源可以被透明化统计。相反，计量经济模型在很大程度上是黑匣子。例如，它们可能显示潜在的产出增长加快，但它们不能解释这其中的原因。

附录二

中国经济周期的划分

中国要素收入份额的变化具有鲜明的趋势。这意味着不能像众多著作中论述的一样，简单地对长时间样本进行回归，否则将造成模型选择上的偏差。

有鉴于此，我们认为应当按照一定的经济学含义将中国改革开放以来的40年时间划分为不同的时期，进而按照不同时期的样本确定各自时期的资本收入份额与劳动收入份额，以对此问题进行一定改进。

那么，如何划分不同的时期呢？我们认为按照产能周期进行划分具有较大的合理性。对于中国经济周期的特征，我们将一直以来持有的观点概括如下。

（一）中国的经济周期具有浓重的产能周期色彩，每轮周期持续10年左右。

（二）中国的经济周期是由总供给和总需求两方面的力量推动的。

（三）总需求是由当期投资需求决定的。在总需求的三个要素中，就国内现实而言，消费主要是由就业和收入状况决定的，而后两者又内生于产能周期之中，因此消费在很大程度上是内生现象，不是周期性波动的主要来源。出口对国内需求的影响有直接和间接两个层面。在直接层面上，出口本身来自国外的需求。在间接层面上体现在两个渠道：（1）出口会改善出口部门的经营状况，促进出口部门的投资，这一影响渠道在国民经济核算中被归入投资需求；（2）出口部门投资的扩大和就业的扩大，会改善住户部门收入，对消费产生积极作用，这一影响渠道在国民经济核算中被归入消费需求，而我们此前已经说过，消费需求具有很强的内生色彩。

（四）总供应是由滞后的投资主导的。一般认为总供应是由技术、资本存量和劳动力供应三个因素决定的。在技术因素方面，从关于中国经济增长的实证研究来看，假如说过去30年GDP增速在每年9%~10%，那么多种研究结果表明全要素生产率对GDP增速的贡献不超过3个百分点，一般认为在2%左右，对增长速度的贡献率在20%~30%。在劳动力供应方面，可以说中国在改革开放以来的大多数时期，都存在着规模较大的剩余劳动力，因此就业波动在周期的意义上影响不大。从历史数据来看，中国资本存量及固定资本投资规模大、波动剧烈。

与美国这样的发达国家相比，美国固定资本形成占GDP的比例波动中轴在20%左右，在大多数年份保持在18%~21%，振幅在3个百分点左右；而中国固定资本形成占GDP比例的均值在35%附近，振幅超过10个百分点。

因此，固定资产投资对于中国的总供应的周期性波动具有核心意义。这种现象是不难理解的。因为与发达国家相比，中国一直是一个资本相对短缺的国家，因此制约总供应增长的瓶颈主要是在资本存量这一要素上（见图2-19、图2-20）。

进一步考虑到现实的技术与物理限制，从固定资产投资开始，到产能被释放出来，这中间会有2~3年的时滞。因此结合以上的分析，我们可以认为，中国的总供应的周期性波动是由滞后的投资主导的。

可以识别的投资的主导因素有很多，例如新技术的产生、企业家的动物精神、对未来盈利的预期、信贷环境等，但最为核心的一个主导因素是企业的盈利状况。

而在中国的现实环境中，盈利状况很大程度上又是由产能状况决定的。具体而言，在产能利用率恶化时，经济中存在较严重的产能过剩，企业盈利往往会恶化；在产能利用率好转时，产能利用率在提升，甚至维持在较高水平，利润水平出现提升。

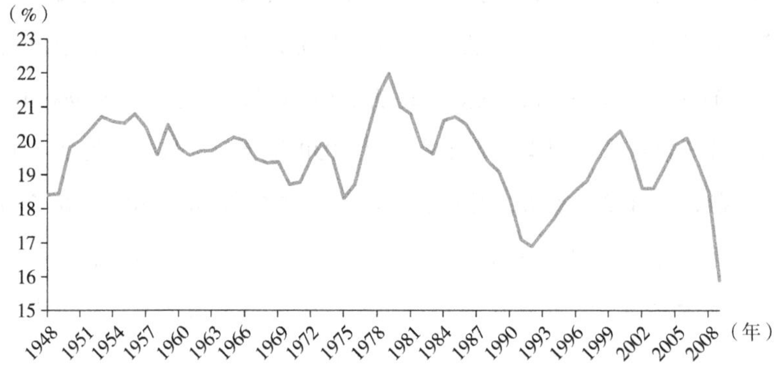

图 2-19　美国固定资本形成占 GDP 的比例

数据来源：CEIC，安信证券。

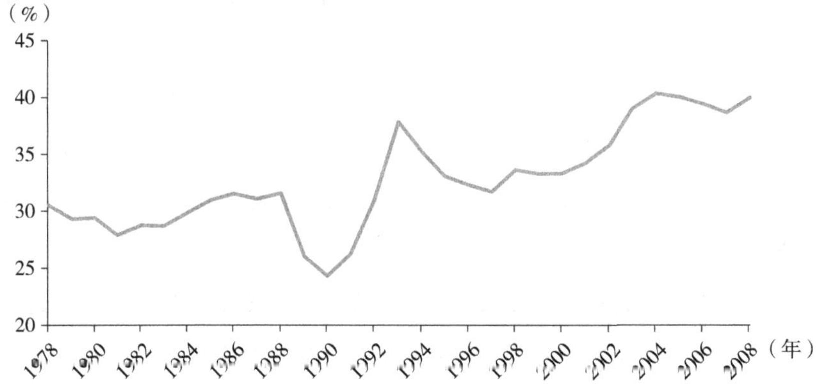

图 2-20　中国固定资本形成占 GDP 的比例

数据来源：CEIC，安信证券。

（五）在考虑到中国总供需的波动特征后，假设在起始点总供需平衡，不存在产能过剩或短缺。当冲击发生时，不管是由于技术冲击，还是由于政策冲击，往往都会以投资需求的旺盛体现出来。投资需求的启动本身又会“引致”更多的投资需求。在经济周期启动的这一阶段，容易发生经济过热。经济增速被总需求的扩张所推动，处于上升阶段。

在周期的第二阶段，此前的投资形成的大量产能开始集中释放。产能的集中大量释放使总供应快速扩张，短期内有可能带动经济继续维持在较高增速。但随着产能过剩逐步形成，企业盈利恶化，投资需求萎缩，进而导致总需求出现停滞，最终经济增速会出现下降。

（六）在总供应和总需求增长严重失衡时，就会反映在经常项目盈余的变动上。具体而言，当总需求因某种冲击而快速增长时，总供应无法快速形成，此时贸易盈余将会下降；当产能快速集中释放、总供应快速扩张时，产能过剩格局的形成又导致当期总需求的萎缩，贸易盈余会出现趋势性上升。

因此，中国贸易盈余的摆动应该是呈现一定周期性的，而这种周期性是产能周期的一个反映。

在我们无法直接观察总供应、总需求的增长的前提下，贸易盈余的周期性摆动可以帮助我们识别中国的经济周期（见图 2–21）。

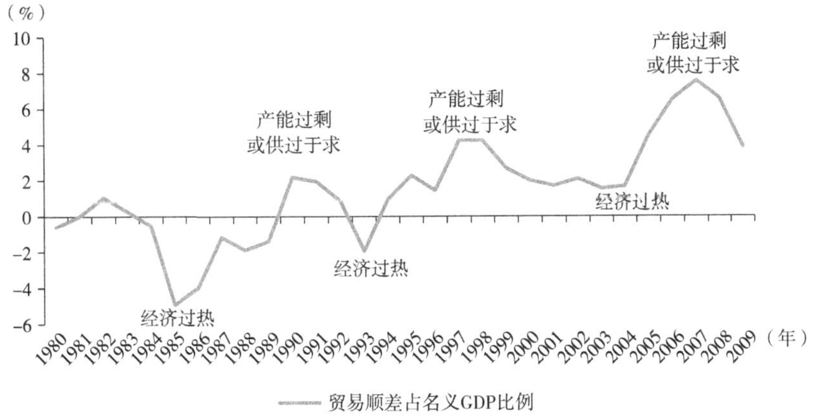

图 2–21　中国贸易盈余的三个周期

数据来源：CEIC，安信证券。

我们在图 2-21 中给出了中国贸易盈余的近 30 年序列，可以看出在过去 30 年之间中国大约经历了 3 个产能周期：（1）1982—1991 年；（2）1992—2000 年；（3）2002 年至今。

我们可以大致按照这 3 个产能周期划分样本，对不同时期进行不同的资本收入份额和劳动收入份额的测算。但考虑到样本容量的限制，我们将前两个周期合并计算，第三个周期单独计算。这样处理的理由是，我们认为 2000 年之后经济结构较此前发生了较大转变。

附录三

中国资本存量的多种测算结果

我们回顾了文献中有关中国资本存量的测算方法，并对美国、日本的资本存量测算方法及文献进行了研究。资本存量的估算非常复杂，涉及很多假设和调查数据，因此各国统计的资本存量不具有可比性。我们在此针对中国的资本存量给出几种估算方法及其结果。

测算框架一（8个序列）

（一）根据文献结果，选取1978年底中国的资本存量值，该值为14 112亿元（依1978年人民币币值统计）。

（二）计算定基GDP缩减指数，以将所有变量折算为1978年不变价的数量。在年度投资中，我们可以分别选取支出法GDP中的资本形成总额、支出法GDP中的固定资本形成总额，以及将前两者均扣减住房投资。扣减住房投资可采用如下方法：在资本形成总额中先减去房地产开发投资，再将本来就没有计入GDP核算的土地购置费加回。

扣减住房投资的理由是，我们怀疑目前中国GDP核算中对于住房服务的虚拟租金的估算存在很大问题，住房虚拟租金被严重低估并且波动不大，对GDP趋势和波动的影响都较小。

（三）对于折旧率的选取，文献中有不同的方法，通常会假设为0.96，但邹至庄根据省级GDP核算数据进行的估计表明0.946似乎合理。我们按这两种假设均进行了测算。

本测算方法中使用到的基础数据如表2-3所示。

表2-3 资本存量测算框架一，所用基础数据

年份	支出法GDP	资本形成总额	固定资本形成总额	存货增加	GDP指数	房地产开发投资	土地购置费
	十亿人民币	十亿人民币	十亿人民币	十亿人民币	1978=100	十亿人民币	十亿人民币
1978	360.6	137.8	107.4	30.4	100.0		
1979	409.3	147.9	115.3	32.6	107.6		
1980	459.3	160.0	132.2	27.7	116.0		
1981	500.9	163.0	133.9	29.1	122.1		
1982	559.0	178.4	150.3	28.1	133.1		
1983	621.6	203.9	172.3	31.6	147.6		
1984	736.3	251.5	214.7	36.8	170.0		
1985	907.7	345.8	267.2	78.6	192.9		
1986	1 050.9	394.2	314.0	80.2	210.0	10.1	
1987	1 227.7	446.2	379.9	66.3	234.3	15.0	
1988	1 538.9	570.0	470.2	99.8	260.7	25.7	
1989	1 731.1	633.3	441.9	191.3	271.3	27.3	
1990	1 934.8	674.7	482.8	191.9	281.7	25.3	
1991	2 257.7	786.8	607.0	179.8	307.6	33.6	
1992	2 756.5	1 008.6	851.4	157.3	351.4	73.1	
1993	3 693.8	1 571.8	1 330.9	240.9	400.4	193.8	
1994	5 021.7	2 034.1	1 731.3	302.8	452.8	255.4	
1995	6 321.7	2 547.0	2 088.5	458.5	502.3	315.2	
1996	7 416.4	2 878.5	2 404.8	473.7	552.6	321.6	
1997	8 165.9	2 996.8	2 596.5	400.3	603.9	317.8	24.8
1998	8 653.2	3 131.4	2 856.9	274.5	651.2	361.4	37.5
1999	9 096.4	3 295.2	3 052.7	242.4	700.9	410.3	50.0
2000	9 874.9	3 484.3	3 384.4	99.8	759.9	498.4	73.4
2001	10 902.8	3 976.9	3 775.5	201.5	823.0	634.4	103.9
2002	12 047.6	4 556.5	4 363.2	193.3	897.8	779.1	144.6
2003	13 663.5	5 596.3	5 349.1	247.2	987.8	1 015.4	205.5

续表

年份	支出法GDP	资本形成总额	固定资本形成总额	存货增加	GDP指数	房地产开发投资	土地购置费
	十亿人民币	十亿人民币	十亿人民币	十亿人民币	1978=100	十亿人民币	十亿人民币
2004	16 080.0	6 916.8	6 511.8	405.1	1 087.4	1 315.8	257.5
2005	18 713.1	7 785.7	7 423.3	362.4	1 210.4	1 590.9	290.4
2006	22 224.0	9 295.4	8 795.4	500.0	1 363.8	1 942.3	381.5
2007	26 583.4	11 094.3	10 394.9	699.5	1 557.0	2 528.9	487.3
2008	31 490.1	13 832.5	12 808.4	1 024.1	1 707.0	3 120.3	599.6
2009	34 151.5	16 229.7	15 533.3	696.4	1 855.7	3 623.2	

数据来源：CEIC，历年统计年鉴，安信证券。

对于不同口径的年度总投资的实际规模（即不变价数值）的测算结果总结在表2-4中。

表2-4　各种口径的年度总投资

年份	实际GDP	GDP缩减指数	实际资本形成总额	实际固定资本形成总额	实际非住宅资本形成总额	实际非住宅固定资本形成总额
	十亿元（1978年人民币）	1978年=100	十亿元（1978年人民币）	十亿元（1978年人民币）	十亿元（1978年人民币）	十亿元（1978年人民币）
1978	361	100	138	107	138	107
1979	388	105	140	109	140	109
1980	418	110	146	120	146	120
1981	440	114	143	118	143	118
1982	480	116	153	129	153	129
1983	532	117	175	148	175	148
1984	613	120	209	179	209	179
1985	696	131	265	205	265	205

续表

年份	实际 GDP	GDP 缩减指数	实际资本形成总额	实际固定资本形成总额	实际非住宅资本形成总额	实际非住宅固定资本形成总额
	十亿元（1978 年人民币）	1978 年=100	十亿元（1978 年人民币）	十亿元（1978 年人民币）	十亿元（1978 年人民币）	十亿元（1978 年人民币）
1986	757	139	284	226	277	219
1987	845	145	307	261	297	251
1988	940	164	348	287	332	271
1989	978	177	358	250	342	234
1990	1 016	190	354	253	341	240
1991	1 109	204	387	298	370	282
1992	1 267	218	464	391	430	358
1993	1 444	256	614	520	539	444
1994	1 633	308	661	563	578	480
1995	1 811	349	730	598	639	508
1996	1 992	372	773	646	687	560
1997	2 177	375	799	692	721	614
1998	2 348	369	850	775	762	687
1999	2 527	360	915	848	815	748
2000	2 740	360	967	939	849	821
2001	2 967	367	1 082	1 028	938	883
2002	3 237	372	1 224	1 172	1 054	1 002
2003	3 562	384	1 459	1 394	1 248	1 183
2004	3 921	410	1 687	1 588	1 428	1 330
2005	4 364	429	1 816	1 731	1 512	1 428
2006	4 917	452	2 057	1 946	1 711	1 601
2007	5 614	474	2 343	2 195	1 912	1 764
2008	6 155	512	2 704	2 503	2 211	2 011
2009	6 691	510	3 180	3 043		

数据来源：安信证券。

按照我们这一框架的估算结果，8 个资本存量序列总结在表 2-5 中。

表 2-5　资本存量序列估计结果

	折旧率 =0.96				折旧率 =0.946			
年度投资采用的口径	实际资本形成总额	实际固定资本形成总额	实际非住宅资本形成总额	实际非住宅固定资本形成总额	实际资本形成总额	实际固定资本形成总额	实际非住宅资本形成总额	实际非住宅固定资本形成总额
年份	十亿元（1978 年人民币）	十亿元（1978 年人民币）	十亿元（1978 年人民币）	十亿元（1978 年人民币）	十亿元（1978 年人民币）	十亿元（1978 年人民币）	十亿元（1978 年人民币）	十亿元（1978 年人民币）
1978	1 411.2	1 411.2	1 411.2	1 411.2	1 411.2	1 411.2	1 411.2	1 411.2
1979	1 494.9	1 464.1	1 494.9	1 464.1	1 475.2	1 444.3	1 475.2	1 444.3
1980	1 580.8	1 525.9	1 580.8	1 525.9	1 541.2	1 486.7	1 541.2	1 486.7
1981	1 660.9	1 582.6	1 660.9	1 582.6	1 601.3	1 524.2	1 601.3	1 524.2
1982	1 747.6	1 648.3	1 747.6	1 648.3	1 668.0	1 570.9	1 668.0	1 570.9
1983	1 852.3	1 730.0	1 852.3	1 730.0	1 752.5	1 633.6	1 752.5	1 633.6
1984	1 987.6	1 839.5	1 987.6	1 839.5	1 867.2	1 724.1	1 867.2	1 724.1
1985	2 173.0	1 970.7	2 173.0	1 970.7	2 031.3	1 835.8	2 031.3	1 835.8
1986	2 370.1	2 118.1	2 362.8	2 110.8	2 205.7	1 962.9	2 198.4	1 955.6
1987	2 582.3	2 294.7	2 565.0	2 277.4	2 393.6	2 118.3	2 376.4	2 101.1
1988	2 827.2	2 490.1	2 794.9	2 457.8	2 612.5	2 291.1	2 580.5	2 259.1
1989	3 072.0	2 640.3	3 025.5	2 593.8	2 829.3	2 417.1	2 783.6	2 371.4
1990	3 303.3	2 788.1	3 245.4	2 730.2	3 030.7	2 540.0	2 974.2	2 483.5
1991	3 557.7	2 974.8	3 485.6	2 902.7	3 253.5	2 701.1	3 183.6	2 631.1
1992	3 879.0	3 247.1	3 776.2	3 144.3	3 541.5	2 946.5	3 441.7	2 846.7
1993	4 338.1	3 637.4	4 163.7	3 463.0	3 964.5	3 307.6	3 794.4	3 137.5
1994	4 825.9	4 054.7	4 575.4	3 804.3	4 411.7	3 691.8	4 167.8	3 447.8
1995	5 362.6	4 490.9	5 031.8	4 160.1	4 903.2	4 090.8	4 582.1	3 769.7

续表

折旧率 =0.96					折旧率 =0.946			
年度投资采用的口径	实际资本形成总额	实际固定资本形成总额	实际非住宅资本形成总额	实际非住宅固定资本形成总额	实际资本形成总额	实际固定资本形成总额	实际非住宅资本形成总额	实际非住宅固定资本形成总额
年份	十亿元（1978 年人民币）	十亿元（1978 年人民币）	十亿元（1978 年人民币）	十亿元（1978 年人民币）	十亿元（1978 年人民币）	十亿元（1978 年人民币）	十亿元（1978 年人民币）	十亿元（1978 年人民币）
1996	5 921.4	4 957.3	5 517.4	4 553.4	5 411.8	4 516.0	5 021.6	4 125.8
1997	6 483.6	5 451.4	6 017.7	4 985.5	5 918.6	4 964.5	5 471.4	4 517.2
1998	7 074.0	6 008.5	6 538.8	5 473.4	6 448.7	5 471.6	5 937.7	4 960.6
1999	7 706.5	6 616.3	7 092.6	6 002.4	7 015.9	6 024.2	6 432.4	5 440.7
2000	8 364.9	7 290.7	7 657.7	6 583.5	7 603.8	6 638.0	6 933.9	5 968.1
2001	9 112.8	8 026.6	8 289.4	7 203.3	8 275.6	7 307.1	7 497.5	6 528.9
2002	9 972.5	8 877.9	9 011.7	7 917.0	9 053.0	8 084.9	8 146.4	7 178.3
2003	11 032.4	9 917.1	9 898.9	8 783.6	10 022.9	9 042.6	8 954.2	7 973.9
2004	12 277.6	11 108.2	10 931.3	9 761.9	11 168.2	10 142.0	9 899.1	8 873.0
2005	13 602.3	12 395.1	12 006.6	10 799.4	12 380.9	11 325.6	10 877.0	9 821.8
2006	15 114.9	13 845.4	13 237.7	11 968.1	13 769.0	12 660.1	12 001.0	10 892.1
2007	16 853.2	15 486.8	14 619.9	13 253.5	15 368.4	14 171.7	13 264.7	12 068.0
2008	18 882.7	17 370.7	16 246.0	14 734.1	17 242.1	15 909.8	14 759.3	13 427.1
2009	21 307.1	19 719.1			19 490.7	18 093.9		

数据来源：安信证券。

我们在图 2–22 中描绘了非住宅固定资本存量（这暗含了将 1978 年底资本存量的起始值均视为固定资本的假设）在不同折旧率假设下的增速，容易看到在最近 20 年资本存量的增速对折旧率的敏感度不高。（数据序列截止到 2008 年，因为 2009 年的土地购置费用尚未公布。）

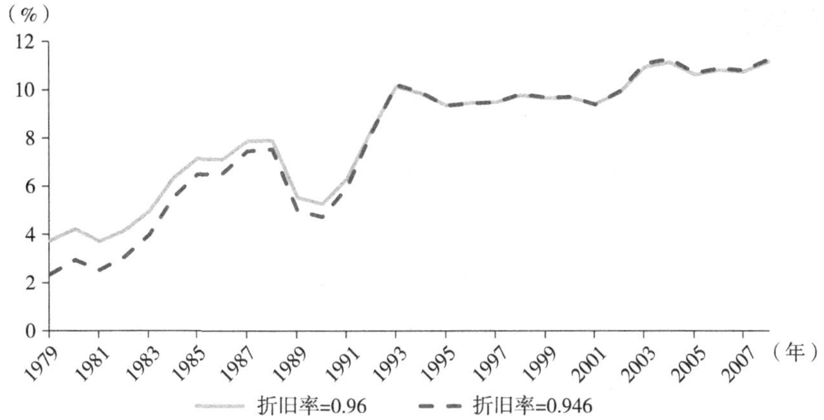

图 2–22　中国的资本存量增速（非住宅固定资本形成口径，1979—2007）

数据来源：CEIC，安信证券。

如图 2–23 所示，对于存货投资而言，在改革开放的早期和改革开放之前，存货投资的规模较大，占资本形成总额的比例接近 30%，但 1992 年之后存货投资占比出现了明显下降，2000 年以来保持在 5% 左右。对于总供应的增长而言，我们认为存货投资在趋势上不会对潜在产出的增长构成较大影响，因此在最终进行计算时我们将存货投资的变动排除。

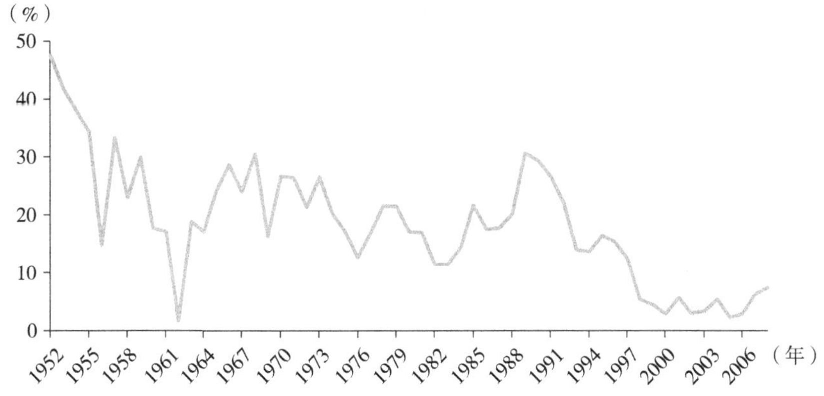

图 2–23　存货变动占资本形成总额的比例

数据来源：CEIC，安信证券。

测算框架二

资本存量估算还可采用如下方法。

首先，设定 1978 年底中国的资本存量值为 14 112 亿元。

用 4% 的折旧率计算如下方程：

$$K_t = 0.96K_{t-1} + RGI_t$$

其中 t 期的实际投资总值 RGI_t 通过以下实际国民收入核算恒等式，利用支出法计算得出 GDP 数据：

实际 GDP＝实际消费＋实际总投资＋商品与服务的实际净出口

其中实际消费用名义消费除以消费者价格指数（在 20 世纪 80 年代早期尚无 CPI 数据时采用商品零售价格指数代替，二者在初期的同步性很好）得出。为了计算净出口的实际值，我们用商品与服务净出口的数值除以隐含 GDP 缩减指数。

实际投资总值等于 1978 年价的实际 GDP 中扣除实际消费、商品与服务的实际净出口。

本测算框架的基础数据总结在表 2–6 中。

表 2–6　资本存量测算框架二所用基础数据

年份	支出法GDP	最终消费	资本形成总额	固定资本形成总额	存货增加	货物和服务净流出	居民消费价格指数	商品零售价格指数
	十亿人民币	十亿人民币	十亿人民币	十亿人民币	十亿人民币	十亿人民币	上年=100	1978 年=100
1978	360.6	223.9	137.8	107.4	30.4	−1.1		100.0
1979	409.3	263.4	147.9	115.3	32.6	−2.0		102.0
1980	459.3	300.8	160.0	132.2	27.7	−1.5		108.1
1981	500.9	336.2	163.0	133.9	29.1	1.7		110.7
1982	559.0	371.5	178.4	150.3	28.1	9.1		112.8

年份	支出法GDP	最终消费	资本形成总额	固定资本形成总额	存货增加	货物和服务净流出	居民消费价格指数	商品零售价格指数
	十亿人民币	十亿人民币	十亿人民币	十亿人民币	十亿人民币	十亿人民币	上年=100	1978年=100
1983	621.6	412.6	203.9	172.3	31.6	5.1		114.5
1984	736.3	484.6	251.5	214.7	36.8	0.1		117.7
1985	907.7	598.6	345.8	267.2	78.6	−36.7	109.3	128.1
1986	1 050.9	682.2	394.2	314.0	80.2	−25.5	106.5	135.8
1987	1 227.7	780.5	446.2	379.9	66.3	1.1	107.3	145.7
1988	1 538.9	984.0	570.0	470.2	99.8	−15.1	118.8	172.7
1989	1 731.1	1 116.4	633.3	441.9	191.3	−18.6	118.0	203.4
1990	1 934.8	1 209.1	674.7	482.8	191.9	51.0	103.1	207.7
1991	2 257.7	1 409.2	786.8	607.0	179.8	61.8	103.4	213.7
1992	2 756.5	1 720.3	1 008.6	851.4	157.3	27.6	106.4	225.2
1993	3 693.8	2 190.0	1 571.8	1 330.9	240.9	−68.0	114.7	254.9
1994	5 021.7	2 924.2	2 034.1	1 731.3	302.8	63.4	124.1	310.2
1995	6 321.7	3 674.8	2 547.0	2 088.5	458.5	99.9	117.1	356.1
1996	7 416.4	4 392.0	2 878.5	2 404.8	473.7	145.9	108.3	377.8
1997	8 165.9	4 814.1	2 996.8	2 596.5	400.3	355.0	102.8	380.8
1998	8 653.2	5 158.8	3 131.4	2 856.9	274.5	362.9	99.2	370.9
1999	9 096.4	5 563.7	3 295.2	3 052.7	242.4	237.6	98.6	359.8
2000	9 874.9	6 151.6	3 484.3	3 384.4	99.8	239.0	100.4	354.4
2001	10 902.8	6 693.4	3 976.9	3 775.5	201.5	232.5	100.7	351.6
2002	12 047.6	7 181.7	4 556.5	4 363.2	193.3	309.4	99.2	347.0
2003	13 663.5	7 768.6	5 596.3	5 349.1	247.2	298.6	101.2	346.7
2004	16 080.0	8 755.3	6 916.8	6 511.8	405.1	407.9	103.9	356.4
2005	18 713.1	9 905.1	7 785.7	7 423.3	362.4	1 022.3	101.8	359.3
2006	22 224.0	11 263.2	9 295.4	8 795.4	500.0	1 665.4	101.5	362.9
2007	26 583.4	13 151.0	11 094.3	10 394.9	699.5	2 338.1	104.8	376.7
2008	31 490.1	15 234.7	13 832.5	12 808.4	1 024.1	2 422.9	105.9	398.9
2009	34 151.5	16 612.6	16 229.7	15 533.3	696.4	1 309.2	99.3	

数据来源：CEIC，安信证券。

根据基础数据及前述算法得到的实际消费、实际净出口、实际总投资及资本存量数据总结见表 2-7。

表 2-7 中国资本存量的估算结果

年份	实际消费	实际净出口	实际总投资	资本存量
	十亿元（1978 年人民币）	十亿元（1978 年人民币）	十亿元（1978 年人民币）	十亿元（1978 年人民币）
1978	223.9	−1.1	137.8	1 411.2
1979	258.2	−1.9	131.7	1 486.4
1980	278.3	−1.3	141.3	1 568.3
1981	303.7	1.5	135.1	1 640.6
1982	329.3	7.8	142.8	1 717.8
1983	360.4	4.3	167.5	1 816.5
1984	411.8	0.1	201.1	1 945.0
1985	465.3	−28.1	258.3	2 125.5
1986	497.9	−18.4	277.7	2 318.1
1987	530.9	0.7	313.2	2 538.5
1988	563.4	−9.2	385.8	2 822.8
1989	541.7	−10.5	447.0	3 156.9
1990	569.0	26.8	419.9	3 450.5
1991	641.4	30.3	437.3	3 749.8
1992	735.9	12.7	518.4	4 118.2
1993	816.8	−26.6	653.4	4 606.9
1994	878.8	20.6	733.2	5 155.8
1995	943.1	20.6	839.3	5 788.9
1996	1 040.8	39.2	912.4	6 469.8
1997	1 109.8	94.7	973.0	7 184.0
1998	1 198.8	98.5	1 050.7	7 947.3
1999	1 311.3	66.0	1 149.9	8 779.3
2000	1 444.1	66.3	1 229.5	9 657.6
2001	1 560.3	63.3	1 343.8	10 615.1
2002	1 687.6	83.1	1 466.3	11 656.8

续表

年份	实际消费	实际净出口	实际总投资	资本存量
	十亿元（1978年人民币）	十亿元（1978年人民币）	十亿元（1978年人民币）	十亿元（1978年人民币）
2003	1 803.9	77.8	1 679.8	12 870.4
2004	1 956.7	99.5	1 864.5	14 220.1
2005	2 174.6	238.4	1 951.2	15 602.5
2006	2 436.2	368.5	2 112.6	17 091.1
2007	2 714.2	493.8	2 405.9	18 813.4
2008	2 969.1	473.6	2 712.1	20 773.0
2009	3 260.5	256.5	3 174.0	23 116.0

数据来源：安信证券。

本测算框架下的资本存量的增速如图2–24所示。我们认为与测算框架一相比，这一结果在存货投资、住宅投资和价格指数等层面不够精细，存在一些较严重的瑕疵，并且与其他方面广泛的宏观事实的一致性较差，因此在后续模型估计中我们会采用测算框架一的数据序列。

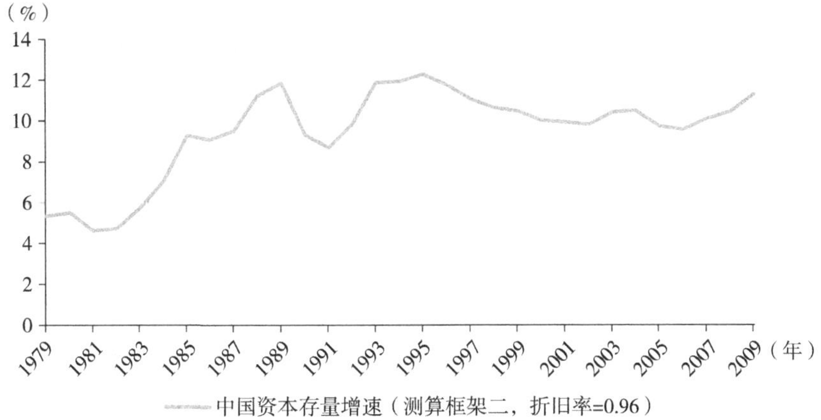

图2–24　中国的资本存量增速（非住宅固定资本形成口径）

数据来源：安信证券。

中国经济转型的国际比较

这篇文章是我们在2019年12月完成的，主要背景是在2020年即将开始的时候，对过往十年的长期经济减速进行总结，并对2020—2030年经济的走向提出一些判断。我们通过设定东亚不同经济体转型的元年，对其历史数据进行了规整、对标和处理，在方法上比较新颖，引起一些研究者的兴趣。我们对2020—2030年长期的经济增长目标做出预判，这在财经领域引起相当广泛的关注，多数人认为我们的预判也许过于悲观。

2010年10月，我们撰写了研究报告《三十年未有之变局——中国潜在增速的趋势转折》，在文章中我们讨论了2010—2020年中国经济潜在增速的变化及其影响。当时我们在中性情景假设下的估算认为，到2015年中国经济的潜在增速可能下落到7%左右，到2020年进一步下降到5.5%左右。同时我们在文章中提出，在经济潜在增速下行趋势中，政府可能持续采用逆周期政策，这将在经济中积聚大量潜在的金融风险。差不多十年以后回头来看，这些推算的偏差并不算很大，关键的想法也差强人意。

2010年以来，中国经济总体走在长期波动下行的趋势中，这背后最重要的原因在于：随着经济的发展和收入水平的提高，我国逐步从模仿和追赶驱动的模式转入自主创新驱动的模式，逐步从依靠出口和投资转入依靠消费和服务来拉动经济。

站在当下，如何评价过去十年我国的经济转型？如何看待未来十年中国经济增长的基本前景？为了回答这些问题，我们尝试把中国经济的转型放在东亚经济体转型的背景下来比较和分析。

为了进行这样的国际比较，首先需要把中国经济的转型与东亚经济体历史上的转型进行合理对标。为了寻找恰当的对标年份，我们使用了两个指标，一是人均GDP，把它转化成美元的水平，并对美元的币值在历史序列上进行调整；二是观察经济体内部第二产业相对第三产业占比的变化。

结合这两个指标的观察，我们确立了经济转型的对标年份，如表2–8所示，即中国2010年的经济发展程度、人均收入和生活水平大致接近于日本1968年前后的水平、韩国1991年前后的水平、中国台湾1987年前后的水平。

表2–8 中国、中国台湾、日本、韩国等经济体对标基准

经济体	中国	日本	韩国	中国台湾
对标基准	2010	1968	1991	1987

数据来源：安信证券。

基于这样的对标，我们对比各经济体主要的经济指标。

首先，观察经济增长率。我们把对标的这一年作为观察的元年，观察这些经济体在元年之前二十年和之后二十年的经济增长情况。考虑到数据在短周期内波动较大，我们对经济增速进行了移动平均。

数据的结论一目了然，如图2–25所示，尽管中国经济增长有自身的特性，但是就过去转型十年的情况而言，中国所经历的经济增速中枢不断下沉，在东亚其他经济体转型过程中都经历过；在相应的年份上，日本、韩国、中国台湾三者的平均经济增速与我国大致接近。

如果该图所显示的历史经验大体可信，并且能够对预判未来的经济走向提供合理借鉴，那么我们认为中国迄今为止的经济减速过程应该还没有结束。从这里的数据看，日、韩与中国台湾在转型结束后的平均增速在4%~5%之间。

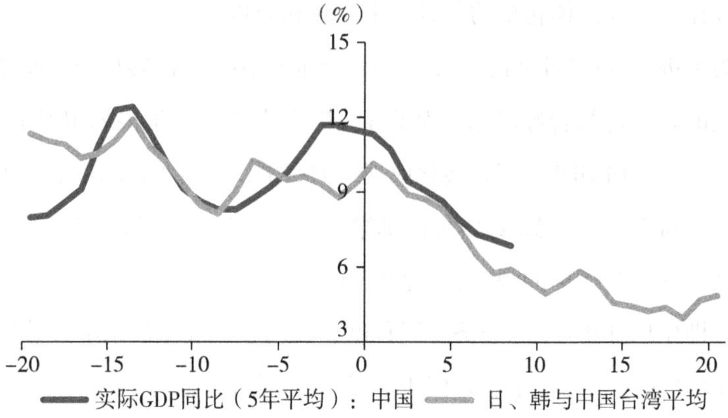

图 2–25　转型中的实际 GDP 增速

数据来源：Wind，安信证券。

数据说明：日、韩与中国台湾平均是对经济转型相应阶段的日、韩与中国台湾实际GDP 增速的算术平均。

其次，我们沿着相同的思路比较了东亚经济体在转型阶段的人均电力消费量。如图 2–26 所示，在过去二十多年的时间里，我国所经历的人均电力消费的提高与对标阶段的东亚经济体十分接近，这也在一定程度上说明，我国与东亚其他经济体在转型过程中有较多可比的成分。

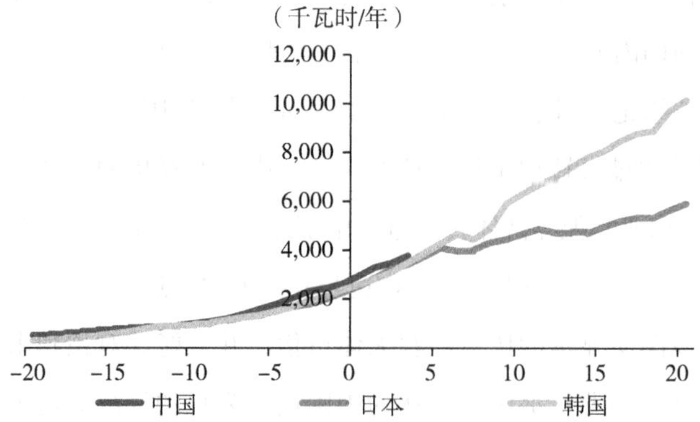

图 2–26　转型阶段的人均电力消费量

数据来源：Wind，安信证券。

另外一个非常重要的衡量经济转型的指标是城市化率。如图 2–27 所示，从表面上看，中国的城市化率始终大幅落后于东亚其他经济体在可比阶段的水平。

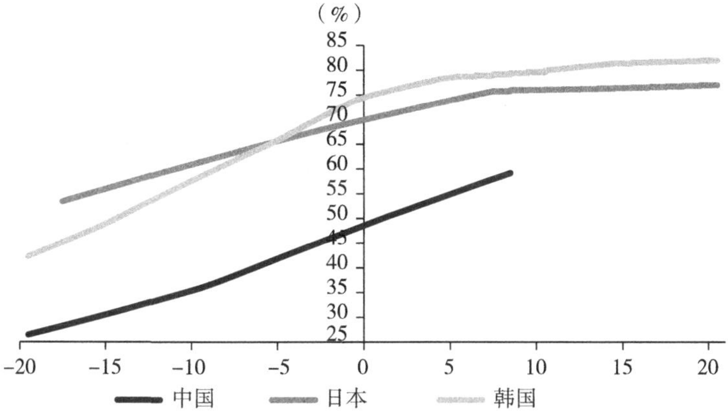

图 2–27　转型阶段的城市化率

数据来源：Wind，安信证券。

但是进一步深入研究我国的转型，似乎与这样的城市化数据不完全一致，重要的原因在于城市化率这一指标在定义和计算上存在诸多困难，比如中国的户籍制度以及统计技术上的困难，再比如中国由于计划生育政策的影响，老龄化程度显著高于其他东亚经济体，老年人难以实现城市化，而且从经济增长的角度来讲，其意义也十分有限。

我们尝试构建了另外一个指标，即非农业就业人口占全部适龄劳动人口的比重。如图 2–28 所示，该指标显示了中国经济所经历的深刻的内部转型，可以看出过去十年甚至过去四十年，中国所经历的转型与东亚其他经济体相比毫不逊色。

该指标对我们预判 2020—2030 年的经济增长有两个重要含义：一是如果我们把该指标作为中国真实城市化率的合理度量，从中来看，中国高速城市化的过程很可能已经进入了晚期，中国的城市化过程在不太遥

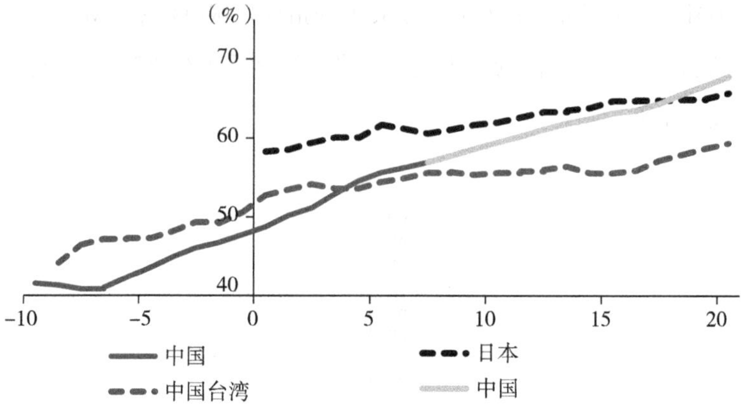

图 2–28　转型阶段非农就业占适龄劳动人口比

数据来源：Wind，安信证券。

数据说明：适龄劳动人口指 15~64 岁人口；在估算中，我们假设中国每年新增非农就业维持 2016—2018 年均值，即每年新增非农就业 598.8 万人。

远的将来基本会结束，或者至少会大幅放慢。

二是观察图 2–22 的虚线。这些虚线的基本想法是，如果中国城市经济部门第二、三产业每年创造就业机会的能力维持在过去三年的平均水平，我国非农就业占全部适龄劳动人口的比例将逐步超过日本同一发展阶段的水平。

总结而言，考虑到适龄劳动人口开始下降，而适龄劳动人口中在城市经济部门工作的比例已经处于相当高的水平，在该水平上继续维持当前的上升速度将会变得越来越难。

我们再来评价一下过去十年中国可贸易部门竞争力的提升。过去十年的经济增长、服务业的兴起是城市化的继续，同时中国的制造业部门和可贸易部门也在高速增长，这一高速增长为中国的经济增长提供了技术基础。

如何来看待过去十年中国可贸易部门竞争力的提升？我们从两个角度进行观察。

第一个角度是观察在国际贸易领域中，我国出口产品竞争力的变化，一个相对容易计算和比较的指标是中国出口品占国际市场份额的变动。如果中国出口品的竞争力相对于国际平均水平在提升，那么中国出口品在国际市场上的份额将上升。

与其他经济体相比，中国存在大量的加工贸易，这使得中国的总出口量被放大。考虑到这一因素的影响，我们把中国的出口分为两个指标，如图 2-29 所示，浅色柱状图代表中国的一般贸易出口在国际市场上份额的变化，深色柱状图代表一般贸易加上加工贸易后市场份额的变化。

在经济转型开始以后的 8 年时间里，日本出口品国际份额提升约 26%，与韩国接近，而包含加工贸易在内的中国出口份额提升的幅度约 24%，不包含加工贸易的中国出口份额的提升幅度是 54%。

换言之，我国依靠廉价劳动力驱动的加工贸易在过去 8 年大幅萎缩，但依靠技术进步和自主创新的一般贸易出口份额大幅提升。即便把加工贸易包括在内，我国整个出口份额的提升跟同期的日韩也非常接近。从这一角度来观察，中国过去 8 年时间里，经济转型后所经历的国际竞争力的提升处于正常水平，甚至比日韩的水平略好一些。

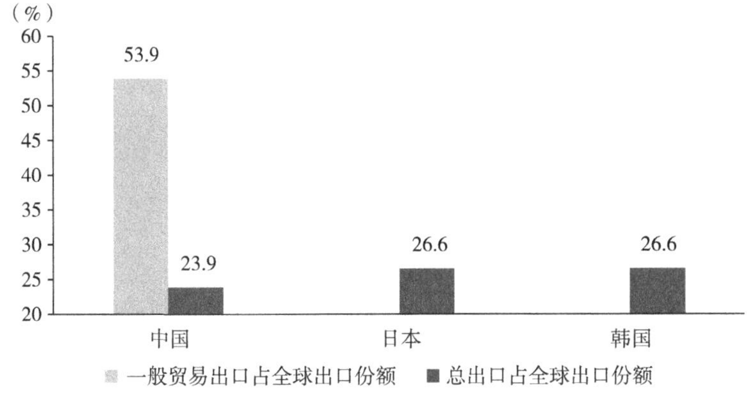

图 2-29　转型开始后 8 年出口份额累积提升比例

数据来源：Wind，安信证券。

数据说明：累积提升比例计算方法为经济体 8 年内出口提升份额/该经济体转型元年份额。

出口部门国际竞争力的提升还可以表现为出口部门工人工资水平的大幅增长，或者表现为本国汇率的大幅上升。从一般意义上讲，制造业可以进行国际贸易，这意味着制造业竞争的背后是从事制造业活动的劳动力之间的竞争，这种劳动力之间的竞争要考虑劳动力的受教育水平、劳动力的创造力、劳动的技术复杂程度以及相对工资水平的高低。基于此，我们认为观察可贸易部门竞争力的变化的另外一个重要角度是观察可贸易部门工人工资水平变化和汇率变化。

如图 2–30 所示，我们首先以本币计算，把转型元年的工资指数设定为 100，来计算转型过程中制造业以本币计价的实际工资的增长情况。

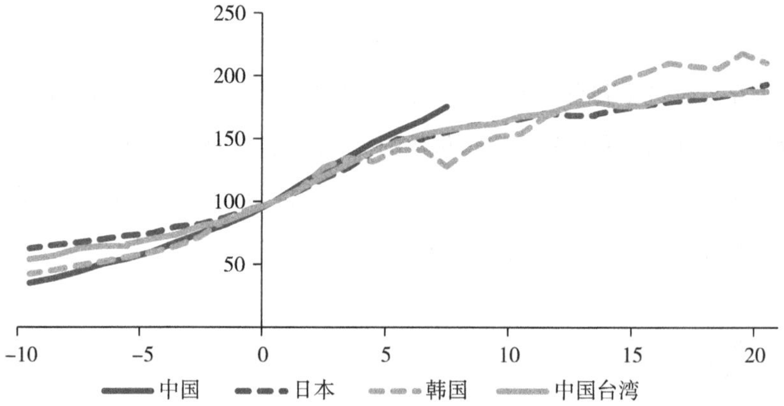

图 2–30　转型中制造业实际工资指数

数据来源：CEIC，Wind，安信证券。

数据说明：我们将转型元年的制造业实际工资标准化为 100。

我们看到，转型 8 年以后，中国以人民币计价的制造业实际工资的累积增长幅度明显高于日、韩与中国台湾同期的水平。

但该计算没有考虑汇率升值的影响，所以我们进一步把工资水平用汇率转化成美元的水平，考虑美元币值的变化再做一些技术性调整后进行比较。如图 2–31 所示，这一比较结果仍然显示，在经济开始转型 8 年以后，中国制造业以美元计价的工资水平的提升要高于韩国和中国台湾同期的水平，但要弱于日本同期的水平。

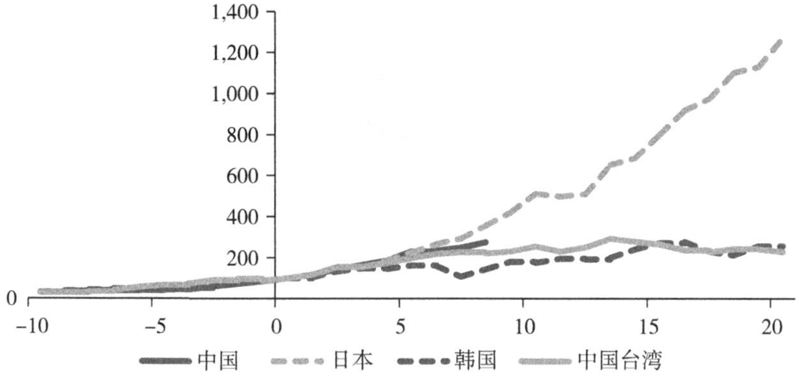

图 2-31　转型中制造业实际工资指数（汇率调整）

数据来源：CEIC，Wind，安信证券。

数据说明：我们将制造业名义工资使用本币兑美元汇率进行转化，然后使用美元指数进行调整，计算出汇率调整后的制造业实际工资，最后将转型元年的汇率调整后制造业实际工资标准化为 100。

如果认为制造业竞争力的提升就是汇率的升值和制造业实际工资的上升，那么在过去 8 年的时间里，将中国放在东亚经济体转型的背景下来讲基本上处于正常水平。

接下来再比较一下市场较为关注的人均汽车保有量，如果以相同的方法来比较同一发展阶段东亚各经济体的汽车保有量，如下面两张图所示，中国的人均汽车保有量明显低于韩国和日本的水平。但是如果我们把比较的基准做一点调整，比如说 2014 年的中国对应 1968 年的日本、1991 年的韩国，调整后会发现人均汽车保有量变得比较接近，但是中国人均汽车保有量上升的速度明显偏慢。

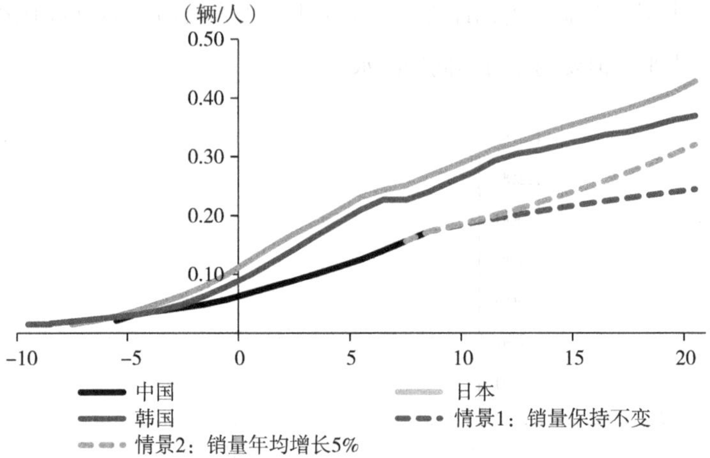

图 2-32 转型中人均汽车保有量

数据来源：CEIC，Wind，安信证券。

数据说明：情景假设的汽车销量基于2018年汽车销量数据，假设汽车使用年限为15年。

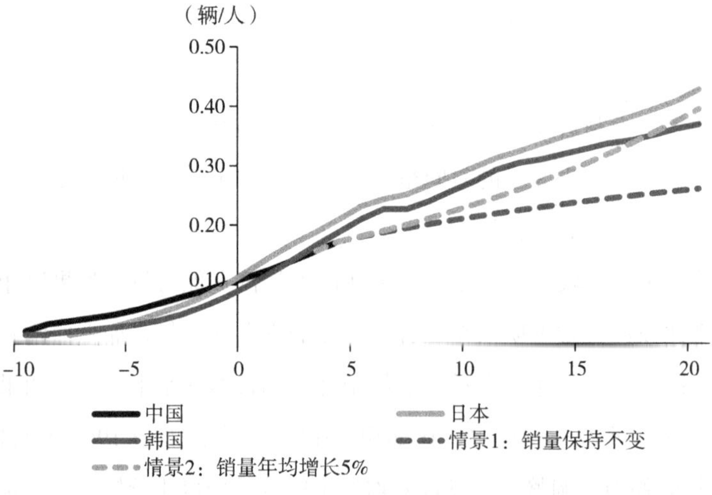

图 2-33 转型中人均汽车保有量（基年调整）

数据来源：CEIC，Wind，安信证券。

数据说明：考虑到中国的收入差距更大和汽车普及阶段面临更高的汽油价格，此处我们将中国的对比基年后移了 4 年。

为什么要把对标的年限做一点调整呢？一个理由在于，在人均收入水平相似的背景下，中国收入分配的差距似乎更大，使有能力购买汽车的人群数量相对下降。

即便做了这样的调整，仍然有一个绕不开的问题，中国人均汽车保有量的提升速度相对更慢。

我们认为理由可能是，相比同样的发展阶段，汽车的使用成本在大幅提升。一是石油价格的大幅上升，二是全球气候变暖、环境保护压力、排放标准快速提升等因素使汽车的持有和使用成本相对更高。

如果我们假设未来十年中国汽车的销售增速维持在 5% 的水平，那么会看到人均汽车保有量的差距快速萎缩。在调整基年进行比较的背景下，我国人均汽车的保有量还会在后期超过日本和韩国同时期的水平。考虑到碳排放、环境保护压力、汽油价格等原因，在可比的收入水平上，我们认为这一情形不太可能发生。

如果未来中国汽车销售增速平均维持在 0 附近，每年的汽车销量都维持在 2018 年的水平，我们会看到这一差距也许还略有扩大。从这些推演来看，未来十年中国汽车销售的趋势增速不太可能超过 5%，中国的汽车市场基本上已经步入了存量时代。

在历史上，汽车市场和房地产市场是支撑中国经济高速增长非常重要的力量。随着高速城镇化趋于结束，房地产市场的支撑作用在大幅弱化。而随着汽车市场逐步跨入存量时代，来自于汽车消费增长的支持也在显著弱化。需求层面的变化指向了这样的结论，即我国的经济减速过程存在深刻的结构性原因，并且这一减速过程很有可能还没有结束。

我们再来观察在经济转型过程之中的结构变化。

首先来看投资率，如图 2–34 所示，经济跨过转型的转折点后，投资率在趋势上都会开始下降，而投资率的趋势下降是经济减速很重要的原因和背景。中国经济开始转型后投资率停止上升，并且在一段时期后也开始下降，这一特征与其他经济体接近。

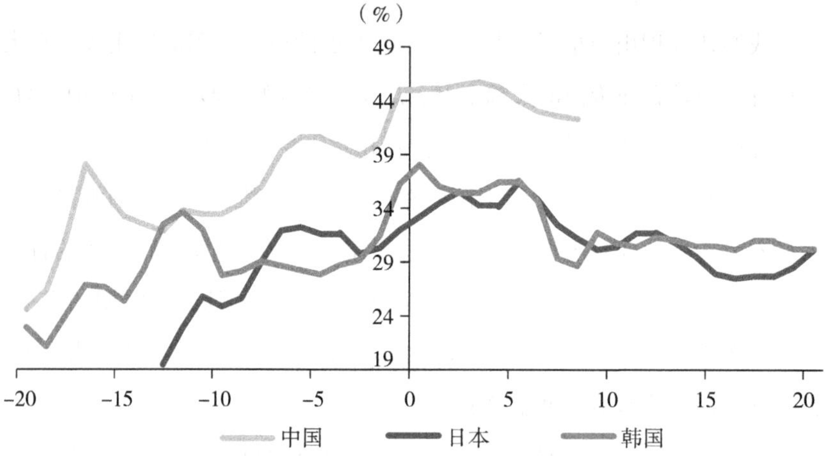

图 2–34　转型中投资率（固定资本形成总额）

数据来源：Wind，安信证券。

但值得注意的是，中国的投资率始终显著高于东亚其他经济体的水平，并且在经济开始转型后投资率的下降异常缓慢。如图 2–35 所示，对日韩来讲，在经济开始转型以后，投资率从高点到重新稳定下来的累计降幅接近 6 个百分点，但迄今为止我国投资率的降幅大约只有 3 个百分点；而在年均投资率下降的对比中，日本、韩国平均每年下降约 2 个百分点，而我国每年平均降幅只有不到 1 个百分点。

如果其他经济体转型过程的经验有借鉴意义，那么意味着我国投资率的下降还远没有结束，未来投资率的下降将会伴随经济增速的趋势放缓。

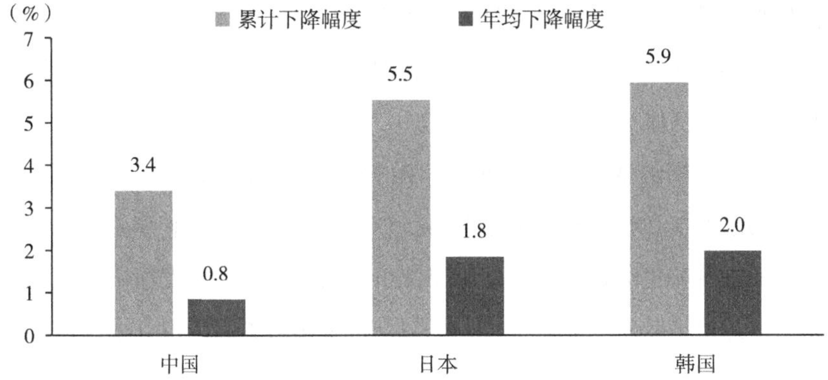

图 2-35 转型开始后投资率的下降

数据来源：CEIC，Wind，安信证券。

数据说明：投资率的累计下降幅度是指经济转型后，经济体投资率的峰值下降到下一个平台中枢的幅度。

为什么当前的投资率没有跌透？我们再来比较经济转型时期杠杆率的变化。如图 2-36 所示，总体来讲，随着收入水平的提升，杠杆率都有上升，并且在经济转型前后杠杆率的提升看起来还会出现加速。在经

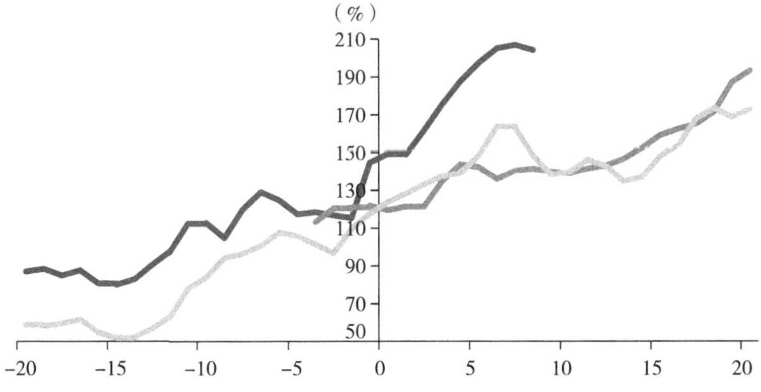

图 2-36 转型中的杠杆率私营部门杠杆率

数据来源：BIS，安信证券。

济转型开始之前，中国的杠杆率始终高于其他经济体的水平，这与我国的投资率情况一致；但在经济开始转型后，我国杠杆率的上升幅度显著高于其他经济体。

如果计算转型开始8年间杠杆率的累积提升幅度，如图2-37所示，日韩的水平在20%~25%，而我国在55%，为什么在经济转型阶段我国杠杆率的提升幅度如此之大？这主要源于我国频繁且大幅度使用基建、房地产等逆周期政策来刺激经济，从而维持了相对更高的投资率。这一过程伴随着杠杆率的大幅抬升，在一定意义上积累了风险。

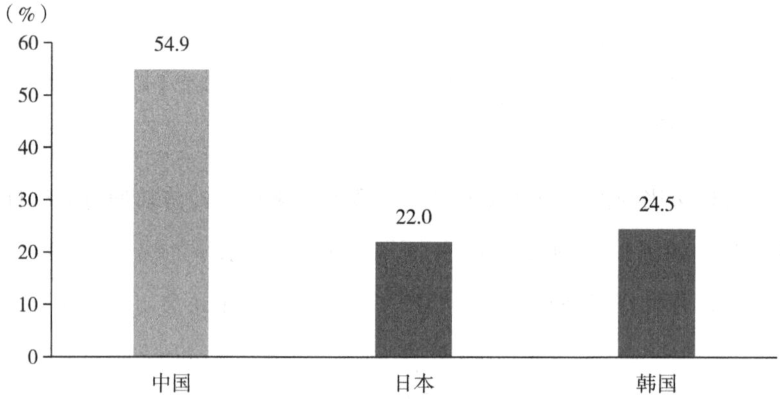

图2-37 转型开始后8年杠杆率的累积提升率

数据来源：BIS，安信证券。

换言之，尽管我国在经济转型过程中的增长率比其他的经济体略高一些，但这是建立在我国投资率较高、投资率下降缓慢，并且杠杆率大幅抬升的基础上，它的可持续性是存疑的。

此外我们再来比较在经济转型的背景下，另一个对我国经济不利的指标——老龄化程度，即经济之中65岁以上人口的占比。如图2-38所示，由于计划生育的影响，中国的老龄化程度始终高于可比时期其他经济体的水平，这一点在历史上一直如此。而真正的问题是最近几年中国的老龄化在明显加速，并且到 2027 年以后会进一步加速，这是我国在转型后面临的非常不利的前景。

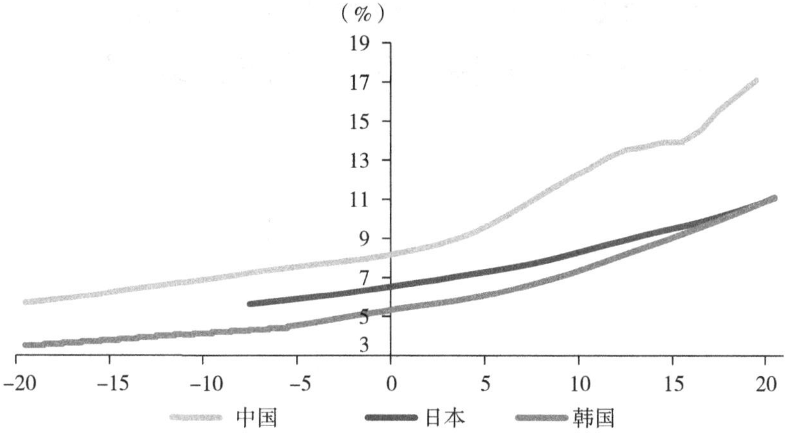

图 2–38　转型中的老龄化（65 岁以上人口占比）

数据来源：World Bank，安信证券。

数据说明：中国未来的人口数据使用 CPPS 人口预测软件进行估算。

总结而言，我们将过去 8 年中国经历的经济转型与类似时期的日本、韩国和中国台湾的数据进行对比，发现在经济增长率、城市化、出口和制造业竞争力等指标上，中国的总体表现是接近的，但在投资率、杠杆率以及人口老龄化等领域存在一些压力，这可能进一步影响未来十年（即 2020—2030 年）的经济表现。

防范金融危机的三个重要问题
——预警可行性、传导机制与政策干预

本文是我在2018年12月16日的中国金融四十人论坛内部课题评审会暨"双周圆桌"第244期"金融危机的预警、传染和政策干预"上就相关课题报告所做的即席评论，我围绕防范和化解金融风险谈了一些思考。防范系统性金融危机，具有重大的理论意义、现实意义和政策意义。但麻烦在于基于有效市场假说的分析思路，金融危机是不可预警的。与其预警金融危机，不如让做空机制更好地发挥作用，从而让市场可以实现更有效的价格发现和价格修正功能。另外，金融危机的扩散和加剧主要在债务市场沿着三个链条展开，即流动性危机、清偿力危机以及实体经济失速，相关的政策干预也应沿着上述三个链条进行。最后，就中国目前的情况而言，应对潜在金融风险最好的政策干预就是选择不干预，过度防范会导致很多风险定价工具和市场自律机制无法正常发育。

防范系统性金融危机，具有重大的理论意义、现实意义和政策意义。今天的研究报告通过大量的理论推导、实证分析和数值模拟，对上述问题进行了较为系统的研究，提出了很多具有启发性的观点，落脚在中国的政策建议也值得深思。作为市场参与者，我想谈一谈危机防范和干预中的几个重要问题。

一、金融危机是否可以提前预警

第一个问题涉及金融危机预警。众所周知，金融市场理论中有一个特别有影响力的假说，叫做有效市场假说。基于有效市场假说的分析思路，会发现预警是一个伪命题：如果金融危机可以预警，那么通过基于预警指标体系的交易，本身就可以获取巨额的利润。这就表明，所有基于公开信息和理论模型而反复成功做到的预警，最终是不可能实现的。

2008年金融危机以后，大家对经济学理论的批评很多。人们纷纷质疑，为什么这么多经济学家都没有预料到这么巨大的危机。一些有效市场假说、理性预期理论的捍卫者提出非常重要的反驳就是，如果危机是可以预期的，市场早就把它预期到了，并可以基于这种预期获利，但这反过来又会使危机预警失效。

回顾20世纪以来的金融危机历史，每一次危机过后，都会有很多人提出危机预警。但在一百多年的历史中，并没有看到哪些人能够持续成功预警金融危机。

20世纪30年代，华尔街股票大幅下跌，有人站出来说早就预料到股市会崩盘。后来，好事者认真地查看了他的预测记录，发现他在十几年的时间里，每一年都在“预测”明年股市要崩盘，最后终于蒙对了。然而这种预测，无论在操作上还是政策干预上都是毫无意义的。

1997年东南亚金融危机之后，又有很多人提出要预警危机。但即便是拥有强大的经济研究能力、丰富的政策执行经验的美联储，都没有预测到2008年的金融海啸。还没等欧美学者弄明白2008年的教训，2012年的欧债危机又爆发了，也没有任何人预警出来。

我认为预警本身就是一个伪命题，从根本上来说，金融危机就是不可预警的。无论付出多大的努力，“预警金融危机”都是在白费工夫。

从政策角度来讲，一个更有价值的问题是：为什么市场自身对危机没有警觉？如果市场能对危机有一些警觉，就会采取很多修正措施，反过来避免危机的发生，或者明显降低其破坏力。如上面所说，事前的危机预警具有商业上的获利空间，可以通过做空赚钱，这一激励本身就有很强的力量防止市场走向危机。

为何市场没有充分发挥出这种防范的力量，某种程度上跟现实中存在的诸多摩擦关系较大。一个重要的原因是，现实中的很多市场是没法做空的，例如房地产市场。

金融市场理论认为，当市场存在泡沫时，做空该市场便可以获利。做空行为本身就可以修正价格，防止金融危机的发生。一旦无法做空市场，这种价格修正机制就难以发挥作用。例如，美国房地产泡沫引发危机，部分原因正是美国房地产市场难以做空。再比如在中国股票市场上，融券卖空是十分困难的。以前本来可以通过卖空股指期货的方法来实现价格发现的过程，但2015年股灾期间，股指期货交易被限制，到现在还没有完全恢复正常。如果中国股指期货交易是正常的，那么今年股票市场下跌的幅度也许就不会这么大，因为对于机构投资者管理风险而言，卖空股指期货远比卖空“一揽子”现货有效率得多。

由此可见，与其预警金融危机，不如研究如何尽量减少市场存在的诸多摩擦，让做空机制更好地发挥作用，这远比危机预警更为有效。立足于健全的卖空机制的预警，在理论上可以自圆其说，现实中也是可操作的。

例如，我们也许应该深入地研究和思考，如何通过金融创新手段，在市场上提供可以卖空房价的金融工具，这对许多金融机构而言，无疑提供了一个重要的针对房价泡沫的保护，也可以让市场自我修正机制更好地发挥作用。

由此可见，市场本身无法预警金融危机的一个重要原因便是，市场可以自我实现。那么，为何危机又反反复复发生？我认为更深刻的原因是，金融市场定价过程中存在一些基本的悖论。

所有的金融危机，第一步一定是资产价格的大幅度修正。按照现代金融理论，资产价格是对未来现金流的预期和折现，资产价格发生大幅度修正主要是因为未来现金流预期发生了明显变化。但一个基本的问题是，未来是不可预期的。

未来的不可预测性与金融市场试图预测未来之间存在不可调和的矛盾。这种矛盾使金融市场在一些时候走得太远：如果沿着悲观的方向走得太远，未来市场就可能大幅上涨；但如果沿着乐观的方向走得太远，最终一定会有大幅度的下调修正，这一点基本是不可避免的。

没有人会知道未来的样子，金融市场一再试图预测未来，就难免会使用一些不可靠的工具，市场自身对这些工具的可靠性也心存疑虑。一旦任何一种不可靠的工具被使用到极端，都会将市场带到死胡同。

这方面的例子数不胜数，比如2000年的互联网泡沫。作为一种全新的改变人类社会生活和组织方式的技术，互联网技术给人类社会带来了重大的影响。如何评估和预期这种影响呢？实际上是很难预测的，但市场需要基于这种预测进行交易。在一些条件下，市场预期变得过于乐观，最后便发生了大幅度的价格修正。

再如北京金融街的房价，它取决于对未来数十年现金流的预测。70年后北京金融街的房租将是多少，谁也说不清。这就如同站在1949年的时点，绝对预测不到2019年金融街的房价。既然我们预测不了70年后金融街的房价和租金，又如何利用现金流折现模型来定价呢？只能纯靠猜测——多数人认为合理的猜测。但问题是，猜测有时会出现大错，这一过程还存在许多反馈机制，但这不是我们今天讨论的重点。

我想要反复强调的是，金融市场资产价格大幅度的修正很多时候是不可避免的，原因在于未来的不可预测性，但金融市场试图强行预测它，两者之间始终存在张力。一旦做空机制无法正常发挥作用，这个体系出现问题的可能性就会非常大。即便做空机制完全正常工作，价格有时出现大幅的修正也是市场的正常现象。因此，我们不应试图去预警市场。预警行为往往表明我们走到了一个极端，即似乎能够超越市场预测未来。这是一种致命的自负。

二、金融危机的传导机制

第二个问题涉及金融危机的传导机制。相对于其他自然科学而言，经济学仍然是一个不够严密和精巧的科学。或许为了紧跟潮流，经济学从其他科学中借用了许多名词，例如“软着陆”，这是飞行工程领域的名词；例如“均衡”，这是物理学的概念；例如“传染”，这个词来自医学。从医学含义上看，“传染”似乎是指某种病菌从一个宿主通过某种接触转移到另一个宿主的过程。如果根据这个定义去研究金融危机，就会发现危机的本质或者其核心机制并不完全是金融机构之间的“传染”。

高盛、雷曼兄弟、贝尔斯登等投资银行，在危机前都持有大量的房地产金融衍生工具，只是风险敞口有所不同。一旦整个金融资产价格大幅度下跌，一些投行风险敞口较大，就会迅速倒闭；另一些投行风险敞口小一些，可能会多扛一段时间再倒闭，但这并不是传染。如果与医学进行类比，这并不是病菌从一个客体跳到另一个客体，而是大家同时都染病了，有些人抵抗力差，先出事，而另一些人抵抗力强，过了几天才出事。从时间的先后顺序上看，这种现象像是一种传染；但从本质上看，这仅仅是问题暴露的时间顺序不一样而已。所以，我觉得在危机中谈“传染”，未必恰当。

对于金融市场而言，本质上存在两种融资方式，即股权融资和债权融资。所以金融资产价格的大幅修正也只有两种：一种是股权市场的修正，另一种是债权市场的修正。这两种修正对整个金融体系和经济体系的影响不见得是一样的，至少不是高度重叠的。两者之间也许会有一些交互作用，但传导的结果却不见得是一样的。

例如，2008 年中国股票市场从 6 000 多点下跌到 1 600 多点，跌幅超过 70%。而 2015 年股灾，A 股市场的跌幅可能还不及 2008 年的一半，但对于整个金融体系的冲击却是不同的。究其原因，部分在于 2015 年涉及杠杆，2008 年没有杠杆。

又如，2001 年美国互联网泡沫破灭，快速传导成为实体经济的衰退，最后美联储启动降息。在这一过程中，最重要的传导链条是金融市场影响了宏观经济，使经济减速，反过来这又对金融市场形成了广泛压力。

以上几个对比足以说明，同样是金融资产价格的大幅修正，其对经济体系的影响过程、传导链条和所要求的政策干预不见得一致，这与金融体系的结构、杠杆的使用程度、问题市场的宏观重要性等密切相关。一个一般性的结论似乎是，如果权益市场上没有非常大的杠杆，那么资产价格的大幅修正并不太需要去干预；一定要干预的话，也要着眼于宏观经济的稳定——一旦市场大幅修正带来的财富效应等造成了宏观经济失速的风险，政府就必须干预它。但这种干预行为本身已经属于宏观调控的范畴，而不仅仅是危机干预了。如果仅仅聚焦狭义上的干预，实际上是不需要的。

至于债权市场的修正，由于契约的特点和时间约束，很容易出现大的问题，并非常快速地传导下去。

如果不考虑国际资本流动，只考虑一个封闭的国内金融市场。那么，债权市场巨大的修正就包含相互纠缠的三个问题：其一，这会引起局部的流动性危机；其二，可能还会引发一定范围内的清偿力危机，并且流动性危机和清偿力危机是相互纠缠、相互关联、相互强化的；其三，还会导致整个经济活动严重失速。

即使资产价格原来是健康的，如果债权市场出现了系统性风险，反过来也会导致资产价格大幅修正，即严重的信用市场收缩会导致资产价格大幅度的修正和宏观经济的严重失速，这反过来又会强化这一过程。

所以，沿着流动性的链条，金融系统会走入风险扩散和加剧的过程，而这会触发清偿力的链条。尽管这个链条上的传导过程的细节千变万化，但主要的逻辑脉络却是清晰的：一旦金融机构流动性出现问题，风险源的暴露就会加大，就会更加容易中招；金融机构的杠杆率越高，清偿力就越处在边缘位置，越容易中招。

我认为，政策干预也要沿着上述三个链条进行。

第一，应对流动性危机的核心问题是防止挤提。存款保险制度提供了一种非常好的熔断机制，零售市场上有这种机制但批发市场上没有。在 2008 年金融危机中，批发融资市场上出现了挤提。本质上对于流动性危机的传导而言，最重要的就是去阻断挤提，而在批发市场上政府如何去阻断它，在一定程度上仍然是一个开放的问题。

第二，清偿力危机的处理方式也应该是明确的。如果是小金融机构，任其出清；如果是大金融机构，要考虑政府的系统性救助，至少是在政府严格监督下的有序退出。

第三，对于通过实体经济减速和资本市场大幅修正来强化危机的这一链条，重点要防止宏观经济的严重失速，例如 2009 年全球联合干预的行为。

三、应对危机的政策干预

第三个问题涉及危机的政策干预。首先要考虑的是，危机发生时，政策制定者处在一个尴尬境地，并急于解决问题。但这里面存在两个悖论。

第一个悖论，不干预也许是更好的选择，有助于克服道德风险，使金融市场变得更有生命力、更强健。但面对市场下跌，政治家很难无动于衷。

第二个悖论在一定程度上跟前面所说的预警有关系。政策制定者声称可以通过成功预警和提前干预避免危机发生，但是很难证明这一点。因其无法向市场参与者证明，如果没有制定某个政策，危机一定会发生。因此，很多人会质疑政策制定者在邀功。

这种悖论使政策制定者往往干脆等出了危机再去救助，功劳一目了然。提前预防和干预，尽管在理论上很完美，但在实际工作中说不清楚，难言业绩。从激励机制上讲，这个悖论导致即便能够及时预警和出手，也不会有事前的有效干预。

最困难的问题就在于是否选择进行干预。1998 年，美国长期资本管理公司濒临破产，美联储的干预举措就是，督促相关机构对公司债务进行重组，并没有直接救助相关金融机构。从事后看，这也是成功的。

应对危机时选择不干预，市场会克服道德风险，并将会自我修正，从而变得更强健。面对危机，我们不要惊慌失措，更不要急于设计政策干预手段。

当然，一旦存在发生系统性问题的巨大风险，政府就一定要干预。其核心问题在于，判断道德风险的时候，还要去判断发生系统性风险的概率。

除了负债端批发融资市场的挤提外，关键在于整个金融机构的杠杆是否普遍太高，在资本充足率上是否受到了严重的损害，这又与宏观冲击以及对宏观冲击的暴露有关系。

2008 年，房地产市场使美国整个金融体系资本充足问题受到了严重的损害，叠加高杠杆和批发市场的挤提，最终成为系统性问题。

回顾危机发生时，无论是时任美国财政部长保尔森还是美联储主席伯南克都没有意识到问题的严重性，并不知道关闭雷曼兄弟的后果，存在着非常严重的误判。这个案例清楚地告诉我们，加强对系统脆弱性的研究，特别是在危机时刻的研究是极其重要的。

也许可以猜测，如果美联储当时把雷曼兄弟救助下来了，金融海啸也许就不会如此严重。一个非常重要的教训是，重要的、系统性的大机构需要设法保住，来控制危机的严重程度。

反观中国，对所有市场参与者而言，大的系统性金融机构内在都是已经被保护起来的。没有人会相信中国工商银行这类国有银行会破产，甚至没有人相信招商银行、民生银行这么大的股份制金融机构最后会被推到破产清算的边缘。这些机构从来没有经受过压力测试，但是我认为没有一个市场参与者相信这些机构会倒闭，这就是整个市场的共识。共识背后有很多东西，例如政府的隐性担保等。

近期平台债市场出现一些问题，而一旦到了省级平台层面就没有问题，因为没有人相信中央政府会任由省级平台破产。

这些基本事实表明，因为这一强大的心理基础和隐含的心理预期的存在，中国很难发生系统性金融危机。因此，面对金融危机，最好的办法就是“让子弹再飞一会儿”，不需要急于去救助。

中国现在的问题，恰恰是对危机的过度防范使很多风险定价工具和交易市场不能够正常发育，存在太多的道德风险。在研究金融危机的政策干预选择中，中国最为重要的问题并不是去指定系统性重要的金融机构，而是政府处置风险时胆子应该更大一些，步子迈得更大一些，让问题暴露得更充分一些。很多问题都可以在暴露过程之中得到更妥善的解决，市场也能够更好地自我发育、进化和完善。

中国防范系统性金融风险的真正底线，是国家的资产负债表必须足够强健，在国际收支、财政账户、通货膨胀、境外借贷和跨境资本流动等宏观经济领域得到良好管理。这使政府在最终进行系统性救助时拥有足够的清偿能力和流动性手段。

消费降级为哪般

本文是2019年2月23日我在中国金融四十人论坛季度宏观政策报告论证会上所做的主题演讲，主要讨论当时市场广泛关注的消费降级及其可能的原因。文章首先描述了2016年下半年以来收入和消费增长数据中所出现的异常背离；其次以房地产的横断面数据和汽车的时序数据为基础，探讨了基于这些因素解释的可靠性；最后以基于实物和金融交易的住户部门资金流量数据为基础，试图指出2017—2018年货币和理财增速的异常下降也许是消费减速背后最主要的原因。

一、2016年以来收入和消费增长趋势明显背离

大概从2016年下半年开始，中国宏观经济经历了一段明显的加速，直到2018年以后才出现减速。从全国居民人均可支配收入的名义值（见图2-39）来看，2016年下半年到2017年，加速是十分明显的。尽管随后经历了减速，但截至2018年底，其名义增速依然高于2016年上半年。

剔除价格因素的影响后，全国居民人均可支配收入的趋势仍然支持上述观察，不同之处在于，实际增速在2018年底已经较为接近2016年上半年的水平。

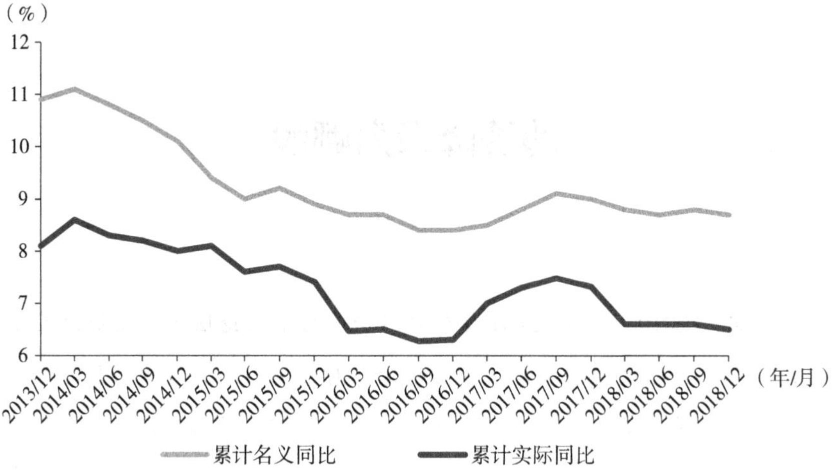

图 2-39　全国居民人均可支配收入同比

数据来源：Wind，安信证券。

其他与收入相关的指标，例如外出农民工收入（见图 2-40）、城镇单位就业人员平均工资等，在这段时期都表现出类似的模式。

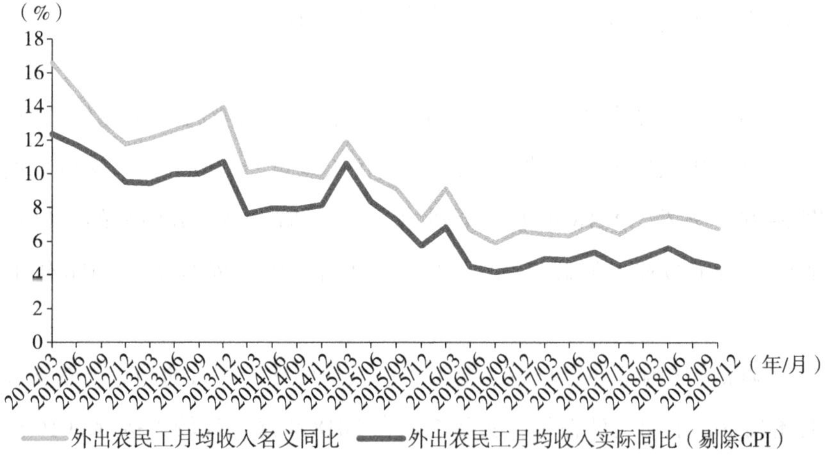

图 2-40　外出农民工月均收入同比

数据来源：Wind，安信证券。

但是如果观察全社会消费品零售，无论是名义值还是实际值，在这段时期它的增速始终保持下行趋势，这是十分奇怪的，值得深入探讨。

这是因为在历史上的其他时期，社会消费品零售增速在绝大多数时候基本受制于并且高度同步于居民人均可支配收入的增长。

将 2013 年 12 月以来全国居民人均可支配收入和社会消费品零售季度同比增速放在一张图里观察，上述现象则更为明显（见图 2-41，通过左右轴来展示，以直观地体现数据线性变换后的影响）。可以看到，2017 年以来，两者之间的相对背离越来越大。

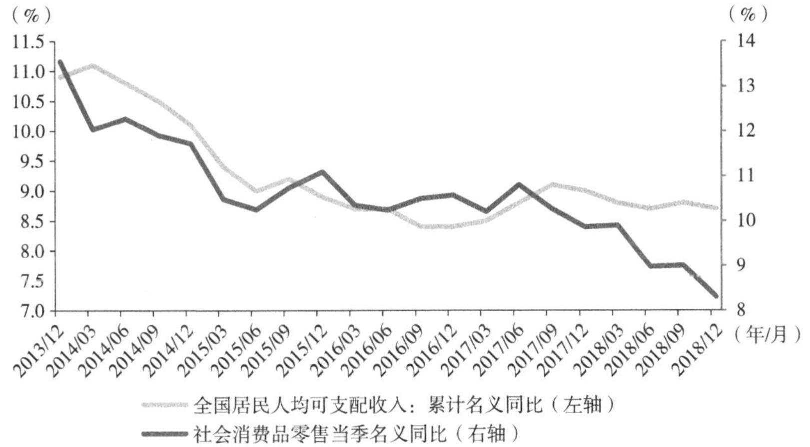

图 2-41　全国居民人均可支配收入和社会消费品零售同比

数据来源：Wind，安信证券。

市场参与者将这一现象形象地概括为“消费降级”，并将其笼统地归结为房价上涨造成的挤压，或者汽车销售放慢带来的拖累。

二、房价上涨是否挤压了居民消费

人们通常认为房价的上升和销售的放大会带动居民消费的扩张，一方面是因为形成了财富效应，并且改善了居民获取信贷的能力；另一方面是因为房屋销售会伴随装修、家具家电购买等开支的扩大。

当然，对于新购房者以及潜在购房者而言，房价上涨会导致实际收入缩水，从而可能会被迫减少消费开支，表现出挤压效应。

问题的关键在于：财富效应和挤压效应相比较，孰大孰小。文献研究一般认为，财富效应是主导。在历史上其他时期的房价上涨过程中，投资者也一般认为财富效应更大。

那么，这次的情况是否会有例外呢？接下来我们考察相关的证据。

首先，我们把社会消费品零售总额与房地产销售额加在一起，计算加总指标的同比增速。如果房地产销售当真挤压了社会消费品零售，那么加总数据应该没有持续减速的趋势存在。

可以发现，2016 年以后，加总指标单边减速的模式依然存在，甚至变得更强烈（见图 2–42）。

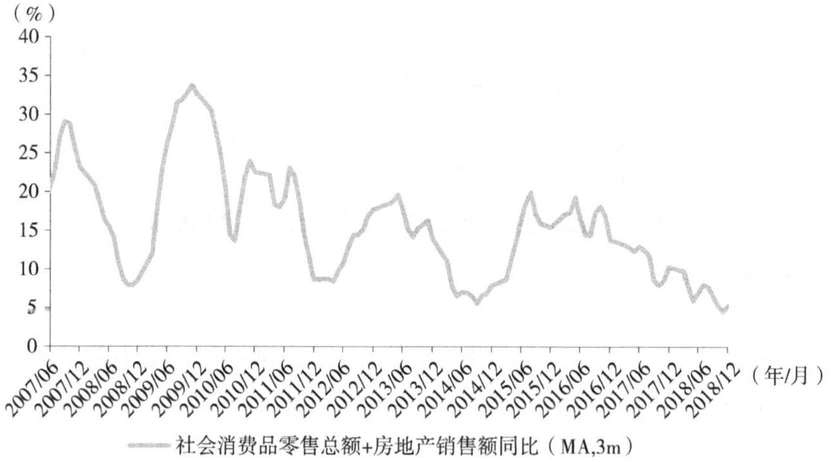

图 2–42　社会消费品零售和商品房销售同比

数据来源：Wind，安信证券。

其次，我们把全国160个城市商品房销售的增速和社会消费品零售的增速放在一个散点图上来观察，可以发现：在2017年的横截面上，两者之间表现为显著的正相关关系，解释变量的T检验的显著性水平非常高（见图2-43）。这也支持着财富效应的传统看法。

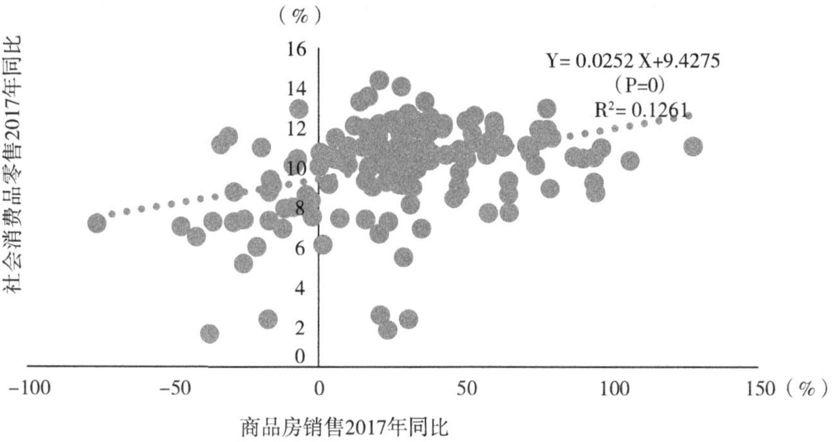

图2-43　社会消费品零售和商品房销售同比

数据来源：CEIC，安信证券。

数据说明：数据使用2017年160个主要城市数据。X表示横轴数据，Y表示纵轴数据，R^2表示趋势线拟合程度的指标。

当然，一个城市人口流入的多寡、经济增长的快慢等因素都可能带来前述结果，为此，我们进一步对横轴和纵轴的数据进行了差分处理（用2017年房地产零售与社会消费品零售的增速减去2016年的增速）。差分后的指标是一个城市房地产销售、消费品零售增速的变化，不是增速本身。这相当于建立了一个简单的固定效应面板模型，从而排除了城市的特质等因素的影响。

实际回归结果显示，T检验的显著性水平很高，两者之间仍然存在很强的正相关关系（见图2-44）。

需要补充的是，如果使用2016—2017年合并的数据，并与2013—

2014 年合并的数据进行对照，两者之间具有统计上较弱的负相关关系。我们认为这可能与 2015 年以后房地产市场驱动因素的变化有关，具体分析可参见我们关于房地产市场的分析报告。

通过比较这些回归结果，大体可以认为，即使对于近期的数据来说，房地产销售的加速也一般地促进了社会消费品零售的加速，两者之间看不到明确的挤压。

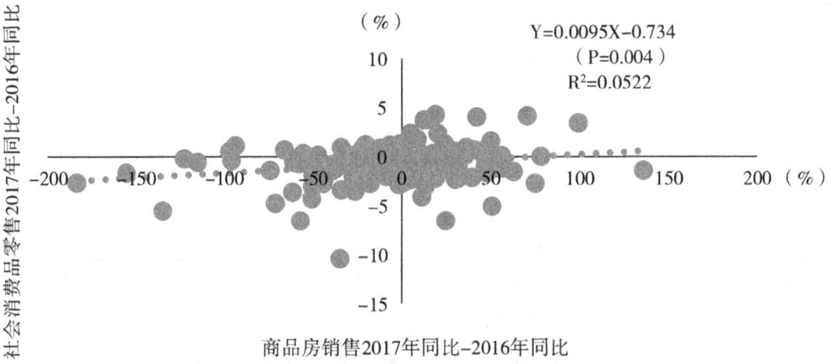

图 2-44　社会消费品零售和商品房销售同比变化

数据来源：CEIC，安信证券。

数据说明：数据使用 2017 年和 2016 年 160 个主要城市数据。X 表示横轴数据，Y 表示纵轴数据，R^2 表示趋势线拟合程度的指标。

用汽车销售来解释社会消费品零售的放慢，其存在的问题是类似的。

首先，从经验证据（见图 2-45）来看，2016 年汽车销售增速非常大，而且最高增速比 2014 年要高得多，几乎到了 2010 年之前经济高速增长时期的水平。如果汽车销售对社会消费品零售具有显著的解释，那么在汽车销售增速非常大的时候，社会消费品零售增速也应该在加速。

然而，在 2016 年汽车销售加速的时候，整个社会消费品零售是在继续减速的。这种背离在历史上其他时期也常常出现。如果认为汽车消费可以主导社会消费品零售，那么这种常见的背离就需要认真解释一下。

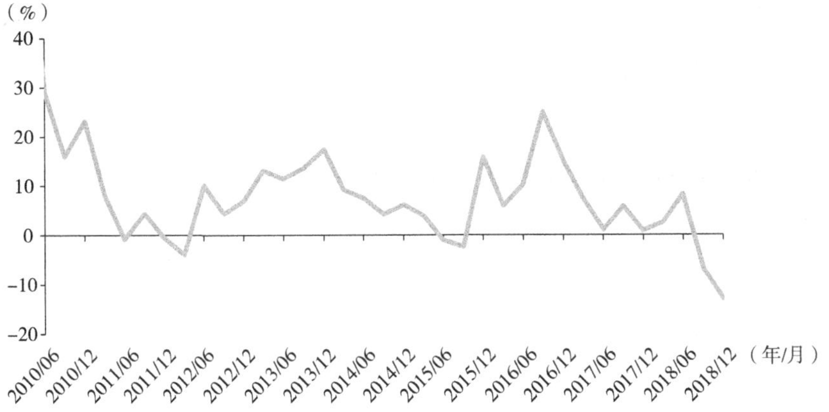

图 2-45　汽车销售增速同比

数据来源：CEIC，安信证券。

数据说明：数据使用 2017 年和 2016 年 160 个主要城市数据。

其次，从理论逻辑上看，在收入不增长的条件下，如果汽车销售在加速，意味着居民购买了更多的汽车，那么他就会减少餐饮、旅游或者购买其他耐用消费品的开支，否则，其现金流将承受很大压力。

也是由于这样的原因，居民可支配收入的增长在历史上始终主导着社会消费品零售的增长。

二、货币和理财增速的异常下降，也许是消费减速背后最主要的原因

通过资金流量表的实物交易部分，可以观察住户部门的储蓄行为，即没有用于消费的可支配收入。

图 2-46 显示了居民储蓄行为的变化，尽管 2016 年以后的数据是估算的，但误差应该不会特别大。

住户部门储蓄行为是比较平滑和相对稳定的。尽管 2011 年以来储蓄

率有趋势性下滑，但没有强烈的证据表明近年来储蓄率在大幅下降。这是因为，如果储蓄率在大幅下降，一定会表现为消费率的大幅上升，即消费的加速增长。然而，我们在总量层面没有看到消费的加速增长，消费反而是在减速。总之，从实物交易的角度来看，储蓄下降的可能性是可以排除的。

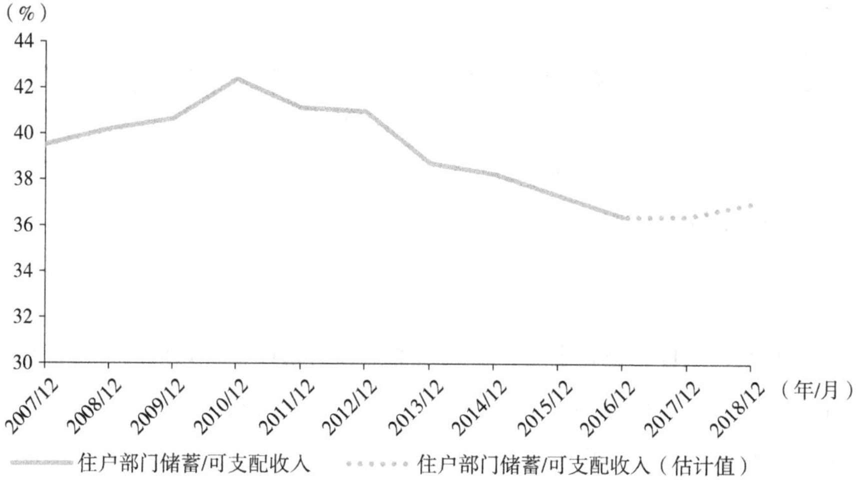

图 2-46 住户部门：实物交易中储蓄 / 可支配收入

数据来源：CEIC，安信证券。

数据说明：假设 2017 年、2018 年住户部门可支配同比分别为 9.3%、9.0%，2017 年、2018 年住户部门消费分别为 9.2%、8.1%。

以资金流量表的金融交易部分为基础，我们进一步观察住户部门用于金融交易的储蓄占可支配收入的情况，即从流量角度而言，可支配收入中有多少用于金融储蓄，即提供给金融部门的储蓄存款和理财产品等。

从实际数据来看，近年中国住户部门平均每 100 元的可支配收入中，36~40 元用于储蓄，其中 20 元左右用于金融储蓄，主要表现为储蓄存款和银行理财产品等，10 元左右用于购买住宅（当然，为了购买住宅，住户部门还需要从银行融入按揭资金），剩余部分可能用于住宅以外的实物投资以及正规金融体系以外的借贷等。

观察住户部门的金融交易情况（见图 2-47、图 2-48），容易看到 2017 年金融储蓄出现异常大幅下滑，2018 年有所恢复，但仍然处于较低水平。

2015 年，金融储蓄占可支配收入的比例仍在 22%，2016 下降到 18% 多，2017 年则大幅度下滑到 10% 以下，降幅在 10 个百分点左右，为金融危机以来所未见。同时，如前述讨论显示，金融储蓄下降的这种趋势，在实物储蓄层面并没有表现出来，反而实物储蓄可能是上升的，这是非常重要的一个疑点。

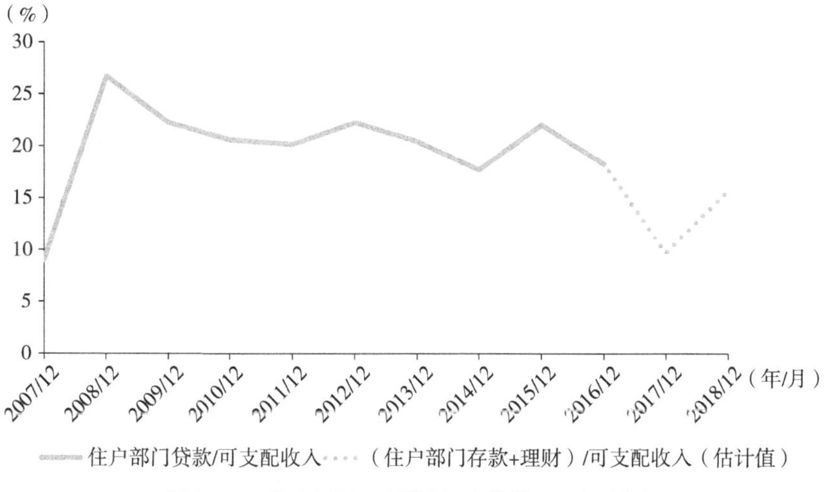

图 2-47　住户部门：金融交易中储蓄 / 可支配收入

数据来源：CEIC，安信证券。

数据说明：假设 2017 年、2018 年住户部门可支配同比分别为 9.3%、9.0%。2018 年末银行理财余额为 32 万亿元，根据银保监会有关官员发言整理。

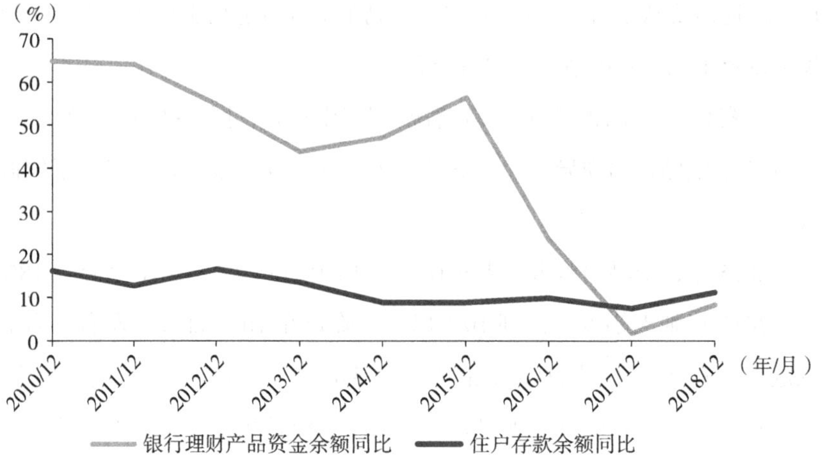

图 2-48 理财、住户部门存款余额同比

数据来源：CEIC，安信证券。

数据说明：2018 年末银行理财余额为 32 万亿元，根据银保监会相关官员发言整理。

在总储蓄不变的前提下，为何住户部门用于金融储蓄的比例会有这么大的下降？这种变化是不是因为住户部门把更多的钱用于购买住房，进而没有多余的钱去储蓄了呢？

可以通过观察住户部门贷款变化来进一步分析以上问题，即从流量的角度观察居民购买住房的变化、中长期贷款的变化等，见图 2-49 和图 2-50。

一个基本的想法是，如果居民购买住房的开支在上升，其中不能够通过贷款来补偿的部分，一定会表现为金融储蓄的下降。

对比 2015 年和 2017 年住户部门的住宅购买和中长期贷款，容易看到住宅购买上升了 4.7 个百分点，中长期贷款上升了 3.3 个百分点。如果两者之差全部用个人储蓄来弥补，而不是各种形式的短期贷款和私人借款，那么住户部门的金融储蓄将下降 1.5 个百分点，而实际上 2017 年相对于 2015 年，住户的金融储蓄下降超过 12 个百分点，这就从现金流的角度排除了住房挤压的可能性。

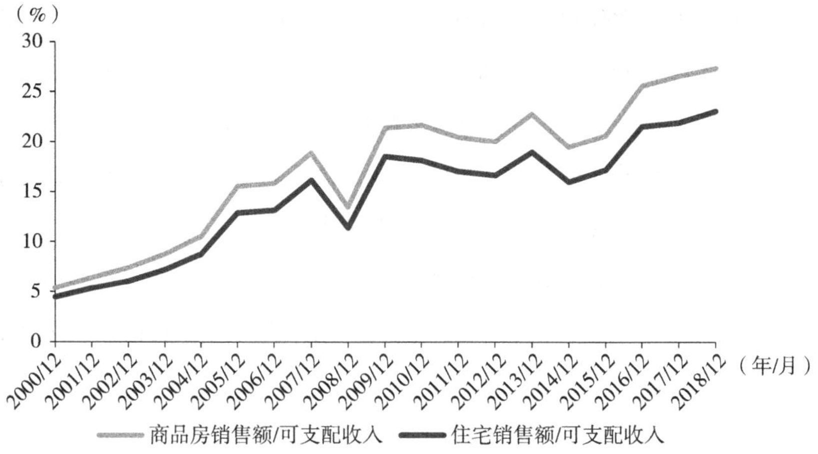

图 2-49　住户部门：商品房销售额 / 可支配收入和住宅销售额 / 可支配收入

数据来源：CEIC，安信证券。

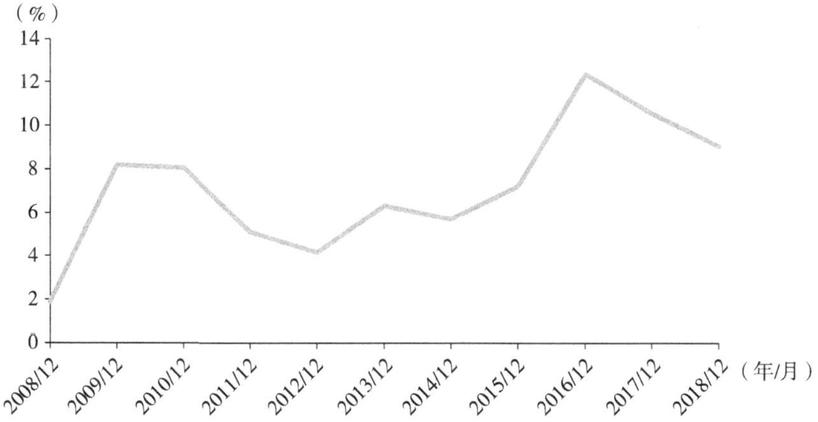

图 2-50　住户部门：中长期贷款变化 / 可支配收入

数据来源：CEIC，安信证券。

那么，住户部门的金融储蓄为何会异常下降呢？我们猜测，一个重要的解释是，金融部门货币和理财供应的异常下降。这与过去几年的金融整顿可能存在关联。

这种情况导致住户部门持有的金融储蓄出现了非意愿的下降，为了重建合意的金融储蓄，住户部门被迫调整资产负债表和各类开支行为，其中一项即削减消费，从而表现为宏观上社会消费品零售的异常下降。

一个支持性的证据在于，2016 年以来，广义货币供应明显减速，同时理财产品（即在储蓄类的存款市场上利率更加市场化的这部分产品）的利率大幅上升（见图 2-51、图 2-52）。

如果将量价数据结合在一起，合理的解释是，从银行的角度来讲，由于各种各样的原因收紧了对储蓄存款（和理财产品）的供应，从而推动利率上升。由于住户部门持有的金融储蓄低于意愿水平，为了重建平衡，居民被迫削减消费。

需要提到的是，根据有关官员披露的数据来推算，2018 年的金融储蓄在一定程度上有所恢复，尽管其水平值与前期的正常水平相比仍有距离。

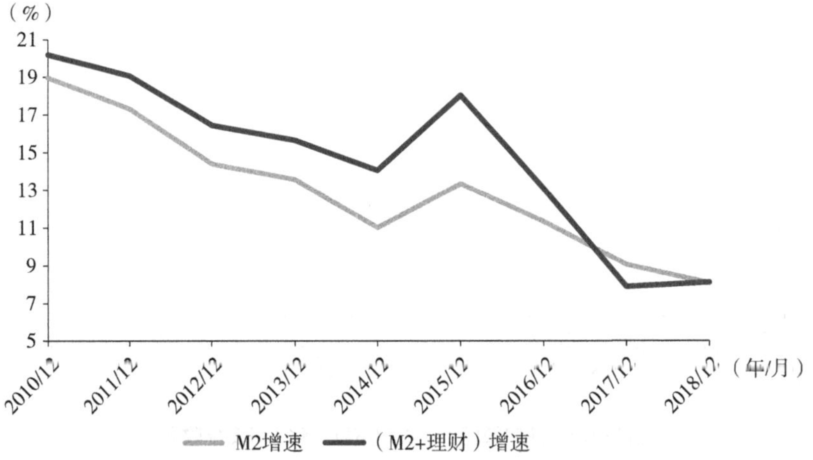

图 2-51　M2（广义货币供应量）同比和（M2+ 银行理财）余额同比

数据来源：CEIC，安信证券。

数据说明：2018 年末银行理财余额为 32 万亿元，根据银保监会相关官员发言整理。

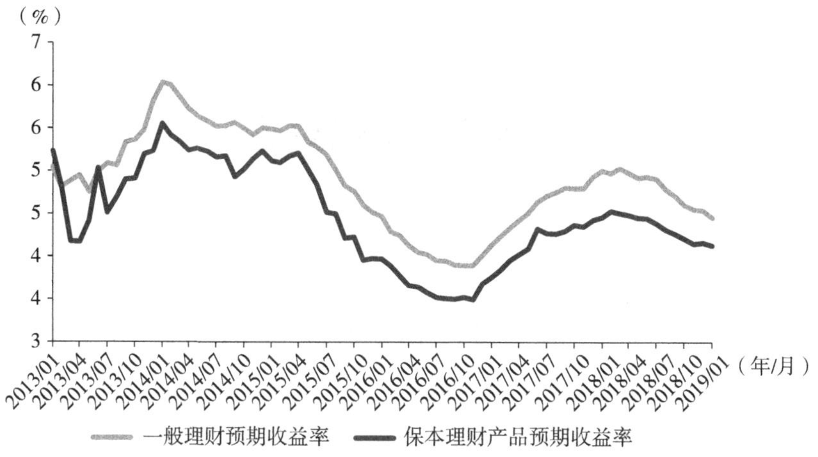

图 2-52　保本理财和一般理财产品预期收益率

数据来源：CEIC，安信证券。

从金融相关数据看，这部分是由于银行部门储蓄和理财产品供应的恢复；此外，住户部门削减消费以改善金融储蓄的努力同样可能产生了影响，具体情况需要等待进一步的数据来确认。

无论如何，如果前述分析是正确的，那么当前在继续做好金融整顿的同时，尽快恢复银行部门储蓄和理财产品的正常供应能力，对于促进消费和稳定经济都是有帮助的。

四、结论

本文首先描述了 2016 年下半年以来收入和消费增长数据中出现的异常背离；其次以房地产的横断面数据和汽车的时序数据为基础，探讨了基于这些因素解释的可靠性；最后以基于实物和金融交易的住户部门资金流量数据为基础，试图指出 2017—2018 年货币和理财增速的异常下降也许是消费减速背后最主要的原因。

人民币汇率何处去

本文是2015年10月23日我们在中山大学岭南大讲堂就汇率问题发表的演讲。其背景是，2015年8月11日上午，人民银行宣布调整人民币兑美元中间价形成方式。按照新的形成方式，当日中间价出现了一定幅度的贬值。

这一举措引发了各界的广泛议论，绝大多数人认为，此次改革提高了中间价的代表性，增加了人民币汇率的弹性，将帮助人民币进入国际货币基金组织的特别提款权篮子。它符合金融深化改革的方向，利好长期经济增长。

8月11日下午，市场机构纷纷组织电话会议，解读汇改的影响。大家普遍认为汇改提高了人民币汇率弹性，对资本市场总体上具有正面影响。

8月12日晚，我们也就此问题召开电话会议。我们认为，金融市场面临着股灾重建和人民币汇率贬值两个迫切和相互纠缠的问题，其实质均与价格高估和高杠杆有关系。汇改捅了“马蜂窝”，触发了资本外逃和美元债务去杠杆，并冲击了刚刚企稳的资本市场，从而使事态发展迅速走向负面，股市和汇市交互恶化，局面难以预测。

当时这些看法受到了财经媒体和市场参与者的密切关注，并引发了广泛讨论，但大家普遍对这一分析和预判持有很深的怀疑态度，一些公开的批评意见尖锐地认为我们的判断过于悲观，不接地气，影响不好。

然而事后来看，“8·11”汇改后资本流出明显加速，外汇占款大幅下滑，人民币汇率持续承压，股票市场大幅下挫，全球市场显著震荡，这些随后的市场变化，与我们在8月12日电话会议上的判断是比较接近的。

在此前后，我们在一些高校和研究机构内部就汇率问题进行过几次演讲，系统解释和阐述了我们对人民币汇率基本面因素的看法。但限于当时的市场环境和舆论氛围，这些内容均没有对外公开发布。

现在，人民币汇率水平的变动及其形成机制的改革仍然牵动人心，在这样的背景下，我们把当时的演讲内容拿出来，供大家讨论和进一步批评，应该仍然是有意义的。

文章主要指出，过去几年，中国经常账户盈余占GDP比重快速回落，目前基本恢复到了均衡的水平。

中国正成为全球重要的资本输出国，随着对外直接投资的扩大，直接投资项下顺差占GDP的比重也逐年下降。

跨境资本流动正超越经常账户和直接投资盈余，成为人民币汇率波动的关键影响因素。

受强势美元和中国实体投资回报率低迷影响，2014年以来资本流出陡升，这构成人民币汇率贬值的重要基础。从美元周期和中国经济景气周期等角度看，我们对人民币汇率的走势仍然谨慎。

中国已经成为举足轻重的、具有全球影响力的经济体。很多新兴经济体的货币都紧随人民币。在此背景下，人民币汇率的调整势必会对全球经济和金融体系产生非常大的影响。这同时也意味着，未来人民币汇率形成机制或者汇率水平的调整构成了重大政策挑战。

一、人民币汇率“牵一发而动全身”

2015年8月，人民币汇率中间价的形成机制进行了一定的调整。出乎绝大多数人意料的是，这一调整让包括中国在内的全球市场掀起了一场轩然大波。

在随后20天的时间里，美国标普指数下跌了近10%，上证指数在十多个交易日里下跌超过1 000点，马来西亚林吉特的汇率创造了1997年亚洲金融危机以来的新低，韩元汇率的跌幅超过20%。其间，商品市场也变得非常动荡。

也许我们不能够说，8月下旬全球市场的动荡全部来自人民币汇率的调整和变化，但是绝大多数市场参与者的共识是，人民币汇率异常的变动以及各方对汇率走向预期的不稳定，是全球动荡背后极其关键的因素之一。

10月份以来，一方面，由于中央银行在境内和离岸市场上对汇率市场都进行了力度非常大的干预；另一方面，近期美国的经济数据一再低于预期，市场对于美联储加息预期有所缓和。再加上近期欧洲央行很可能开启新一轮的量化宽松政策。在这些内外因素变化的作用下，看起来人民币汇率恢复了暂时的平静。所谓恢复平静是指，它目前承受的压力跟汇改之前相比可能是差不多的。

从全球市场来看，近期商品市场，特别是权益市场和汇率市场都纷纷反弹，标普指数几乎已经回到前期的高点。中国国内的股票市场进入10月份以来也一直在反弹，中国香港市场、日本市场、韩国市场等也是如此。

过去两个月全球市场的动荡告诉我们，人民币汇率问题是“牵一发而动全身”的问题，是有可能在全球金融市场上产生巨大影响的问题。在这一背景下，我们对“人民币汇率何处去”进行讨论是非常必要和迫切的。

尽管进入10月以来，全球金融市场暂时平静下来，但是我认为，人民币汇率形成过程之中所蕴含的深层次问题仍然没有解决，或者说远没有解决。在未来不确定的某个时间，如果出现了一些政策层面的失误，或者一些不利的国际金融环境的变化，那么人民币汇率还可能出现比较大的问题。图 2-53、图 2-54 和图 2-55 分别表示了 2015 年 8 月 11 日—10 月 23 日人民币汇率、A 股和全球股市的走势。

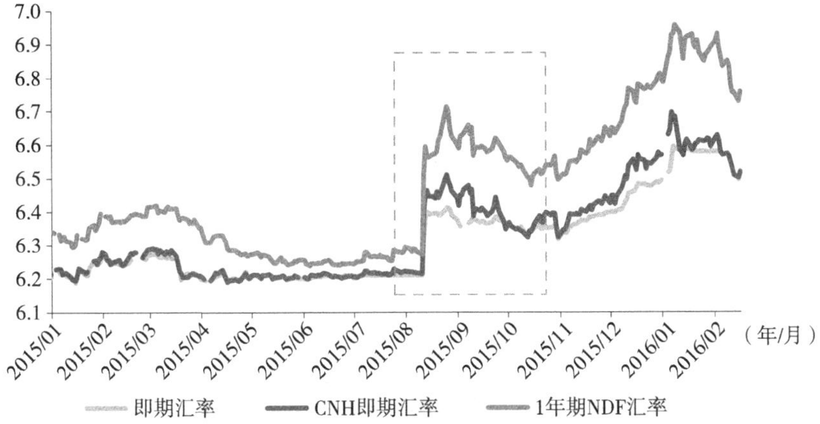

图 2-53　2015 年 8 月 11 日—10 月 23 日人民币汇率走势

数据来源：Wind，安信证券。

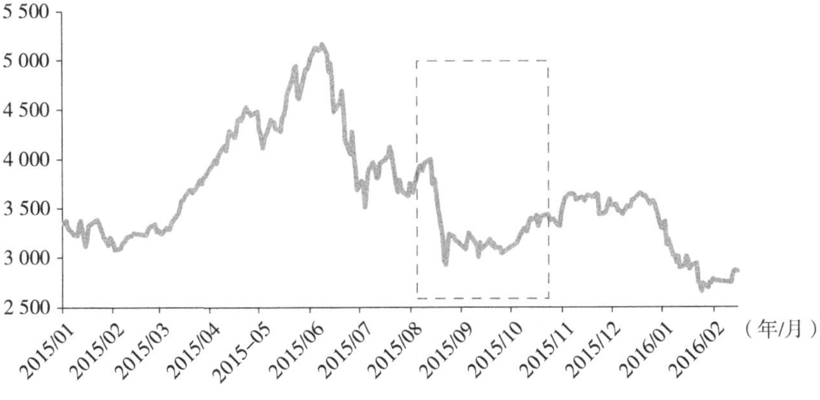

图 2-54　2015 年 8 月 11 日—10 月 23 日 A 股上证综合指数走势

数据来源：Wind，安信证券。

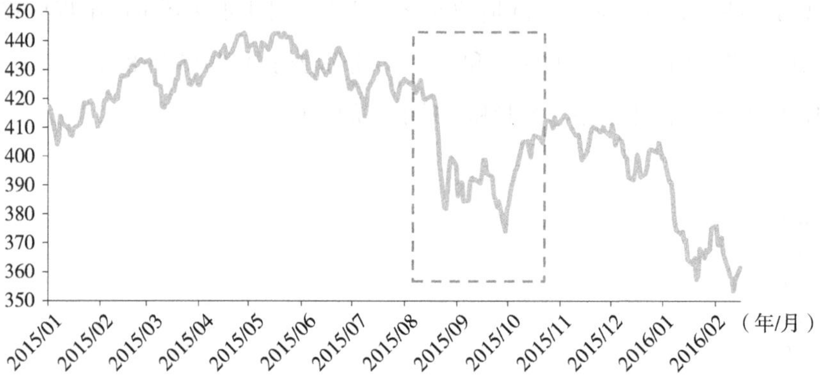

图 2-55　2015 年 8 月 11 日—10 月 23 日全球股市走势

数据来源：Bloomberg（彭博），安信证券。

二、汇率升贬值压力与外汇储备变化之间的关联

我们知道，汇率同任何一种商品或服务一样，本质上它的价格都是由供求决定的。人民币对美元的汇率，本质上也一定是由外汇市场上参与者对美元 / 人民币的供求决定的。

但过去很长一段时间里，一直到现在，总体上讲，人民银行在外汇市场上进行了长期、持续、非常强烈的干预，所以外汇市场的供求及其力量变化，很大程度上并没有通过汇率水平的波动来体现，而是更多地体现在中央银行所持外汇储备的变化上。

衡量中央银行外汇储备变化的方法有很多，除了央行公布的外汇储备存量数据外，还包括央行口径外汇占款的变化、金融机构口径外汇占款的变化等（见图 2-56）。

存量外汇储备的变化包含了估值因素的影响，但其他指标也许比较贴近流量意义上的外汇储备变动。

这些指标显示，在 2001 年到 2014 年上半年的绝大多数时间里，中

央银行一直在积累外汇储备。换句话来讲，在外汇市场上，美元的供应始终明显大于需求，由此形成了人民币持续的升值压力。

这中间一段比较明显的例外发生在 2011 年底、2012 年上半年的一小段时期里面。

在这段时期里我们看到，外汇市场上美元的供应和需求突然变得大体平衡，外汇储备的增长下降到零附近。但是这一过程持续的时间并不是很长，前前后后也就是半年多一点的时间。2012 年下半年以后，外汇储备恢复增长，表明人民币汇率重新面临升值压力（见图 2-42）。

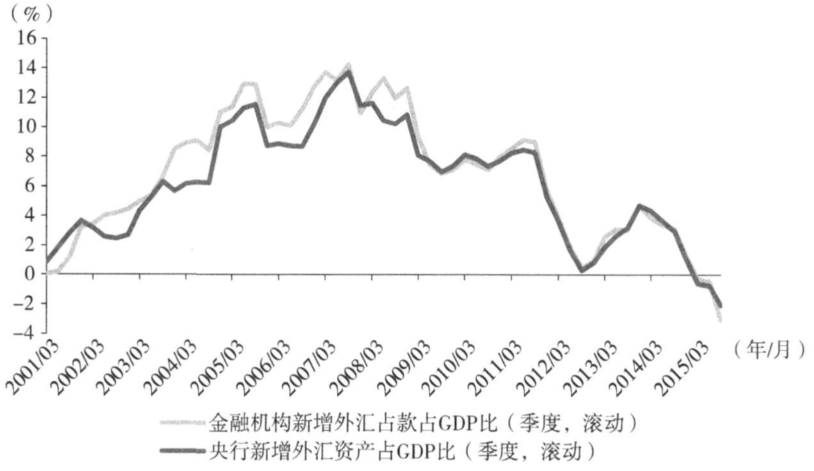

图 2-56　金融机构和中央银行新增外汇占款占 GDP 比

数据来源：CEIC，安信证券。

进入 2014 年下半年，特别是在 9 月、10 月以后，外汇储备再度出现负增长。这段期间，外汇储备的变动有两个特征。

第一，自 2014 年下半年以来，外汇储备始终处于负增长状态。持续时间如此之长，在过去十多年的历史上是没有的。

第二，每一轮外汇储备下降脉冲的底部都比前一轮来得更深。

这表明，在趋势上，我们看到外汇储备总体上处于加速流失的局面。

2015 年以来，外汇储备流失的速度进一步加快，放在历史上来看是没有前例的。例如，当前流失速度至少要比 2011 年底快 5 倍以上，这也表明人民币汇率面临的贬值压力肯定是很大的。

三、外汇供求分析之一：经常账户盈余

我们接下来的问题是，为什么去年下半年以来，人民币与美元在外汇市场的供求发生了这么大的变化？这一变化在多大程度上是由于一些短期因素的扰动，多大程度上又反映了系统性力量的趋势变迁？

从国际收支平衡表来看，在外汇市场上人民币和美元外汇的供求可以分解成经常账户、贸易账户两个账户来观察。接下来我们逐个分析。

图 2–57 中的浅灰色线表示经常账户的盈余占 GDP 的比重，深灰色线表示贸易账户的盈余占 GDP 的比重。经常账户盈余和贸易账户盈余在最近这几年发生了非常大的背离，这些背离我们稍后会做一个更细致的讨论。

在展开更细致的讨论之前，我们首先可以看到，2007 年前后，中国经常账户盈余占 GDP 的比重近 10%。正是经常账户的巨大盈余形成巨大的美元供应，在一段时期内给人民币带来非常大的升值压力。

但是自那以来，总体上来讲中国经常账户盈余的状况开始快速地下降和收缩。到 2015 年上半年的时候，经常账户盈余占 GDP 的比重已经下降到 2.7% 附近。

2.7% 是一个什么样的概念？国际货币基金组织一般推荐的经常账户大体平衡的标准，就是经常账户盈余占 GDP 的比重在 3% 以内。

这是我们对这个数据的第一个评价。

对这个数据的第二个评价使我们看到，2.7% 的比重在过去两三年里还算是偏高的。过去两三年的平均水平大约是 2%。

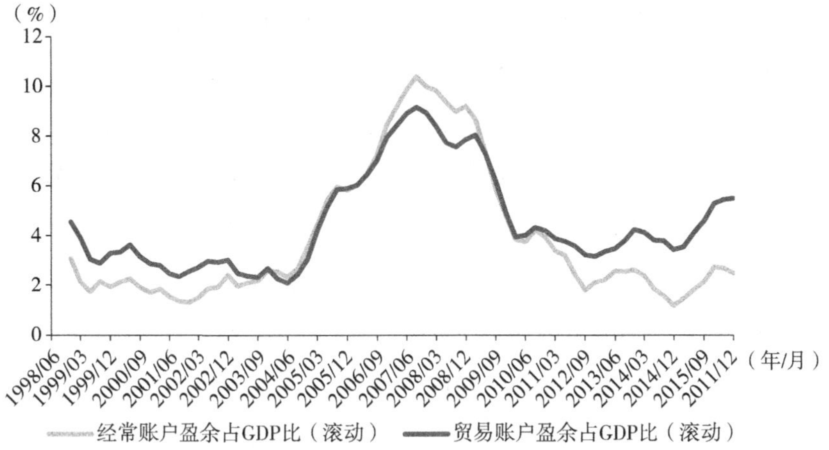

图 2-57　经常账户与贸易账户盈余占 GDP 比

数据来源：CEIC，安信证券。

为什么现在的经常账户盈余占 GDP 比重，比过去两三年平均水平要高？这中间的差距体现了两个不可持续的力量的影响。

第一个力量是，在 2014 年下半年以石油为代表，包括铁矿石等在内的国际大宗商品价格大幅度下跌。

中国作为全球市场上最重要的商品进口国，在商品价格大幅下跌的背景下，享受了较大的商品红利。在国际收支账户上，这种红利就表现为非常大的贸易盈余。比如，我们进口同样多的石油，去年平均进口价格是 80 美元，现在平均价格下降了 40 多美元。

但是由于这一因素所产生的贸易盈余在长期之内是不可持续的，它带来的贸易盈余占整个 GDP 的比重，保守估计应该有 0.7 个百分点。

第二个力量是，自 2014 年下半年以来，中国经济经历了一轮明显的周期性失速，并且幅度很大。经济周期性减速带来了中国进口非常急剧的下降，进而带动贸易账户盈余和经常账户盈余的扩张。

如果把这一周期性的因素进一步扣除，那么中国目前可维持的经常账户盈余占 GDP 的比重就下降到 1%~2%，例如 1.5% 左右。

这是对数据的第二个评价和补充。

接下来补充前面提到的贸易账户盈余与经常账户盈余的差异。

很多人都说，中国贸易账户盈余巨大。比如 2015 年，中国贸易账户盈余占 GDP 的比重在 5% 以上，这也常常被拿出来作为支持汇率不贬值的理由。

历史上，绝大多数时期，经常账户盈余和贸易账户盈余之间的差异并不大，走势很接近。但进入 2011 年以后，两者之间的差异越来越大。

这是因为，总体上来讲，尽管中国的货物贸易拥有巨额的顺差，但是同时，我们在服务、收益以及经常项目转移等项目下也有巨额的逆差，逆差规模越来越大，并且短期之内看起来都是不太容易逆转的（见图 2–58）。

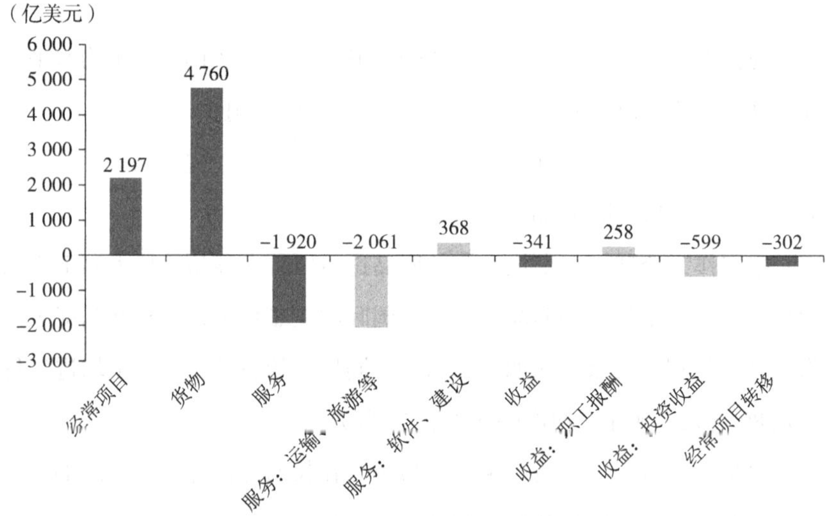

图 2–58　2014 年经常项目顺差细分情况

数据来源：Wind，安信证券。

数据说明：2014 年，经常项目顺差 2 197 亿美元，货物贸易顺差 4 760 亿美元，两者差异高达 2 563 亿美元。差异主要来源包括：服务贸易逆差 1 920 亿美元，收益项逆差 341 亿美元，经常项目转移逆差 302 亿美元。

如图 2-58 所示，中国在旅游层面有巨额逆差。2014 年，中国旅游项逆差接近 1 000 亿美元。这么大的一个逆差恐怕不会因为短期的经济波动或者汇率波动而发生根本性的变化。

再如，中国在要素报酬项下有非常大的逆差。尽管中国向境外输出了一些劳动力，他们汇回了一定的劳动报酬，但是在过去几十年的时间里，境外企业在中国境内有大量投资，很长时间里，中国几乎是世界第一大外商直接投资的目的地，这样，外商企业每年获取的大量利润，就形成了中国经常账户投资收益项目下非常大的逆差。简单来说，2014 年中国在投资收益项目下有 600 亿美元的逆差，这个逆差是由于外国人在中国办企业赚了钱，而中国人在境外办企业还不多或者还没有开始赚钱。这个逆差在短期之内也是不太容易弥补的。

第三个评价来自经常项目转移的逆差。2014 年中国有 300 多亿美元的转移支付。比如说子女和家属在境外连续生活六个月以上，统计上就被认为是境外居民，子女和家属境外生活的费用如果由境内汇出，便统计在经常项目转移下。这对经常项目逆差有多大的影响，还需要更仔细的考证。如果影响十分关键，那么这意味着经常项目转移下的逆差短期之内也是不太容易修正的。

所以，考虑外汇供给，仅仅看贸易账户盈余似乎是有偏差的，因为忽略了服务贸易、投资收益、经常项目转移等项目的逆差情况。

以经常账户为出发点，假设说在长期之内中国可维持的经常账户盈余占 GDP 的比重是 2%，那么其基本含义是，每年中国仍然可以有 2 000 多亿美元的经常账户盈余，平均每个月是 150 多亿美元。或者更形象地讲，经常账户交易每个月在外汇市场上仍然可以供应 150 亿美元的外汇。

四、外汇供求分析之二：直接投资

紧接着我们看一下国际收支平衡表第二个很重要的科目，那就是直接投资（见图 2–59）。

21 世纪初，每一年外商对华直接投资占中国整个 GDP 的比重在 3% 以上。大量外商到中国境内投资，形成很大的美元供应，这些美元供应也会造成外汇市场上汇率的升值压力。

2009 年之前，中国企业去境外进行直接投资的数值是可以忽略的，几乎为零。但 2009 年以后，中国企业开始去境外进行大量投资，这一数额也越来越大。

观察商务部口径的直接投资数据［见图 2–59（a）］，可以看到，过去几年，FDI（国际直接投资）与 ODI（对外直接投资）之差快速缩小，2015 年上半年的时候，几乎下降到零附近。

从国际收支平衡表口径看［见图 2–59（b）］，直接投资净流入占 GDP 的比重超过 1 个百分点。

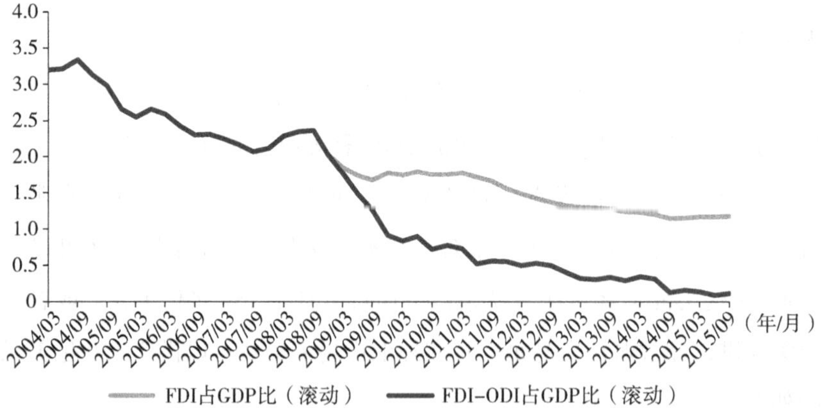

图 2–59（a） 两种口径下的 FDI 与 ODI 占 GDP 比重：商务部口径

数据来源：CEIC，安信证券。

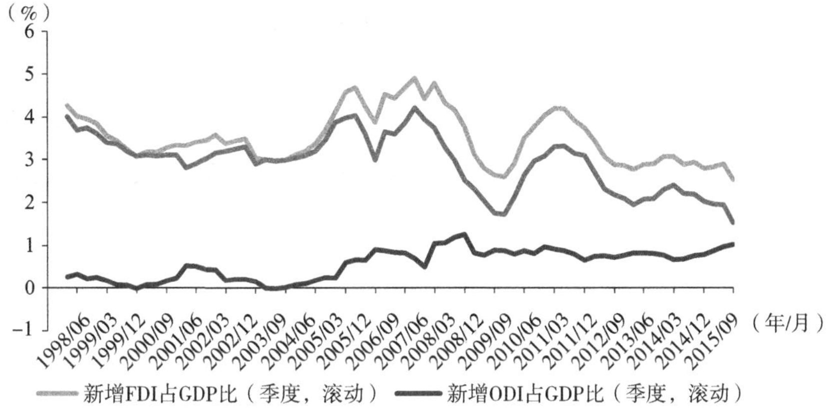

图 2-59（b）　两种口径下的 FDI 与 ODI 占 GDP 比重：国际收支平衡表口径

数据来源：CEIC，安信证券。

数据说明：来源于国际收支平衡表。本口径与商务部公布的数据主要差异在于，国际收支统计的 FDI 还包括了外商投资企业的未分配利润、已分配未汇出利润、盈余公积、股东贷款、金融机构吸收外资、非居民购买不动产等内容。ODI 类似。

2009 年、2010 年之前，媒体上经常说中国处在国际收支双顺差局面，其中一个重要的顺差来源就是直接投资科目。

从 2015 年到 2020 年，以直接投资衡量，中国有可能转成越来越重要的资本净输出国。产生这一变化，大家应该不会感到特别意外。例如，中国在越来越多的领域出现了严重的产能过剩，劳动力成本的上升和汇率升值对国内产品竞争力造成了持续的损害，中国企业技术进步，主动向海外扩张，等等，这些都会加速企业走出去的步伐。

最新的例子是，国家领导人访问英国后，中国有望参与英国高铁和核电的建设，这个建设一定是以直接投资的形式实现的。此外，如果中国和美国关于直接投资的一些协议能够比较顺利地签署，那么中国对美国直接投资数量的增长可能也会非常快。

如果说历史上人民币汇率非常大的升值压力的一个重要来源是中国有非常大的直接投资流入，那么现在来看，这方面的压力正在消失，未来转成反向的促成人民币贬值的压力，应该也不会太意外。

这是我们对直接投资的总结。

考虑直接投资和经常账户交易以后，我们可以说，中国的实体经济部门每个月平均在外汇市场上能够供应出来的外汇就在 200 亿 ~250 亿美元的量级。

五、外汇供求分析之三：直接投资以外的跨境资本流动

如果每个月在金融科目下，资本流出的规模超过 200 亿 ~250 亿美元这个量级，那么人民币就会面临贬值压力；如果规模明显地低于这一量级甚至是资本流入，那么人民币会继续面临升值压力。

这里所说的金融科目资本流动，通常是以证券发行、银行债务、贸易信贷等形式来表现的。

2015 年 8 月和 9 月，单月中国资本流出的规模估计应该有 1 200 多亿美元，是我们刚才所讨论规模的近 6 倍。即便是 2015 年 5 月到 7 月，资本流出相对不那么严重的时候，单月流出规模也接近 500 亿美元，是我们刚才所讨论规模的两倍多。

换句话讲，对于以组合投资、贸易信贷、银行借贷、债务偿还等形式所体现的金融科目下的跨境资本流动，它波动的规模超过 200 亿 ~250 亿美元的量级就是一件很容易的事情。

六、跨境资本流动对汇率的关键影响

直接投资和经常账户交易能够产生的月度盈余只有 200 多亿美元，跨境资本流动的规模达到它的 5~6 倍是很容易的。这清楚地告诉我们，人民币汇率的形成和波动，已经基本上由跨境资本流动来决定。

在 2009 年之前，情况并不是这样的。

在 2009 年之前，中国经常账户的盈余很大，直接投资项下的盈余也很大，跨境资本流动的规模还很小，所以汇率的压力基本取决于经常账户和直接投资的状况。

但现在在经常账户和直接投资两个领域，盈余已经下降到较低的水平，跨境资本流动的规模相对而言大得多。在这样的条件下，汇率的决定就基本取决于跨境资本流动。

分析这一转变的现实意义是什么?

现实意义是，我们看到大多数政策制定者和分析人员在分析人民币汇率的时候，仍然使用传统的集中于贸易账户交易或经常账户交易的思路来判断汇率问题。当发现中国的贸易账户盈余很大，经常账户仍然有 2.7% 盈余的时候，他们得到的结论是人民币汇率继续面临升值压力。

而在我们刚才所讨论的背景下，这样的分析思路是有问题的。基本问题在于，它低估了跨境资本流动的影响，而跨境资本流动又恰恰已经成为决定汇率波动最主要的因素。

把这样一个最主要的因素剔除掉，再来分析汇率走向，就很容易导致对问题的误判，导致在政策制定和应对层面出现比较严重的偏差。

七、影响跨境资本流动的主要影响因素

如果说中国的汇率已经基本上由跨境金融资本流动来决定，那接下来要讨论的问题就是：中国跨境的资本流动，特别是金融项下的资本流动，是由哪些因素决定的?

首先需要说明一点，目前中国仍然是存在资本管制的经济体，但从如此大规模的跨境资本流动数据看，资本管制的效果是比较可疑的。我们的资本管制主要集中在对居民户的管制，而对企业跨境资本流动的管

制很大程度上已经放开。

中国跨境资本流动由哪些因素决定这一问题，在很长一段时间里让很多分析人员感到迷惑。

从我个人对数据的研究来看，我认为它基本上取决于三个因素。这三个因素合并在一起，可以解释大部分跨境资本流动的趋势以及趋势的转折。

决定中国跨境资本流动趋势和规模的第一个关键因素是美元汇率的周期变化，第二个关键因素是中国境内金融市场和实物资产的预期回报率，第三个关键因素是境外金融市场和境外实体经济的预期回报率。这些听上去有一些拗口，我来给大家看看几个重要的事实。

（一）影响跨境资本流动的因素：美元周期

首先，我们看一下美元汇率的走向。

1967 年以来，美元指数差不多有三轮大的周期，每一轮大周期有十几年的时间（见图 2-60）。

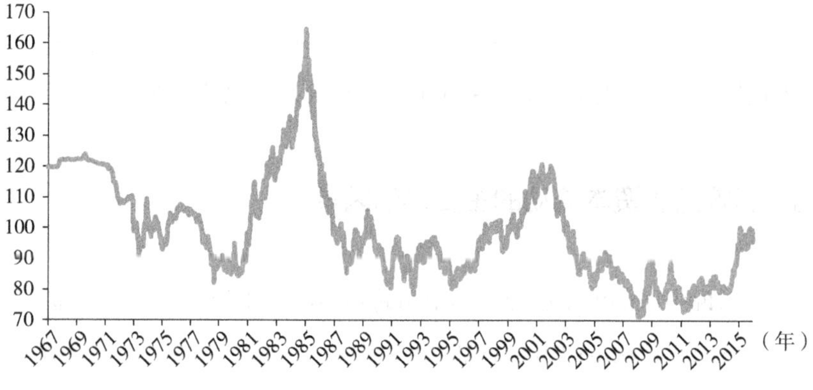

图 2-60 美元指数

数据来源：Bloomberg，安信证券。

无论是美元的上升周期还是下降周期，时间都足够长。在这期间，短周期的经济波动，包括美联储货币政策的松紧，可能已经历过好几轮的调整，这实际表明美元汇率波动最关键的因素，并不是经济短周期的景气波动或美联储短周期的货币政策松紧。

对于美元大周期，我个人认为最基本的决定因素是相对于其他经济体而言，在中长期内，美国自身经济竞争力的提升和由此产生的相对回报。

其次，我们看一下对我们来讲影响比较大的最近的这一轮美元周期。这一轮美元周期的顶部是在 2002 年的某个时候出现的。在美元指数达到 120 的顶部以后，它就开始进入长期的、幅度很大的单边下降过程。这一下降的底部是在 2008 年还是 2011 年，是有争议的。也许我们可以说，2008—2011 年，美元汇率一直处在非常低的、底部整理的状态。

我们也看到，最晚从 2013 年，美元汇率开始重新升值。从 2014 年下半年开始到现在，在很短的时间之内，美元升值幅度非常大，从 80 最高升到 100，幅度有 25%。比较大的可能性是，它预示着美元已经重新进入强势的周期过程之中，而进入这个过程在时间上应该只是刚刚展开，也许还没有走完一半的程度。我们稍后再回头来讨论这个问题。

最后，结合美元的周期波动，我们来看一下中国的资本流动。

在 2002 年上半年之前，总体上来讲，中国还面临着比较大的资本流出的压力，但是当时为什么汇率贬值压力不大呢？是因为当时经常账户和直接投资账户仍有巨额的盈余。

2002 年底以后，突然之间，大量的资本开始流入中国，而这一流入过程让中国措手不及，无论是决策人士还是市场分析人士，可能都不知道发生了什么事情。大家看到的就是一夜之间资本汹涌而来，每个月的外汇储备都在加速成长。为了应对汹涌而来的资本流入，央行被迫大量发行央票加以对冲。

但实际上，放到全球范围来看，我们会发现几乎所有其他的新兴经济体乃至美国以外的发达经济体，例如日本、欧元区等，都面临着与中国类似的问题，并且持续了很长时间。

这一现象的背后，是美元周期的持续走弱，大量的资金离开美元货币区，进入其他的货币区。

那么同样，为什么去年下半年以来，中国资本流出的规模突然开始急剧地放大了？

非常关键的原因是，美元对一揽子货币出现了急剧的拉升。

把过去一年多全球金融市场的变化放在一起来看，我们很容易发现，面临资本流出压力的不只是中国，还有马来西亚、韩国、巴西、俄罗斯、沙特阿拉伯等新兴经济体，都面临着资本流出和汇率贬值的问题。欧元和日元也相对美元贬值，并不只是人民币。

面对资本流出压力的突然放大，很多人刚开始都认为这只是一个短周期的扰动，认为扛一段时间事情就过去了，我们会重新面临资本流入。

非常大的问题在于，美元的升值势头是不是已经结束了？如果美元结束整理，重新进一步上升，那么中国资本流出规模在当前的基础上再翻一倍也是有可能的，稳定汇率的难度就会变得非常大。

但美元周期的解释并不完整。

例如，我们看从2005年的某个时候到2009年，总体上来讲，中国资本流入的压力在放缓，一段时间内，资本还有所流出。同期，美元汇率还是处在一个很明确的、很强的贬值周期中。

所以，如果完全从美元汇率的角度看问题，这期间的资本流动我们就难以弄明白。

（二）影响跨境资本流动的因素：中外经济景气差异

决定跨境资本流动的第二个关键因素，是中国自身金融和实物资产回报率的升降，换句话来讲，是中国自身经济景气的升降。

2002—2005年，中国的经济增速不断爬升，无风险利率、企业投资回报率也不断爬升。

但 2005 年底以后，无风险利率下行至低位，实物经济领域资金的回报率也开始下降。

出现这种下降，非常关键的原因是产能过剩局面逐步形成。在前一轮大规模建设高峰过去以后，钢铁、煤炭、电力、汽车等领域的产能开始逐步投放市场，这驱动了实物资产回报率从非常高的位置较快下降，并带动信贷市场、债券市场等广泛的金融市场上利率水平的走低。

同样，为什么 2009 年底以后到 2011 年，突然又有一个持续两年时间的很大规模的资本流入？

原因是中国经济在全球范围内率先复苏，经济增长率回升、实物领域回报率提升。相比之下，美国及其他经济体还处在量化宽松的阶段。

跨境资本流动的第三个重要影响因素就是境外金融和实体经济回报率的波动。如果中国境内金融和实物资产的回报率不变，但是在境外市场上广谱利率水平在上升，那么资本也会大量流出。

（三）影响跨境资本流动的因素：其他一些临时冲击

历史数据中也有一些例外，无法用美元周期或中外经济景气差异等因素来解释。例如我们一开始提到过的，为什么在 2011 年底到 2012 年，中国出现过短时间的资本流出？

我认为这其中有非常特殊的原因，那就是欧债危机的发酵。事发以后，欧洲央行没有立即表态救援，在这样的条件下，欧洲金融体系总体上出现信用收缩局面，这使中国企业在与欧洲打交道的时候，很难获得各种类型的资金支持，甚至贸易信贷也受到影响。一些贸易企业被迫转向境内人民币市场融资，并加速偿还对外负债。

然而，随着欧洲央行承诺干预市场，中国面临的急剧资本流出局面即告消失，并在一段时间以后重新回到了此前的流入轨道上。

所以我们认为这主要是由于欧债危机特殊案例带来资本流动的短期脉冲，很难作为一个一般性的经验来指导实践。

八、过去一年人民币汇率贬值压力的驱动因素

基于以上分析框架，我们可以更深入地理解过去一年多人民币汇率层面发生的事情。

我们认为在这期间至少同时发生了两件事情：一是美元汇率非常快速地上升，二是中国经济景气周期的下降带来各方面利率的趋势性走低。这两种因素合并起来，就表现为我们看到的外汇储备的大幅下降和外汇市场上人民币贬值的压力。这驱动了资本流出的加速，并主导了外汇市场上人民币和美元供求关系的逆转。

如果我们比较有把握地认为美元上行趋势还没有结束，中国自身景气周期的明显回升暂时也不会出现，那么很自然的一个推断就是，在这个位置上扛住人民币汇率的压力非常大。扛住人民币汇率会导致外汇储备连续性地、趋势性地下降。

九、对强势美元的进一步讨论

2013 年以来美元处在一个明显的强势周期之中，为什么说这个强势周期看起来还没有结束？

一个很容易的观察是，现在全球主要国家里，只有美国在讨论升息，其他国家都还在讨论降息和量化宽松。欧洲各国央行已讨论过有可能进一步扩大量化宽松的规模。日本央行下调对 2016 年本国经济的评估，市场也在投机日央行的进一步宽松。而中国，大概率仍然处于经济调整、货币政策宽松的趋势之中。

大国央行货币政策分化的背后是实体经济景气程度的差异。美国实体经济的趋势改善、金融市场预期回报率的上升，支撑了强势美元。从美联储以及利率期货市场的预期来看，未来加息的次数有争议，但共同特点是进入加息周期以后，基准利率水平持续向上。

我们还可以看到，最近几个月，美国经济数据低于预期，再加上中国经济数据和金融市场有一些不利的发展，市场预期美联储将推迟加息的节奏，但这可能是阶段性的。未来一段时间，如果美国的经济数据进一步转好，加息预期可能又会重新变得浓厚。

我们同意存在这样的可能性，就是最终美联储没法加息，反而转入了新一轮的量化宽松。如果这个可能发生的话，那么我们刚才讨论的一系列重要的基础就会消失。但是迄今为止，从金融市场的定价来看，这种可能性仍然是一个偏小概率的事件。

我们对以上的看法做一个总结。市场一般认为，到 2016 年底美联储至少会加息两次。市场预期，到 2018 年，联邦利率可能达到 1.5%~2% 的水平。在美国经济景气相对更好、联邦利率趋势上升的背景下，很难设想美元会掉头向下。一轮又一轮美元走升是大概率事件，这会对人民币形成很大的压力，特别是在中国自身景气持续恶化的背景下。

十、人民币在全球经济、金融和货币体系中的关键影响

在以上的讨论中，我们认为人民币汇率在基本面上可能仍然面临着趋势性的贬值压力。

接下来要问的是，人民币的升值或者贬值，是否可以很轻松地完成？

为了把问题表达得更清楚一些，我们从另外一个视角来观察人民币汇率问题。首先，我们来看当今世界的贸易格局。2014 年，中国货物贸易总额约为 4.1 万亿美元，美国差不多为 4 万亿美元。到了德国，就下降

到约 2.5 万亿美元。其他国家就更低了。中国在货物贸易层面已经是世界上第一大国（见图 2-61）。

我们知道，服务贸易是美国的强项。美国服务贸易规模大幅领先其他国家，接近 1.2 万亿美元。中国服务贸易规模比美国小很多，但也排到全球第三的位置（见图 2-62）。

把货物和服务贸易合并在一起，中国只是比美国略少一些：美国 5 万亿美元出头，中国大概有 4.5 万亿美元（见图 2-63）。也许在两三年的时间里，中国有望在货物和服务贸易总额层面超过美国。

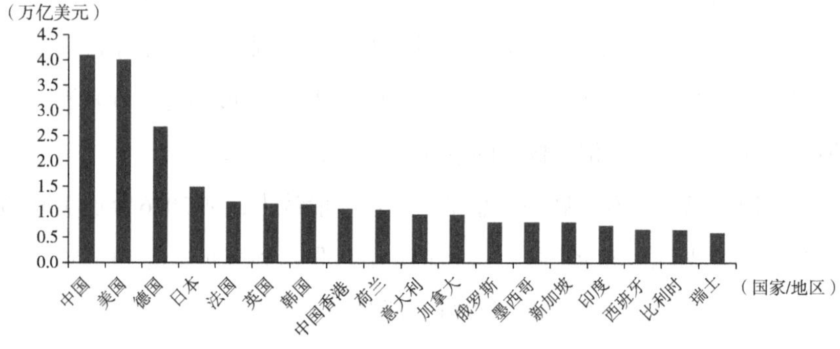

图 2-61　2014 年各国 / 地区货物进出口总额

数据来源：世界银行，安信证券。

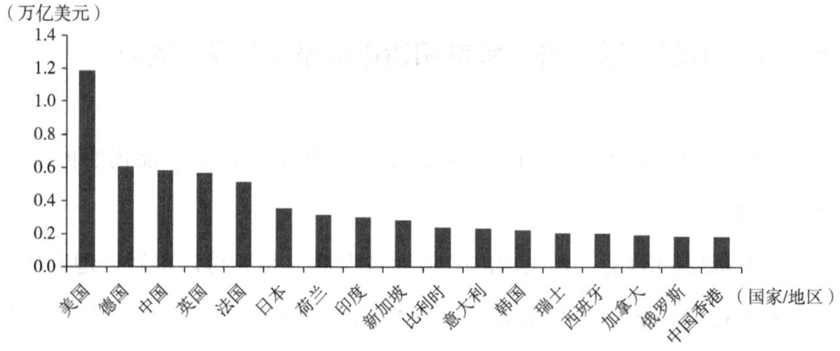

图 2-62　2014 年各国 / 地区服务进出口总额

数据来源：世界银行，安信证券。

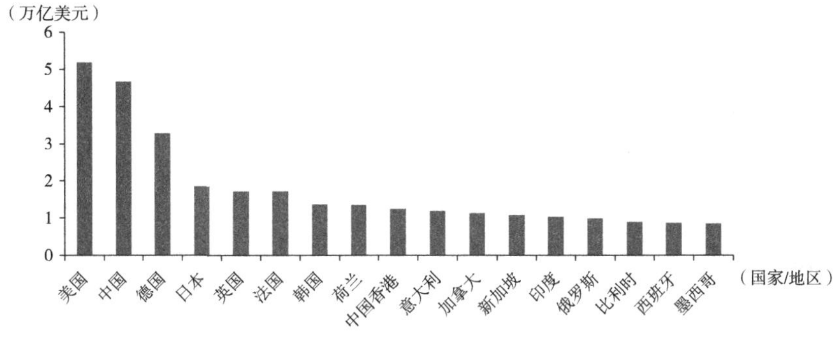

图 2-63　2014 年各国 / 地区货物和服务进出口总额

数据来源：世界银行，安信证券。

其次，我们看另外一项重要的指标，就是各国制造业的增加值。

我们知道，美国的 GDP 里面包括教育、医疗、餐饮、信息服务等，这些东西当然很重要，但是对于衡量一国的国际影响力和竞争力而言，制造业通常是一个标杆。

我们把世界各国制造业增加值以现价汇率折算成美元做一个比较。可以看到，目前中国制造业的总值差不多是 3.2 万亿美元，美国只有 2 万亿美元。也就是说，以市价汇率计算，中国制造业的产出比美国大 60%，大约是德国的 3.5 倍，大约是日本的 4 倍（见图 2-64）。

以 PPP 不变价衡量的话，中国制造业的体量要更大（见图 2-65）。前段时间因为一些需要，我还专门查阅过一个数据。这个数据似乎有助于解释为什么在 1895 年，日本可以那么容易地击败大清。1895 年，中国和日本的财政支出是差不多的。财政收入方面，日本只是中国的一半略多一些。当时，中国境内的铁路通车里程是 400 公里，而日本是 4 000 公里。在工业和制造业层面上日本也已经比中国强很多。从工业和制造能力看，日本当时能够击溃大清，后来能够打败俄罗斯，不完全是偶然的。明治维新以后，日本在工业和制造层面上的飞速进步为其军事扩张提供了基础。

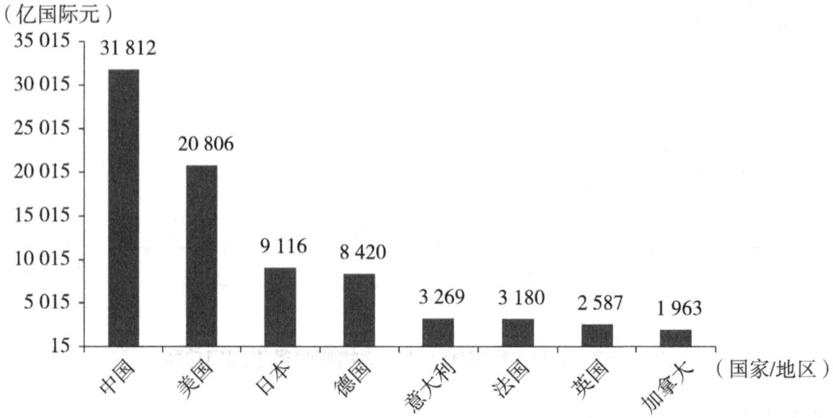

图 2-64　2014 年各国 / 地区制造业增加值

数据来源：OECD（经济合作与发展组织），Wind，安信证券。

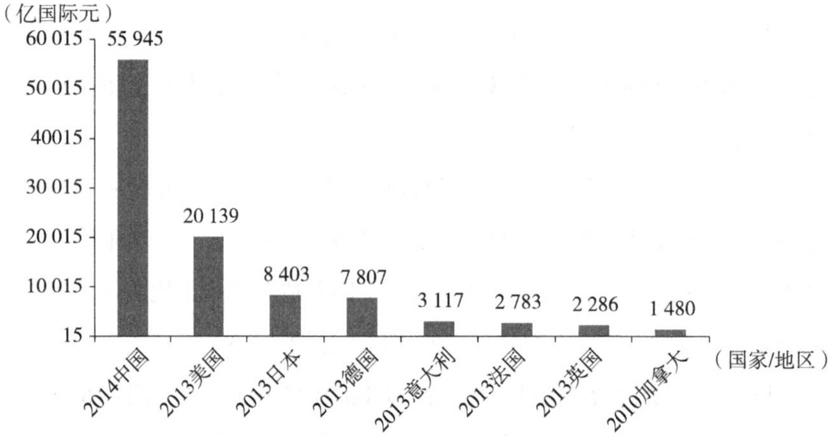

图 2-65　制造业增加值，PPP 衡量 2005 年不变价

数据来源：OECD，Wind，安信证券。

100 多年过去了，现在中国以市价汇率计算的制造业增加值，已经是日本的 4 倍。以现价汇率计算 GDP 的规模，美国是 17 万亿美元，中国是 10 万亿美元多一些。世界第三的日本只有 4 万亿美元。中国差不多是日本的 2.5 倍。

我们举这些数据和案例是想说明，在当今国际经济体系中，用贸易、金融、国际资本流动等任何一个指标来衡量，中国都已经是举足轻重的大国经济体。

在此背景下，一个合理的推测就是，世界上很多国家在汇率上是盯着人民币的。对韩国、巴西、南非等来讲，中国是它们最主要的出口市场、最大的贸易伙伴，因此这些国家将汇率盯着美元是没有意义的，本质上它们的汇率都要围绕人民币发生波动。所以，一旦人民币发生波动，这些国家的汇率也都会跟随着发生变化。

而我们现在看到的国际货币体系的格局是什么？略微夸张地说，一定程度上是布雷顿森林体系的翻版。世界上很多国家的汇率盯着人民币，但是人民币盯着美元，所以从表面上来看，很多国家的汇率都在盯着美元。这和 20 世纪五六十年代其他国际货币盯着美元、美元盯着黄金的布雷顿森林体系安排有类似之处。

战后经过 20 年的经济增长，各个国家竞争力各有涨落，美元总体上来讲面临着很大的贬值压力。刚开始，大国之间沟通协调，尝试让日本、德国货币有控制地升值，但这些调整始终不能解决问题，反而带来了美国黄金储备加速流出的压力。最后，美元被迫与黄金脱钩，布雷顿森林体系崩溃，世界进入了一个汇率自由浮动的时代。

随着中国的崛起，很多国家的货币盯着人民币，而人民币盯着美元，一定程度上，我们又回到了类似布雷顿森林体系的不可维持的汇率安排中。

之所以说这一体系不可维持，是因为别的国家盯着人民币，中国的贸易和经济体量对它极其重要，但是人民币盯着美元并没有强有力的经济上的理由。

如果在 1997 年，以市价来计算，中国大陆 GDP 的总量在全球经济中的重要性很小，那么人民币盯住美元，促进贸易活动，这在逻辑上能够说得通。但现在，中国在很多指标上已经和美国不分上下，在一些重要的指标上甚至比美国更大，在这样的条件下，人民币继续盯着美元唯一的理由就是，中国的经济周期和美国经济是同步的，美国的利率政策符合中国。

但问题在于，一旦中国和美国的经济周期分道扬镳，这必然要求两国货币走势分化。而鉴于人民币汇率对于其他货币定价的重要性，这无疑将对全球货币格局产生深刻的影响。

也是在这样的背景下，我们可以更容易地理解，为什么“8·11”汇改过程中，人民币只调整了3%，却在全球范围内引起如此大的冲击。

一部分的原因是，海外不知道中国发生了什么，所以直觉上认为，是不是中国经济中某个大家不熟悉的重要数据非常差或者出了其他什么问题。中国又是这么重要的经济体，不少美国上市公司的收入与中国市场密切相关。

另一部分原因是，和中国有密切关系的国家，包括马来西亚、澳大利亚、韩国等，一看人民币汇率发生了调整，它们就动得更快、幅度更大，因为它们要维持相对人民币、相对中国的竞争力。

进入10月以后，我们看到A股市场在反弹，全球权益市场也明显上涨。权益市场反弹的背后是对人民币汇率贬值担忧的暂时缓解。

对人民币汇率贬值担忧的缓解，一方面是因为中国花了很大的代价去稳定汇率，增进了与市场的沟通；另一方面是因为美国加息预期的缓和。但我们认为这不意味着刚才讨论的基本问题已经消失。

强势美元和实体经济投资回报率下降造成的巨大的资本流出压力，人民币汇率的全球性影响及其对全球决策和沟通机制建设更高的要求等，这些问题仍然是存在并需要高度重视的。

十一、总结

过去几年，中国经常账户盈余占GDP的比重快速回落，目前基本上恢复到了大体均衡的水平。中国正成为全球重要的资本输出国，随着对外直接投资的扩大，直接投资项下顺差占 GDP 的比重也在逐年下降。跨境资本流动正超越经常账户和直接投资盈余，成为人民币汇率发生波动的关键影响因素。受强势美元和中国实体投资回报率的低迷影响，2014 年以来资本流出陡升，这构成人民币汇率贬值的重要基础。从美元周期和中国经济景气周期等角度看，我们对人民币汇率的走势仍然谨慎。

中国已经成为举足轻重的，具有全球影响力的经济体。很多新兴经济体的货币都紧随人民币。在此背景下，人民币汇率的调整势必对全球经济和金融体系产生非常大的影响。这同时也意味着，未来人民币汇率形成机制或者汇率水平的调整，会构成重大政策挑战。

第三章

物价的真相

中国可贸易部门的通货膨胀

本文及随后几篇文章分别从不同侧面讨论通货膨胀问题。本文首先讨论中国可贸易部门的通货膨胀，并试图强调在开放经济和相对固定的汇率制度下，以生产资料价格为代表的可贸易部门通货膨胀与全球工业品价格的波动相当一致。这本来在理论上是十分显然的，但在过去的研究中，对此的注意和强调却比较缺乏，这多少是有一些奇怪的。

在更现实的条件下看，中国已经从早期全球价格的接受者逐步成长为全球工业品价格波动的重要决定因素，但全球工业部门产出的变化、美元汇率以及石油冲击等仍然是决定工业品价格十分重要的因素。

一、全球生产者价格的同步性

我们观察图 3–1 可以很容易看到，中国和美国的 PPI（生产价格指数）在 1996 年前后出现截然不同的走势。大概在 1996 年之前，两者相关性较小，而在 1996 年之后两者出现高度的同步性。

这种前后的差异，以及中美 PPI 的同步性在原则上并不难理解。

工业品大部分是可贸易品，可贸易品要遵从一价定律。1996 年 12 月 1 日中国开放国际收支经常项目下的货币兑换，并采取人民币盯住美元的汇率政策。在人民币对美元汇率相对稳定和货物可以自由流动、货币可以自由兑换（经常账户项下）的情况下，套利机制将抹平可贸易品价格的差异。

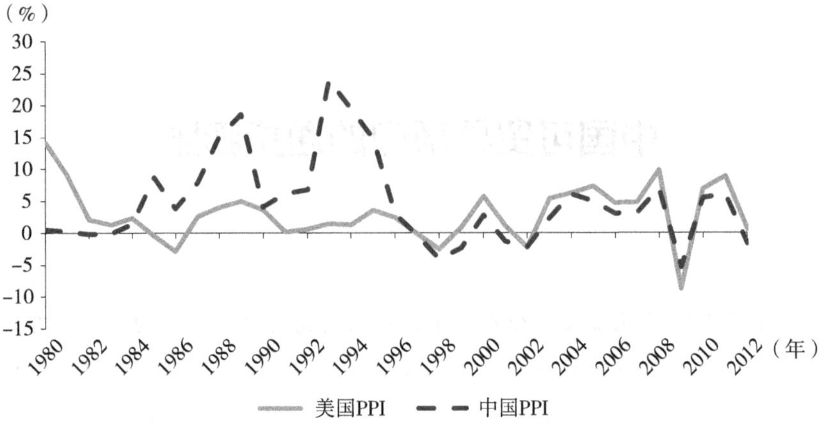

图 3-1　美国和中国 PPI 的同比

数据来源：Wind，安信证券。

数据说明：1981—1995 年中国和美国的年度 PPI 相关系数为 -0.19，1996—2012 年中国和美国的年度 PPI 相关系数为 0.94。

如果关税和非关税壁垒以及运输和分销成本的变动相对缓慢，那么国内外生产资料价格的同比波动将基本上是一致的。这种一致性从微观角度也十分容易理解，上游和中游的工业品，比如原油、铁矿砂、钢材等都是全球定价的。下游的工业品，包括电脑、汽车等都是可贸易品。最近十几年全球贸易变得更为便利，在一价定律的作用下，即使我们观察月度数据，主要经济体中国、美国和欧盟的 PPI 波动及其拐点的出现都有较强的一致性（见图 3-2）。

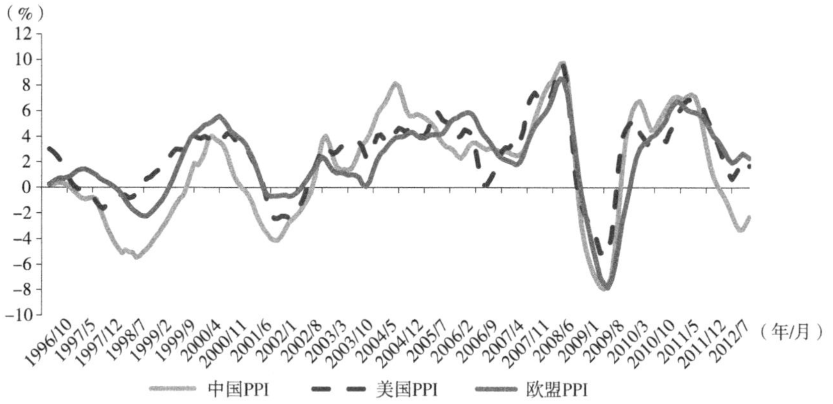

图 3-2　中国、美国和欧盟的 PPI 月度同比

数据来源：Wind，安信证券。

数据说明：月度数据进行 3 个月移动平均处理，欧盟 PPI 取的是欧元区 17 国的数据。

二、主导 PPI 波动的因素

一价定律通过国际贸易，同步了全球可贸易部门的供需，从而使全球工业部门的活动变得越来越一致。最近几十年，信息技术和全球贸易的发展以及全球分工的深化，都使全球制造部门的变化更为同步。即使在产品不那么标准化、可贸易程度较差的下游工业领域，价格的波动也呈现一定的同步性。

结合经验数据看，我们一般认为全球制造业需求的变化以及中国需求的强弱对 PPI 波动具有重要影响。此外，美元汇率的波动、大宗商品市场的冲击以及全球总供应层面的变化也是值得关注的。

我们认为，OECD 工业生产的月度波动大致可以衡量全球工业需求的变化。从过去 20 年的情况来看，OECD 工业领先美国 PPI 大约 3 个月，两者有较强的相关性（见图 3-3），这体现了美国的工业品价格也受到全球需求影响的事实。

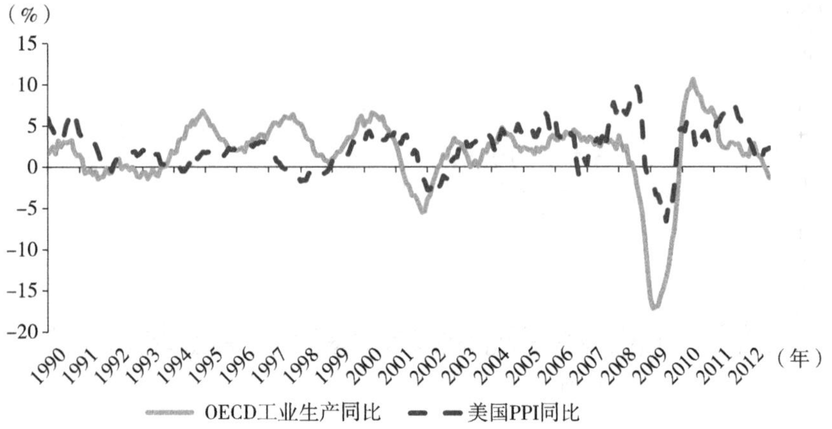

图 3-3　OECD 工业生产和美国 PPI 的同比

数据来源：Wind，安信证券。

数据说明：对过去 20 年的月度数据，用 OECD 工业增速对美国 PPI 进行回归，工业增速领先 PPI 大约 3 个月，相关系数在 0.5 左右。

我们还可以观察到，中国工业增速和中国实际进口增速存在密切的关联（见图 3-4），这说明中国工业需求的波动直接影响进口需求，从而影响全球工业品的价格。实际上，这是实现中国和全球工业品价格同步波动的重要基础。

大宗商品价格的波动并非都能由需求层面的因素来解释。历史上，原油价格受地缘政治和战争的影响颇大。图 3-5 显示了地缘政治对原油价格产生显著影响的几个时期。在这些年份，原油价格上涨幅度都在 30% 以上，这些供应面的冲击对 PPI 产生了相当大的影响。

此外，对一国通货膨胀而言，汇率的波动也会对本国的价格水平产生影响。在其他条件不变的基础上，本国汇率升值意味着全球可贸易品价格的下降，这会压低本国生产者价格，反之，汇率贬值将会提高本国的通货膨胀。

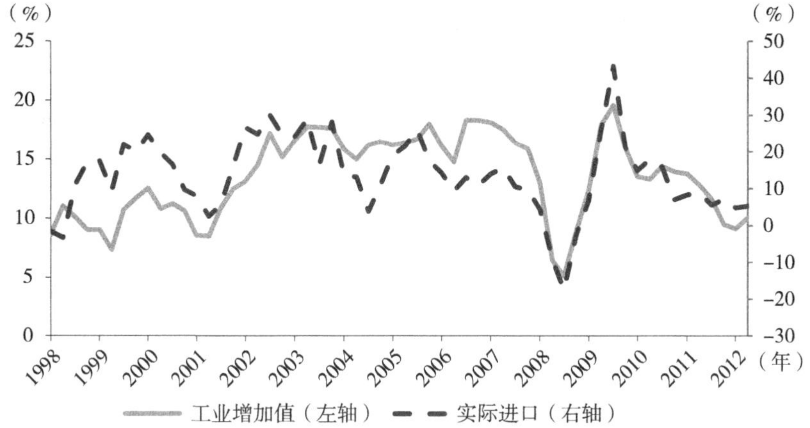

图 3-4　中国工业增加值和实际进口增速季度同比

数据来源：Wind，安信证券。

数据说明：两者自 1998 年第三季度到 2012 年第四季度相关系数达 0.63，单变量回归分析进口增速相对工业增加值的弹性为 1.8。

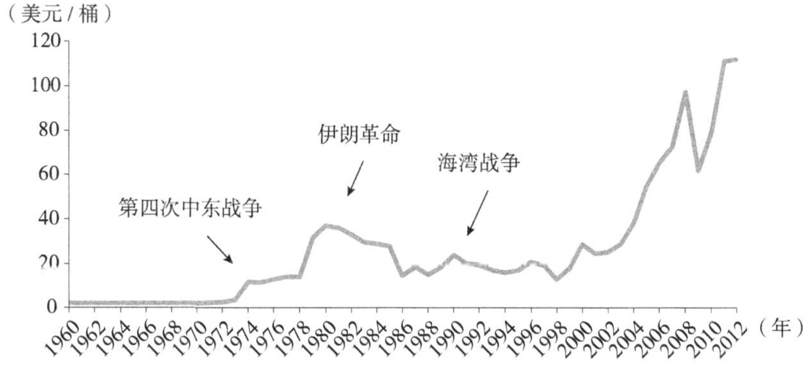

图 3-5　原油名义价格和战争冲击

数据来源：Wind，安信证券。

我们观察美国 PPI 通货膨胀较全球的差别和美元指数之间的关联（见图 3-6）。1997—2008 年，美元汇率波动和美国 PPI 相对全球的变化存在明显的负相关，这与理论预期一致。但在其他时候，两者之间的负相关性并不强，甚至呈现较弱的正相关性。

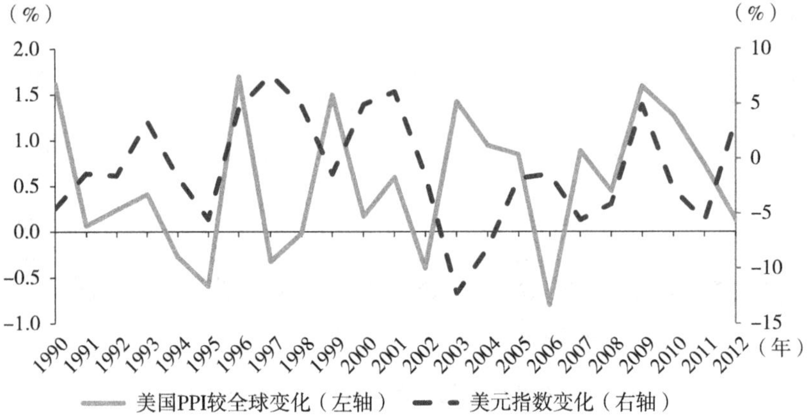

图 3-6　美国 PPI 较全球变化和美元指数同比变化

数据来源：Wind，安信证券。

数据说明：全球 PPI 是用欧盟、美国和日本的 PPI 同比，参考大致的经济权重的占比进行模拟计算。1990—2012 年美元指数和 PPI 相关系数为 −0.19。在 1991—1996 年和 2008—2012 年，两者之间有较弱的同向关联，相关系数为 0.30。但在 1997—2008 年，两者呈现明显负相关，相关系数为 −0.54。

问题的关键在于其他许多条件同时都在变化，正如前文《光线是可以弯曲的——关于研究方法的随感》中讨论的那样，这显示了从原则上对观察系统进行隔离的重要性，以及操作中的困难。例如，如果美国经济相对其他经济体而言出现周期性的走弱，那么美元汇率会贬值，同时美国 PPI 相对其他经济体也会走弱。在这样的情况下，美国 PPI 通货膨胀较全球的差别和美元指数之间就会呈现正相关。这种情况在许多时候都存在，但在一些时候可能影响更大。由于这并非本文的重点，因此我们不展开讨论这一话题。

可以指出的是，绝大部分时候汇率并不独立影响通货膨胀的方向，其对 PPI 变化幅度的影响也相对有限。但当一些冲击性因素导致汇率急剧变化时，汇率可能成为最重要的影响因素。

中国的食品通货膨胀

中国消费物价指数的波动主要为食品价格所主导，这是一个广为人知的经验事实。但奇怪的是，中国食品价格的波动与工业部门的通货膨胀高度同步，这多少令人费解，并使基于农作物歉收等微观证据的解释缺乏说服力。

北京大学的宋国青教授最早提出了农户部门通货膨胀预期的假说，并认为农户在“存粮”和“存钱”之间的竞争性选择导致了经济活动与粮食价格波动的同步性。在广泛的经济预测和政策实践中，这种假说似乎没有受到应有的重视。

本文试图提出进一步的排他性证据，以支持和推广这一假说。

一、食品和总物价趋势的同步性

从最近15年的情况来看，中国消费者物价指数的波动绝大部分来自食品价格波动的贡献（见图3-7）。据此，有人认为CPI的波动趋势主要取决于天气的情况、粮食的歉收以及疫病。那么，食品市场的扰动是不是中国通货膨胀的独立主导因素呢?

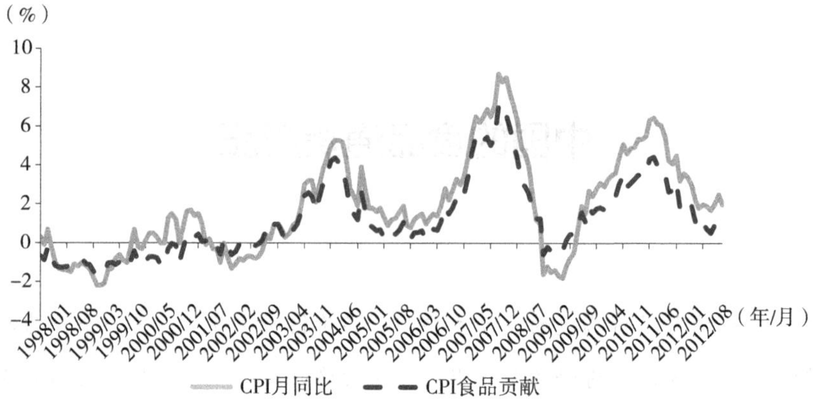

图 3-7　CPI 月同比和食品贡献

数据来源：Wind，安信证券。

数据说明：CPI 食品的贡献是 CPI 食品同比乘以食品的大致权重 0.3。

我们首先回顾一下过去 30 年中国食品和经济整体的通货膨胀情况。我们可以看到，自改革开放以来的 30 年中，代表工业部门的第二产业 GDP 缩减指数[①]和食品类价格指数，表现出非常强的同步性（见图 3-8）。在最近 15 年，其相关系数高达 0.85。

这两项指标的同步性，在逻辑上暗含了三种可能的作用关系。第一种可能，食品通货膨胀引发工业品的涨价，从而主导整体经济的冷热；第二种可能，一些因素在引发食品通货膨胀的同时，也引发了整体经济的冷热变化；第三种可能，整体经济的冷热，工业品的价格变化，诱发了食品类的通货膨胀。

第一种可能认为，食品价格的波动影响了整体经济的冷热，这样的解释是缺乏说服力的。我们在前面的文章中可以看到，生产资料价格具

① 衡量食品以外的通货膨胀较为完整的做法是考察第二、第三产业缩减指数。但在国民生产总值核算中，第三产业很多部门采用 CPI 作为价格指数，而中国 CPI 波动大部分来自食品。这种操作方式使得第三产业缩减指数和食品价格具有高度的相关性，考察两者关系意义不大。

有全球的同步性，其波动主要来自全球需求等因素的推动。很难认为全球工业品价格是由中国的食品价格决定的。

第二种可能认为，食品市场局部供求在影响食品价格的同时引发了经济的冷热。对中国这样复杂庞大的经济体来说，这种解释应该也很难成立。

第三种可能相对比较合理，认为经济整体的冷热、工业品的价格变化诱发了食品通货膨胀。

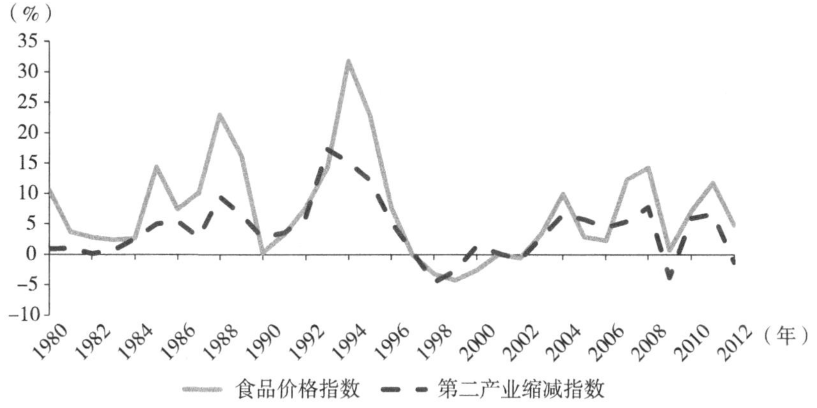

图 3-8　食品价格指数与第二产业 GDP 缩减指数

数据来源：CEIC，安信证券。

数据说明：1. 限于数据的可得性，1994 年之前的食品价格指数采用了商品零售价格指数食品，其后采用 CPI 食品，对二者重叠部分的考察表明，二者的数值是相当接近的。2. 以食品价格指数对第二产业 GDP 缩减指数回归，GDP 缩减指数的系数在 1980—1994 年为 1.29，拟合优度 58%；在 1995—2012 年为 1.37，拟合优度 75%。

二、是成本加成，还是通货膨胀预期？

整体经济的冷热如何影响食品价格？除了食品供需层面以外，至少有两种机制可以使农产品和非农产品的价格同步起来。

第一种是成本传导。化肥、农药、薄膜和汽油的价格在上升，提高了农户的生产生活成本，通过成本加成的渠道影响了粮食价格。

第二种是通货膨胀预期。农户观察到化肥、种子、薄膜的价格在上涨，产生了通货膨胀预期，同时出现了保值需求。此时农户会减少货币现金的持有量，增加其他资产的持有量。

对农户来说，比较容易调整和增持的资产就是粮食和生猪等食品。在此条件下，农户就要囤积粮食和延长生猪存栏时间。在市场上，粮食和猪肉的供应就会减少，相应的价格也会上升。通货膨胀预期通过存货调整的机制作用于农产品市场，从而推动农产品价格的大幅上升。

成本加成和通货膨胀预期是两种完全不同的机制。现实中到底哪个更为重要?

我们对比农产品生产价格指数和农业生产资料价格指数（见图 3-9）可以发现，如果农产品价格上涨来自成本压力，那么生产资料价格的涨幅应该明显大于农产品涨幅。但实际情况是，在通货膨胀较为严重的时候，农产品价格涨幅大于生产资料价格涨幅，[①] 这使农业种植和养殖利润在高通货膨胀时出现大幅改善。

我们用农村人均现金收入来衡量农民从事农业活动的收入，图 3-10 显示，农产品价格上涨总是伴随着农村人均现金收入的改善，这是成本加成机制难以解释的，但基于通货膨胀预期假说则比较容易理解。

在微观层面，我们也容易发现，猪肉价格上涨时养猪利润更好，粮价上升时种粮收益更高。这些都说明成本加成可能不是农产品价格上涨的主导因素。

① 因为其他成本包括人工成本和土地租金，二者占比不小，但相对变动较生产资料价格要更小一些，所以农产品价格上涨大于生产资料说明成本推动是次要的。

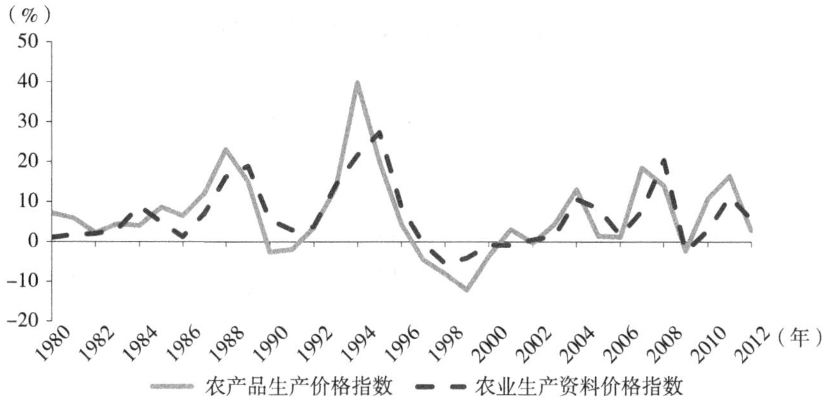

图 3-9　农产品生产价格指数和农业生产资料价格指数同比

数据来源：CEIC，安信证券。

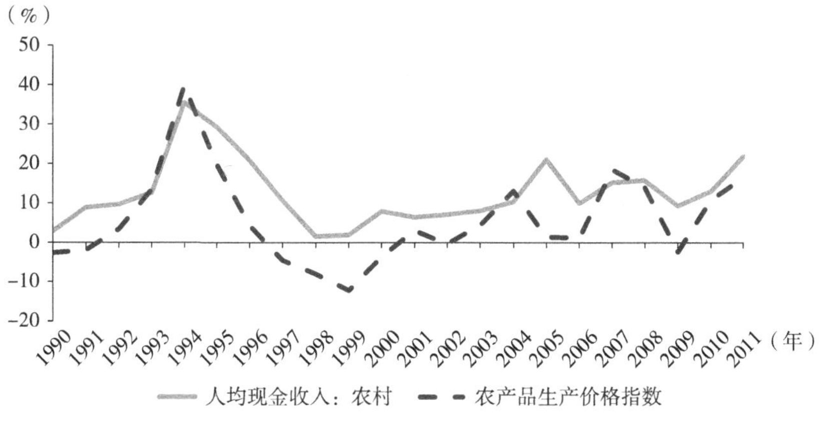

图 3-10　农产品生产价格指数和农村人均现金收入同比

数据来源：CEIC，安信证券。

当然，食品价格相对成本的快速上涨也可以解释为需求的拉动或者供应的短缺。所以，我们需要给通货膨胀预期和库存调整假说寻找更多的证据支持。

三、通货膨胀预期和库存调整假说的进一步证据

我们通过食品横断面的数据来验证库存调整在食品通货膨胀中的显著作用。

我们将食品细分为粮食、肉禽、新鲜的疏菜、不新鲜的蔬菜、新鲜的瓜果和不新鲜的瓜果。之所以做这样的细分，是因为新鲜疏菜和瓜果很难储存。即使在通货膨胀预期下，也很难做存货调整。

如果通货膨胀预期下的存货调整是价格波动的主要原因，那么一种食品越新鲜，越不能储存，存货调整的影响应该越小，对第二产业缩减指数的弹性也应该越低，相关系数也应该越低。与此对比的是，如果成本加成的因素是最主要的，或者其他供需因素更加重要，那么不同食品在横断面上的弹性区别应该不大。

我们的估算结果显示，各类食品价格对第二产业 GDP 缩减指数的弹性（见图 3–11）和各类食品价格对第二产业 GDP 缩减指数的相关系数（见图 3–12）的结果是较为一致的：肉禽及其制品的弹性及相关系数均

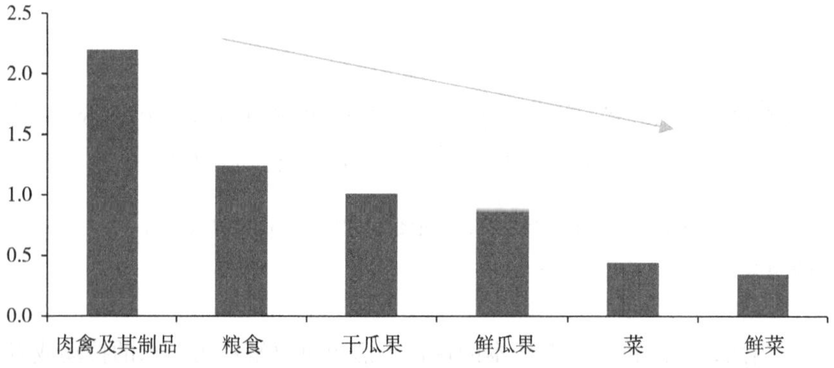

图 3–11　各类食品价格对第二产业 GDP 缩减指数的弹性

数据来源：CEIC，安信证券。

数据说明：食品价格选取的是 1996—2012 年 CPI 食品分项年度数据。

最高，菜和鲜菜最低。横断面上的证据精确地证明，库存调整是影响食品价格波动的主导因素。其他供需原因和成本加成机制在逻辑上并不能得出价格波动和存储难易程度有关联。

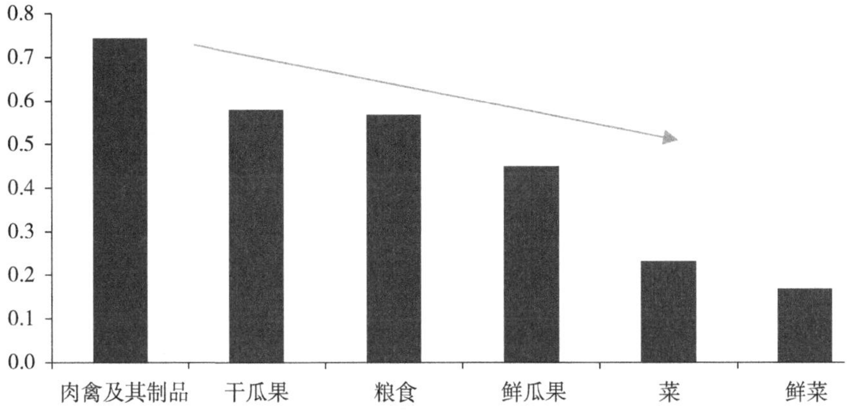

图 3-12　各类食品价格对第二产业 GDP 缩减指数的相关系数

数据来源：CEIC，安信证券。

数据说明：食品价格选取的是 1996—2012 年 CPI 食品分项年度数据。

最直接证明库存调整的方法是观察库存的变动，比如观察粮食库存的变化。但这方面缺乏可靠的数据。然而，存在相对可靠的中国生猪养殖的存栏和出栏量数据，这是我们可以直接检查这一市场的证据。

我们知道，当农户有通货膨胀预期时，农民倾向于将生猪延迟出栏（被称为“压栏”），此时存栏上升、出栏减少，生猪周转时间变长。

我们观察生猪市场过去十几年的总量周转时间（见图 3-13）。因为技术进步等原因，过去十多年生猪总量周转时间在趋势性地缩短，但考虑趋势变化后容易发现，在 2007—2008 年生猪价格大幅上涨过程中，生猪出栏量相对明显减少，周转时间较历史趋势水平显著延长；在 2011 年生猪价格上涨过程中也出现了周转时间上升的迹象。

在猪肉价格上涨过程中，出栏量的减少说明对猪肉的需求变动并非价格上涨的原因，而周转时间延长和存栏量上升说明生猪供应并非短缺。从周转时间延长和价格上涨来看，农户的通货膨胀预期和库存调整是驱动生猪市场波动的主要原因。

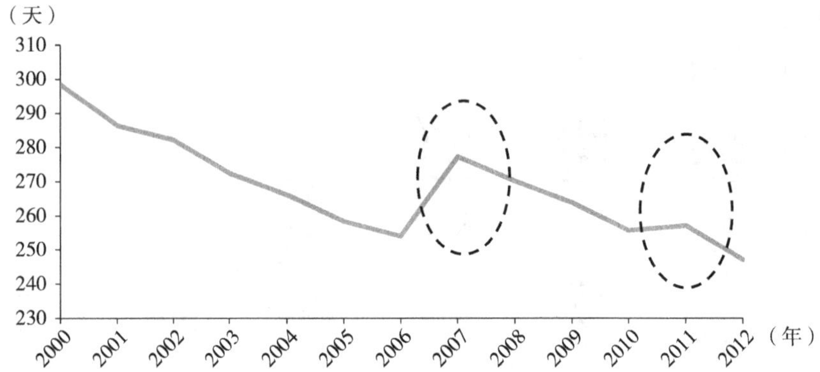

图 3-13 中国生猪养殖的周转时间

数据来源：CEIC，安信证券。

数据说明：周转时间 = 365 × 0.5 ×（年初存栏量 + 年末存栏量）/ 出栏量。

这些证据和分析暗示，从短周期意义上讲，存货调整是农产品价格波动的最重要原因。存货调整是因为农户产生了通货膨胀预期，需要调整资产配置。而可供农户选择的空间相对比较有限，农户会增持一些容易保存的农产品，例如囤积粮食和延长生猪出栏时间等，从而造成市场上相应的农产品供应减少和价格上涨的局面。

值得讨论的是，为何在我们的框架中，工业品价格由全球供需和一价定律决定，农产品价格受通货膨胀预期决定？

这是因为中国的农产品市场存在贸易壁垒且相对封闭，同时初级农产品较为标准化，需求的价格刚性较强，生产对价格的反应具有滞后性，这些属性使通货膨胀预期和库存调整能够左右农产品价格的波动方向。

四、农户的通货膨胀预期

农户的通货膨胀预期对于食品价格波动较为重要。农户的通货膨胀预期如何观察和预测呢？通货膨胀预期向来被认为是难以界定和测量的变量。理论上，农户容易感知到的生产生活成本的变化可能是通货膨胀预期的重要来源。

除了我们要解释的食品价格之外，生产资料和人工价格是农户容易感受到的价格。农户从事农业生产和建房等投资活动感受到的成本变化和生产资料价格密切相关。而农业生产中的雇佣成本、机会成本，以及服务业的价格都和人工成本密切相关。

如果这些看法能够成立，那么我们就可以用生产资料和人工成本来衡量农户可以感受到的通货膨胀。因为人工工资的波动不会很剧烈，所以一般情况下我们用 PPI 就能衡量农户感受到的通货膨胀。

从过去十几年的情况来看，PPI 波动和食品价格指数具有较强的同步性。预测食品价格指数趋势变为预测 PPI，这在前面的文章中讨论过。

需要指出的是，2007 年可能是个例外。当年 PPI 涨幅并不明显，但食品价格指数显著上涨（见图 3–14）。从平均工资和城镇人均可支配收入来看，2007 年的上涨在过去十几年中是最为惊人的（见图 3–15）。

我们迄今能够提出的推测是，尽管当年的生产价格指数基本稳定，但人工成本的显著上升引发了农户的通货膨胀预期，从而拉高了 2007 年的食品通货膨胀。

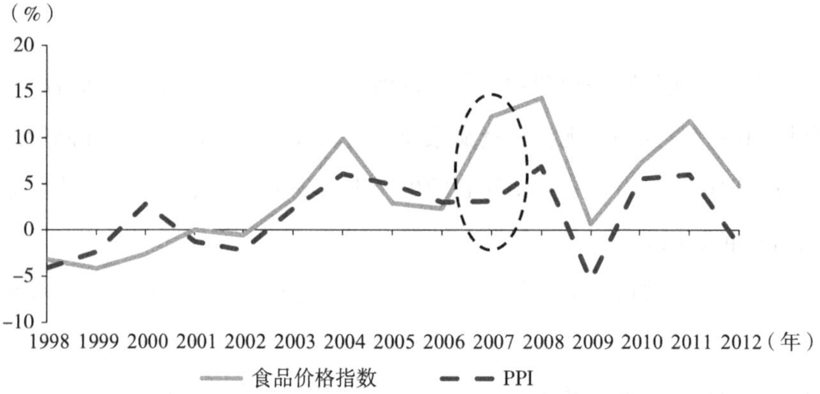

图 3-14　2007 年 PPI 和食品价格指数涨幅

数据来源：CEIC，安信证券。

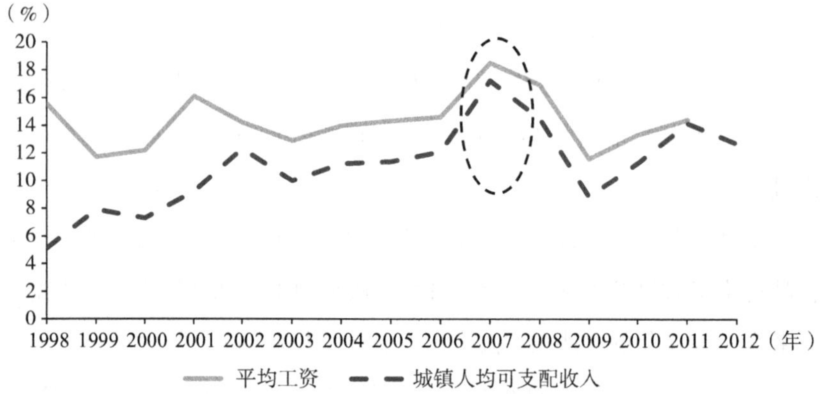

图 3-15　2007 年平均工资和城镇可支配收入增速

数据来源：CEIC，安信证券。

刘易斯拐点与中国的食品通货膨胀

在前文的讨论中，我们知道，中国消费物价的波动为食品价格所主导；由于农户的通货膨胀预期和存货调整，食品价格的波动与生产资料价格和工资变化在很大程度上能够一致起来。

我们也知道，在食品生产过程中，农业劳动力是非常重要的投入要素。这意味着如果农业劳动力的工资水平出现快速上升，那么势必影响食品价格的形成过程。本文主要讨论农业劳动力工资对中国食品通货膨胀的影响。

我们认为，与刘易斯拐点机制相联系，中国农业劳动力的工资自2005年以来就出现比较快速和持续的上涨，这推高了农产品的生产成本和市场价格。由于食品价格的波动与广泛的价格压力相一致，农业劳动力工资上升的影响主要体现在食品价格的平均涨速（即波动的中枢水平）抬高。

一、刘易斯拐点

刘易斯在1954年的论文《劳动力无限供给条件下的经济发展》中提出了针对发展中国家的二元经济理论模型。[①]

刘易斯把发展中国家的经济区分为现代部门和传统部门，现代部门

① 对刘易斯模型的改进很多，比如兰尼斯－费景汉模型考虑了农业部门为工业部门提供食品，强调工业与农业均衡发展，托达罗模型考虑了城市的失业。这些改进非常重要，但对于本文来说，运用刘易斯模型的基本思想已经足够。

以制造业为代表，传统部门以农业为代表。

制造业部门存在持续的技术进步，以利润最大化为导向。资本存量是其唯一的约束，利润是资本积累的最重要来源。企业家们将获得的大部分利润用于储蓄和投资，使整个制造业部门不断壮大。

农业部门是一个维持自身生存需要的部门，生产方式落后，劳动生产率低下，技术进步停滞。整个部门存在大量的剩余劳动力，包括零值劳动力（边际产出为零的那部分劳动力）和不充分就业劳动力（边际产出大于零但是小于最低生存费用的那部分劳动力），依靠家庭和社区互助，勉强维持生计。剩余劳动力成为制造业部门扩张所需的“劳动力储存库”。

在农业部门存在大量过剩劳动力的情况下，农业部门的低收入决定了制造业部门的低工资，一方面使工业部门总是可以按照不变的工资水平雇到所需要的劳动力，劳动力供给无限；另一方面保证了企业家的利润份额以及整个制造业部门的扩张。

当农业部门的剩余劳动力被充分吸纳的时候，劳动力在农业上的边际产出开始高于其维持生计的水平，此时制造业部门的劳动力供给曲线由水平变为向右上方倾斜，工资水平开始随着就业扩张而快速上涨。这一转折就是所谓的刘易斯拐点。

二、为什么花生比小麦更保值

图 3-16 是 2000—2007 年不同种类农产品的散点图，其横轴是不同农作物由它们各自的生产技术所决定的劳动力占生产成本的比例，度量了不同农作物生产过程中劳动力的密集程度。越向右，农作物的劳动力的密集程度就越大。例如，为了生产给定的产量，最右侧的谷子、花生和油菜籽对劳动力的消耗密度要比小麦和粳稻大得多。

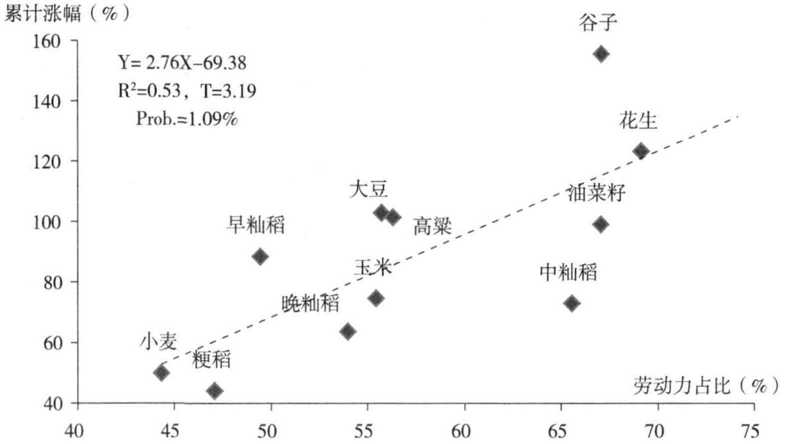

图 3-16　中国不同种类农产品的累计涨幅（2000—2007 年）

数据来源：全国农产品成本收益资料汇编，安信证券。

数据说明：1. 劳动力占比的计算方法是在产值中扣除物质费用和土地成本等占比。因为一般统计方法的劳动力作价是从消费端考虑的，存在低估的偏误。2. 劳动力成本占比计算的是最近三年的平均，特定农作物的劳动力成本占比在过去 7 年发生过系统性的变化，但农产品之间相对的劳动力密集度的次序关系没有太大的变化。X 表示横轴数据，Y 表示纵轴数据，R^2 表示趋势线拟合程度的指标。

该图的纵轴是 2000—2007 年，不同种类农作物价格的累计涨幅。我们使用长时间序列的价格累计涨幅，最重要的目的是剔除农产品自身周期的短期波动影响。例如洪涝灾害、国家对粮食市场的干预、国际粮食市场的波动等，这些因素在短期之内会对粮食价格形成产生一些影响，但是如果我们用较长时间的累积涨幅，这些影响在很大程度上就可以消除掉。

在这个散点图上我们能明显地看到一条向上倾斜的直线，即它们呈现明显的正相关关系，简单的相关系数超过 0.7，拟合优度等统计指标也在非常高的水平上。[①]

① 我们知道，对一般的横断面数据处理来说，拟合优度能超过 30% 就会是非常好的结果；实际上，大量的文献报告的拟合优度只有百分之十几，大约也会认为这些结果在统计上是有意义的。所以，我们的这个结果在统计上是非常强的。

这种显著的正相关关系在经济上只有一种解读方式，即在过去这几年，导致农产品价格此起彼伏连续上升的关键因素是农业劳动力成本的上升。用其他一些因素，比如洪涝灾害、农产品周期、美元汇率等因素去解释农产品市场的价格变化，在横断面数据上都不可能得到这一结果，即粮食价格涨幅与劳动力密集程度存在强相关关系。

这样的结果说明，尽管短期灾害性因素在一两个月甚至一两年时间内，对农产品价格可能有明显的影响，但从较长时间来看，影响农产品价格的主导性因素是农业劳动力成本的上升。换句话说，花生能够比小麦更保值，这是因为前者生产过程的劳动力密度比后者更高。

批评者或许认为，这一结果与农产品用途的变化有关系，例如花生更多用来榨油，以及消费结构变化带来了食用油消费的加速；或者国际粮食价格变化的影响，例如生物柴油、玉米乙醇等。

对于第一种批评，我们的看法是，如果认为农产品市场是充分竞争和没有超额利润的，那么无论其用途如何变化，其长期价格都反映着成本的变化，这使我们可以清晰地识别劳动力成本上升的影响；对于第二种批评，我们的看法是，在个别农产品领域，例如大豆，中国高度依赖国际供应，但在绝大多数农产品领域，迄今为止中国市场相对隔绝在国际市场的波动影响之外，这可能反映了农业领域自力更生战略的影响。

此外，为了使这一证据更加有力，作为对比，我们还利用同样的方法对1990—2000年的数据进行了处理。如果说在1990—2000年的10年中，劳动力成本并没有快速上升，那么按照前面的逻辑，我们将会看到的结果是，在农产品价格的横断面上，我们不可能看到价格涨幅与劳动密集度之间存在显著的正相关关系。

数据处理结果正是如此。如下可以看到图3-16与图3-17形成鲜明的对比，这清楚地表明在后一时期（2000年以来）劳动力成本出现了快速上升。

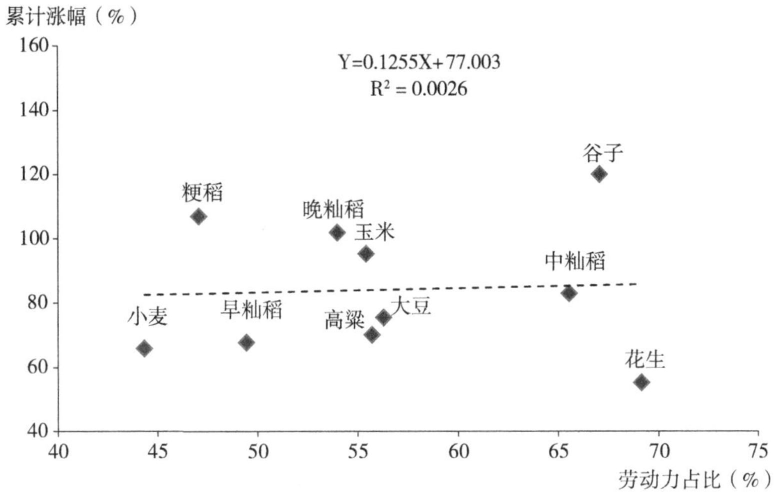

图 3-17　中国不同劳动力密集农产品的累计涨幅（1990—2000 年）

数据来源：全国农产品成本收益资料汇编，安信证券。

数据说明：X 表示横轴数据，Y 表示纵轴数据，R^2 表示趋势线拟合程度的指标。

三、农业劳动力工资是如何上升的

我们可以根据不同农作物价格的时间序列，以及在生产过程中由技术条件所决定的生产函数，比如土地、化肥、种子的投入等费用，倒推农民在农业生产活动中所获得的收入。

图 3-18 就是我们的估算结果（基于小麦、大米和玉米），它计算了一个标准的农民工在农业活动中每工作一个劳动日获得的现金价值，所以是农业劳动力在农业生产中的边际产出。①

① 用工数量指的是生产过程中生产者（包括其家庭成员）和工人直接劳动的天数，具体计算方法是各类劳动用工折算成“中等劳动力”的总劳动小时数再除以 8 小时。由此来看，计算过程中，分母并非指所有的人口或者所有的劳动年龄人口，而仅仅指参与生产的那部分劳动力投入。我们知道农业部门是开放和竞争的，在长期均衡条件下，只能获得平均利润，标准劳动力的平均产出等于其边际产出。

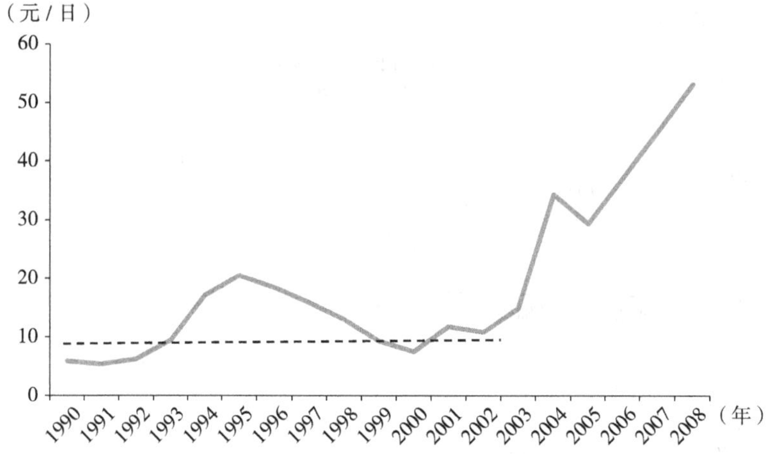

图 3–18　中国种粮单位劳动力机会成本

数据来源：全国农产品成本收益资料汇编，安信证券。

数据说明：劳动力机会成本价格 =（总产值 − 物质费用 − 土地成本 − 成本外支出 + 补贴收入）/ 用工数量。

如果接受一些简单并且看起来合理的假设，① 我们可以把图 3–18 近似地看作工业和服务业部门面对的低端劳动力的供应曲线。

1990—2004 年，特别是剔除通货膨胀因素以后，农民在农业生产中的工资收入几乎是水平的。但是进入 2004 年以后，这个水平线开始转化成一个向上倾斜并且非常陡峭的曲线。这一结果与刘易斯理论模型的描述和预测是一致的，进一步考虑一些其他证据，我们倾向于认为中国经济在 2005 年前后可能已经走过刘易斯拐点。

那么这样的一个估算结果是否合理呢？我们可以拿它同国家统计局农调队调查的外出务工人员工资做比较。

2009 年，农民工一天的产出或者说收入水平大约在 55 元，按照每个

① 这里最主要的假设有两条：一是低端劳动力的供应曲线在过去二十年是大体不变的，忽略人口结构、价值观念等变化的影响；二是低端劳动力需求的扩大是稳定和线性（或对数线性）的，从而年份数据可以与实际就业数量对应起来。

月 25 个工作日来计算，月收入水平大约在 1 400 元。在 2009 年第三季度，国家统计局的农调队在中国中部地区对农民工收入的调查结果是每月 1 389 元，在东部沿海地区是每月 1 455 元。这一调查数据与我们根据粮食价格所倒推出来的数据是相当接近的。

表 3-1　中国外出务工人员工资的变化（月平均工资，元）

地区	2003 年	2004 年	2006 年 10 月	2009 年第三季度	年平均增速
东部	760	798	1 090	1 455	11.4%
中部	570	724	880	1 389	16.0%
西部	560	701	835	1 382	16.2%

数据来源：国家统计局，安信证券研究中心。
数据说明：国家统计局农调队入户调查数据。

基于这些讨论，我们至少可以认为，2005 年以来，农业劳动力的工资出现连续和快速的上升。由于在食品生产和流通过程中需要大量使用农业劳动力，这一变化对中国的食品通货膨胀必然产生影响。

四、为什么农村地区的蔬菜涨价比城市更快

新鲜蔬菜很少进入国际贸易，因其生产周期短（一般为 3~6 个月），而且不易保存。所以，除去短期的雨雪和冷热天气的影响，蔬菜价格能较好地反映其成本趋势。

我们观察 CPI 鲜菜的两年复合同比增长率（见图 3-19）可以发现，采用复合增长能相对有效地剔除一些短期冲击。

在 2002—2007 年的 5 年时间里，蔬菜价格的复合年增长率的中轴大概在 5% 的水平，而在 2008 年之后的三年半时间里，蔬菜价格增速的中轴从 5% 逐渐抬升至 15% 左右的水平，显示出明显的上升趋势。

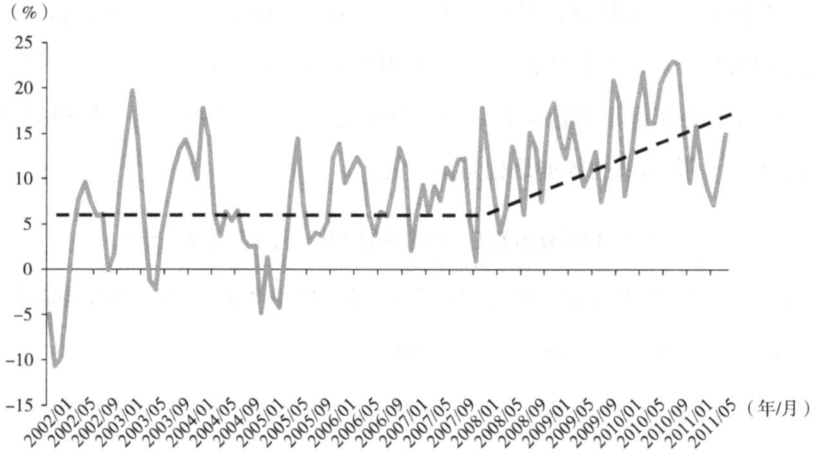

图 3-19　CPI 鲜菜的两年复合同比增长率

数据来源：CEIC，安信证券。

长达两年半的价格增速的中轴抬升，很难用超额利润或者短期的天气因素去解释。2008 年存在大宗商品冲击，在此之后，蔬菜种植的物质费用成本有明显的下跌，但是我们并没有看到蔬菜价格的中轴有明显的下降，这暗示大宗商品的冲击并非导致蔬菜价格上涨的主要原因。那么，排除了这些可能因素之后，能否就直接认为是劳动力成本的上升，导致了蔬菜价格波动中轴的抬升呢？显然是不可以的。

比如，菜价的上涨可能是因为流通环节成本的高企，因为高速公路乱收费、菜场的摊位费以及超市的进场费等等。这样的思考是有价值的。但问题的关键是，我们如何验证？

为了验证菜价上涨到底是因为生产成本还是流通成本，我们对比了农村与城市蔬菜价格同比增速的差。

我们知道，城市蔬菜零售价格除了包括农民出售的生产价格以外，还包括交通运输成本、菜市场租金成本以及中间商的利润等等。如果是因为流通成本主要导致了蔬菜价格的上涨，那么我们将会看到城市蔬菜价格的上涨比农村更快；如果是因为生产成本主要导致了蔬菜价格的上涨，那么我们将会看到相反的结果。

结果如何呢？

图 3–20 显示，在 2007 年之前，农村蔬菜价格的涨幅相较于城市有高有低，平均来看在零附近，暗示着农村和城市菜价的涨速是一致的，但是 2007 年之后，农村菜价涨幅系统性地高于城市平均 2~3 个百分点。

农村蔬菜价格同比增速连续五年高于城市增速，暗示蔬菜价格的快速上涨更多地来自生产者价格的上涨，而非中间流通成本的上升，也表明蔬菜价格的波动中枢在系统性上升。

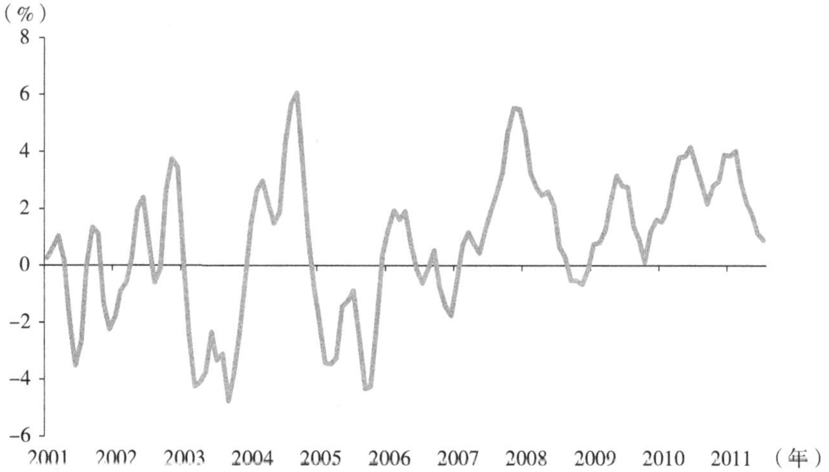

图 3–20　农村与城市蔬菜价格同比增速之差

数据来源：CEIC，安信证券。

五、农户种粮终于可以赚到钱

粮食和蔬菜价格与其物质费用成本长期背离，最重要的原因是农民从事农业生产的机会成本在大幅提升。这从粮食价格以及粮食种植成本（基于小麦、大米和玉米）的定基数可以看到（见图 3-21）。

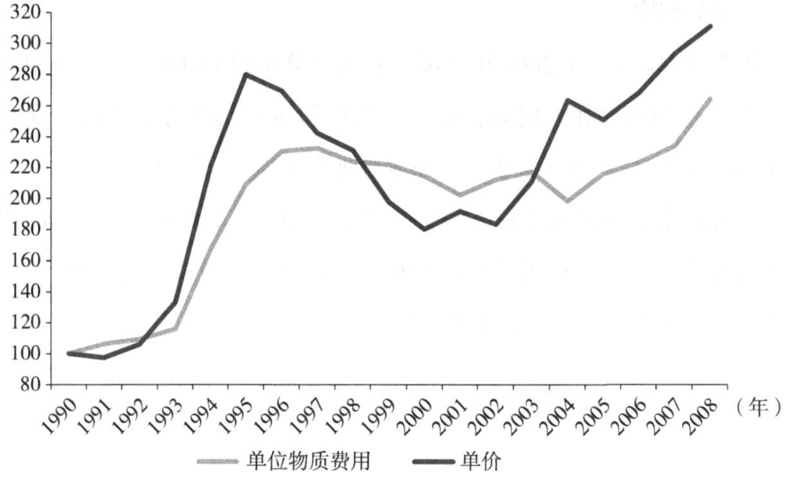

图 3-21　中国三种粮食平均单位产量的成本趋势（1990=100）

数据来源：CEIC，安信证券。

1990—2008 年粮食单价上涨了 211%，而单位产量的物质成本只上涨了 164%。2004—2008 年，虽然伴随着大宗商品的冲击，农药、化肥和汽油价格全面上涨，但物质费用的涨幅系统性地慢于粮食价格的上涨。

这种长期裂口增大很难认为是粮食种植的利润率短期景气加剧造成的，也很难认为是短期的天气冲击造成的。如果考虑到 2004 年之前有农业税和 2004 年之后相关补贴的增加，农产品价格的大涨显得更为奇怪。粮食价格的大幅上涨，本质上是由于另一项成本——农民外出打工的机会成本出现了大幅度的上升。

换句话说，这意味着农户种粮终于可以赚到钱，也意味着食品价格的平均涨速必然在加快。

六、扩大的价格裂口

我们可以把“CPI-食品”和 CPI 分别处理为定基数，设定 1993 年这两项指数都为 100，结果见图 3-22。

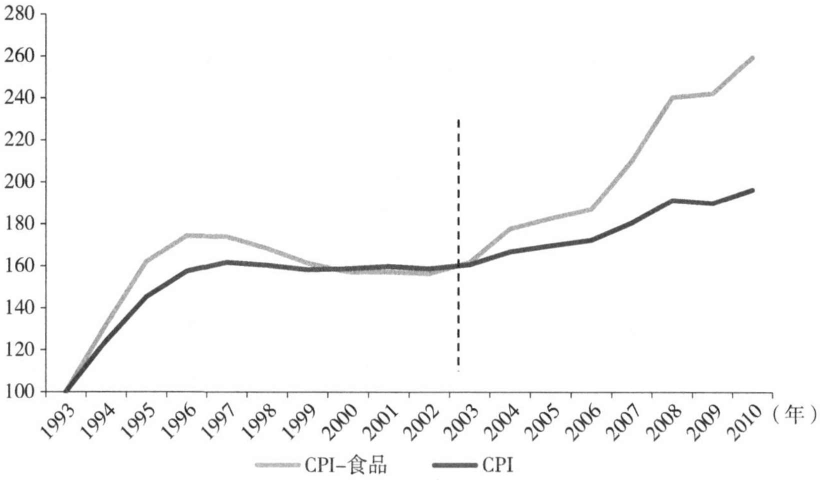

图 3-22　CPI、CPI- 食品的定基数（1993=100）

数据来源：CEIC，安信证券。

我们可以清楚地看到，在 1993—2003 年里，CPI、“CPI-食品”的波动虽然从短期来讲并不相近，但十年时间里的累计涨幅是一样的。

与此形成鲜明对比的是，在 2003 年以后，“CPI-食品”与 CPI 的定基数之间开始产生裂口，并且这一裂口随着时间的推移越来越大，没有显示出收敛的迹象。

从 2003—2006 年的裂口来讲，可能会有争议说这可能是由经济周期性因素所决定的，就像在 1995 年前后，我们也曾见到一个裂口一样。但是在 2007 年以后，该裂口进一步扩大，就很难解释为短周期的经济因素。

实际上，我们认为，这一事实主要反映了前节讨论的农业劳动力成本持续上升的压力；这也清楚地表明，在过去数年的时间里，食品通货膨胀的平均涨速已经较此前明显提高。

七、国际经验研究

在大量的实证研究中，一般性的看法是，刘易斯理论能很好地解释东亚经济体在城市化与工业化过程中的现象。我们计算了日本、韩国和我国台湾地区的数据，以便了解其在走过刘易斯拐点时的表现。

（一）日本案例

绝大多数的学者和企业界都同意日本是在1960年前后经过刘易斯拐点的。在日本的经济经过刘易斯拐点以后，其价格层面上非常重要的一个现象是食品价格快速上升。但是工业品的价格并没有这么大的压力，这样我们应该看到CPI比PPI涨幅更高。

事实正是如此。我们可以比较清楚地看到在20世纪60年代，日本CPI的平均涨速在5%~6%，但是PPI的平均涨速只有1%多（见图3-23）。通货膨胀裂口的幅度有4个百分点以上，并且持续的时间长达10年。在1960年以前和1972年之后的数据中我们都看不到这么明显的物价裂口。即使在部分其他时段存在，其原因也不是食品价格的快速上升，而是由于巴拉萨－萨缪尔森效应，裂口幅度也小得多。

既然20世纪60年代日本的工业品价格稳定，那么到底是什么推高了日本整体的CPI呢？

我们检查一下CPI的细项（见图3-24）可以发现，农产品和服务业价格在1960年之后开始系统地超越整个CPI，成为推高CPI的主要原因。而在1960年工资水平大幅上涨之前，农产品和服务业价格涨速并不是太快。

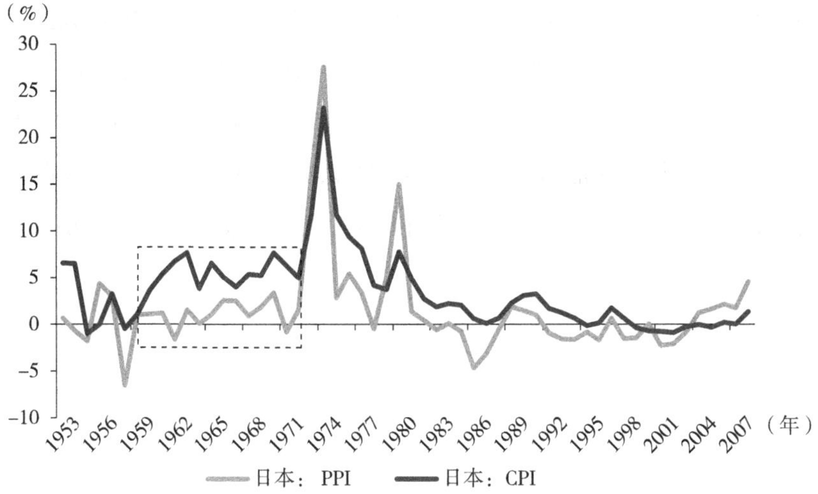

图 3–23　日本的 PPI 和 CPI

数据来源：CEIC，安信证券。

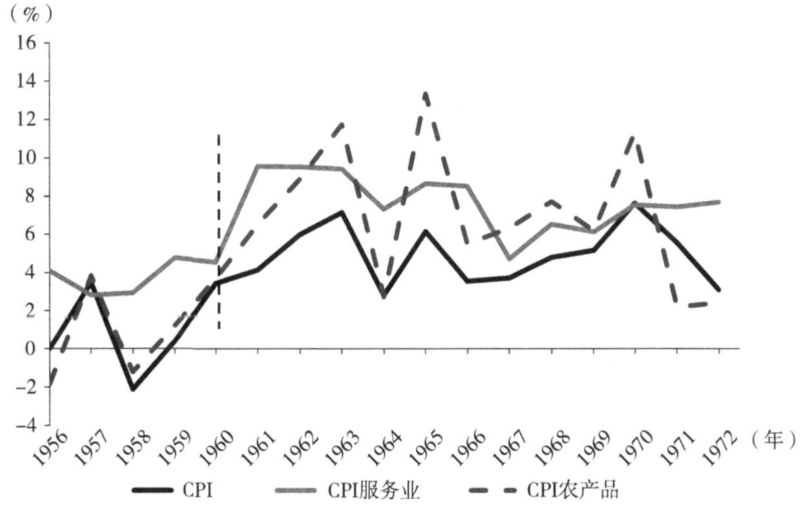

图 3–24　日本 CPI 分类同比变化

数据来源：日本统计局，安信证券。

我们可以从 CPI 的进一步细分中看到端倪（见图 3–25）。我们选取了鲜菜和个人护理（主要是理发等服务价格）。因为这两个产品和服务都是典型劳动密集型的，并且技术进步速度较慢，其价格更能反映劳动力成本的变化。我们可以看到日本鲜菜的价格在 1960 年之后快速上涨，年均增速在 10% 以上，高于农产品的平均涨速。同时，日本的个人护理价格也以 1960 年为拐点，出现了平台式的大幅上扬，其价格的中轴水平要高于服务业的平均增速。

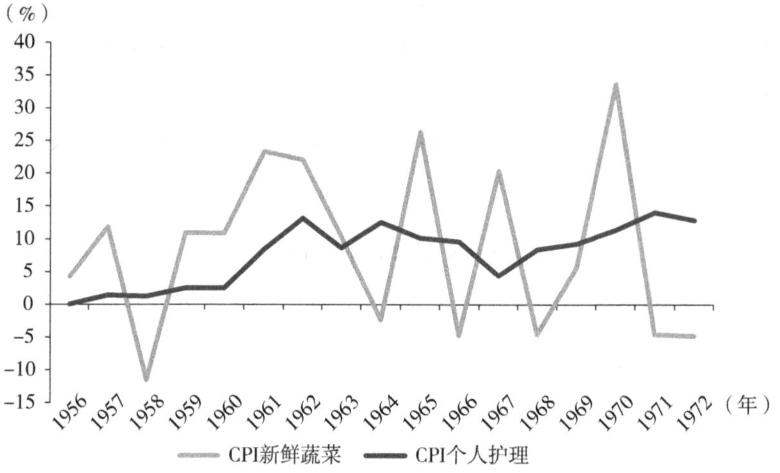

图 3-25　日本 CPI 鲜菜和个人护理

数据来源：日本统计局，安信证券。

总结起来，20 世纪 60 年代日本工资水平出现快速上涨，虽然工业品由于技术进步等原因使价格维持在低位，但农产品和服务业的价格出现了较大幅度的上升，从而推高了整体 CPI，导致了 CPI 和 PPI 出现明显裂口。

（二）中国台湾和韩国的案例

检查中国台湾和韩国的数据，也容易发现经过刘易斯拐点的时候，食品价格相对工业品的价格涨得更快，并且这一时间持续将近 10 年。

韩国（见图 3-26）在 1983 年一直到 1994 年这 10 年时间里，CPI 和 PPI 的物价裂口一直存在。而在此前和此后这一缺口并不明显。

中国台湾食品和批发物价之间的这一裂口（图 3-27），也是发生在 1985 年前后一直到 1994 年前后，时间持续接近 10 年。

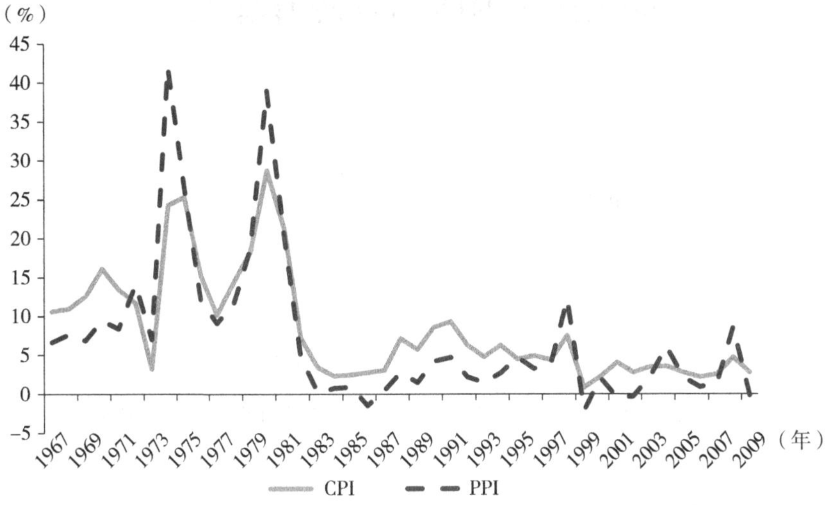

图 3-26　韩国的 PPI 和 CPI

数据来源：CEIC，安信证券。

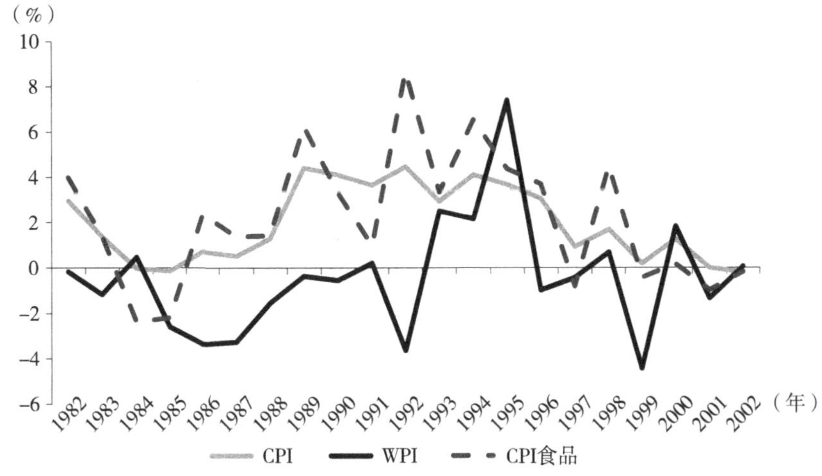

图 3-27　中国台湾的 WPI（批发物价指数）和分类 CPI

数据来源：CEIC，安信证券。

通货膨胀中枢抬升的再回顾

在完成于2010年的上一篇文章中，我们推断由于刘易斯拐点的出现，中国的通货膨胀中枢正在系统性上升。本文完成于2015年，我们以2010—2015年的数据为基础，对这一推断及其微观基础进行了回顾和验证，结果显示2010年的推断是相当准确的。我们还梳理和分析了通货膨胀中枢抬升对市场利率、汇率和资本流动等领域可能产生的影响。

一、过去五年CPI中枢的抬升

作为分析的起点，我们首先回顾一下过去15年中国的重要宏观经济指标。我们把2000—2014年的15年分成三个五年，分别是2000—2004年、2005—2009年和2010—2014年，然后看每个五年中宏观经济指标的平均值表现（见表3-2）。

表3-2 工业增加值、PPI、CPI及CPI分项同比增速均值（%）

年份	工业增加值	PPI	CPI	CPI食品	CPI非食品	CPI服务	其他消费品
2000—2004	10.6	1.5	1.1	2.0	0.6①	2.0②	-1.1②
2005—2009	11.6	2.5	2.7	6.5	0.7	1.4	0.4
2010—2014	9.2	1.2	3.2	6.3	1.8	2.6	1.0

数据来源：CEIC，安信证券。

数据说明：①2000年非食品同比为估算值。②2000—2001年服务、其他消费品缺乏同比数据，此处计算的是2002—2004年三年均值。

从表 3-2 中能够很清楚地看到，在这三个五年里，最近的五年，也就是 2010—2014 年，中国平均的工业增速是最低的，平均的工业品价格涨幅也是最小的，但与此同时，这段期间平均的居民消费物价的涨幅竟是最高的。

如果更进一步观察居民消费物价的构成，就能够发现过去五年几乎所有的 CPI 细项，无论是食品价格的平均涨幅还是服务价格的平均涨幅，或者是一般消费品的平均涨幅，放在历史上看，都显得特别高或处于最高水平。

（一）过去十年农民工工资的高速增长

工业增速和工业品价格的低增长，与居民消费价格的高增长之间形成了如此鲜明的对比，产生这一局面背后的原因是什么？

实际上，五年以前我们就这一现象做过预测，当时这样的预测并没有引起特别充分的重视。五年以后，预测的结果真真切切地摆在这里。很大程度上我们认为原因在图 3-28 里。这张图呈现了两组数据。

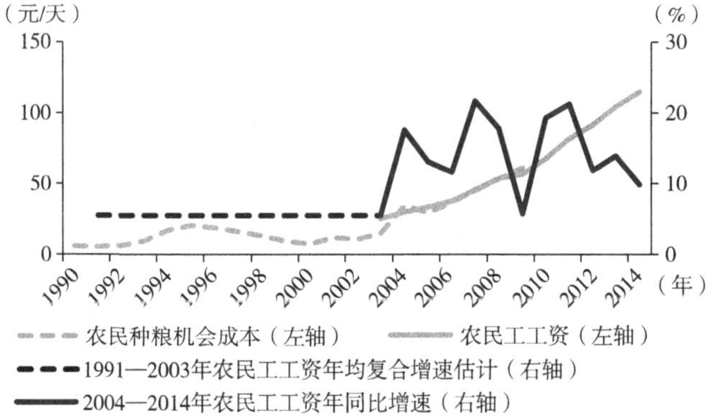

图 3-28 农民工工资及增速

数据来源：Wind，CEIC，安信证券。

数据说明：浅灰色实线为 2003—2014 年农民工工资，数据来源于国家统计局农村调查及《全国农民工监测调查报告》；浅灰色虚线为 1990—2009 年的农民种粮机会成本，其趋势变化可作为对农民工工资的一个衡量。黑色实线为 2004—2014 年农民工工资名义增速，年均增速为 15%；黑色虚线为对 1991—2003 年农民工工资平均增速的一个估计，假定等于其间年均通货膨胀率 5.5%。

可以看到，差不多在2004—2005年之前的很长时间里，农民工的工资水平几乎是不增长的，或者说涨速不超过长期的通货膨胀。但在2004—2005年之后，农民工工资开始进入一个连续的快速上升过程，迄今为止这一过程至少持续了10年的时间，年均增速超过了15%。

（二）农民工工资高速增长推升通货膨胀

容易想象，无论是农业领域还是服务领域，劳动生产效率的年均提升速度想要超过15%都是非常困难的。即便是在过去高速扩张的制造业部门，也并非所有细分行业都能实现这么高的增长。因此，在这些广泛的部门内，农民工工资长时间高速增长的压力，最终必然通过产品和服务价格的上涨释放出来。

更细致地看，在CPI不同细项之间，价格上涨的节奏存在差异。在农业生产领域，劳动生产效率的进步相对更加困难。同时，农产品价格富有弹性，可以非常方便地调整。

由于这样的原因，我们清楚地看到，在2005年之前的五年时间里（见表3-2），食品价格的平均涨幅只有2%。在2005—2009年的五年时间里，食品平均涨幅随着劳动工资的上涨迅速上升到了6.5%的水平。2010—2014年，食品价格平均涨幅与2005—2009年相当。

面对同样的劳动工资上涨，服务业和其他消费品制造业首先的反应是，试图通过劳动生产效率的提升在一定程度上吸收成本端的压力。但在这一过程的中后期，当劳动效率提升越来越困难的时候，工资上升的压力只能越来越多地通过产品和服务价格的上涨体现出来。

例如，我们观察衣着加工服务价格，其在2005年之前基本不上涨。2005年之后，随着劳动工资的快速上涨，其价格涨幅也开始上升，但幅度仍属温和。2010年之后，当劳动生产效率的提升越来越困难的时候，价格上涨的压力则进一步加剧。不仅仅在衣着加工服务领域如此，在家庭服务与加工维修服务领域、个人服务领域、车辆使用与维修服务领域几乎都是如此。（见图 3-29 至图 3-32。）

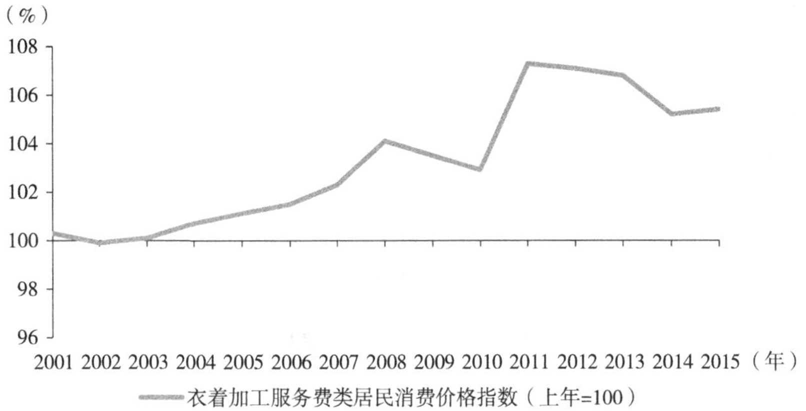

图 3-29　衣着加工服务费同比

数据来源：Wind，安信证券。

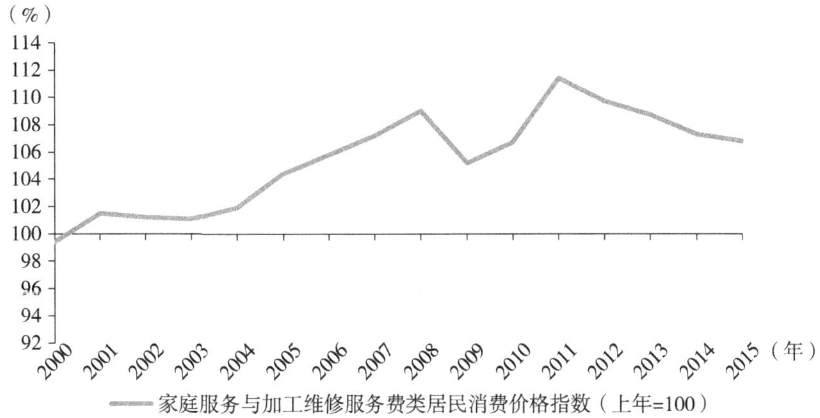

图 3-30　家庭服务与加工维修服务费同比

数据来源：Wind，安信证券。

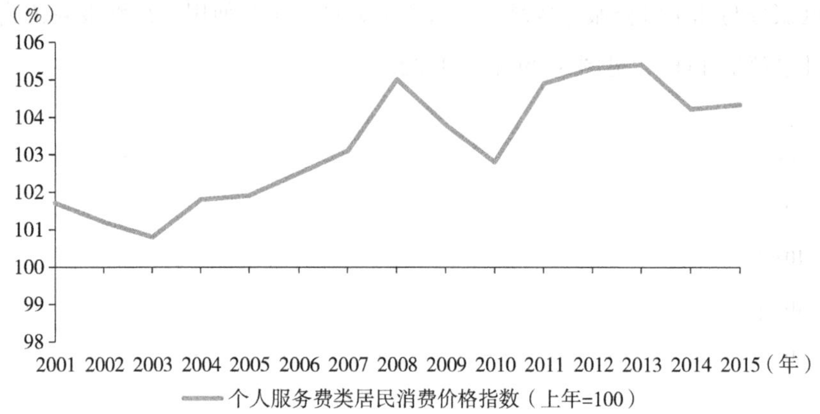

图 3-31 个人服务费同比

数据来源：Wind，安信证券。

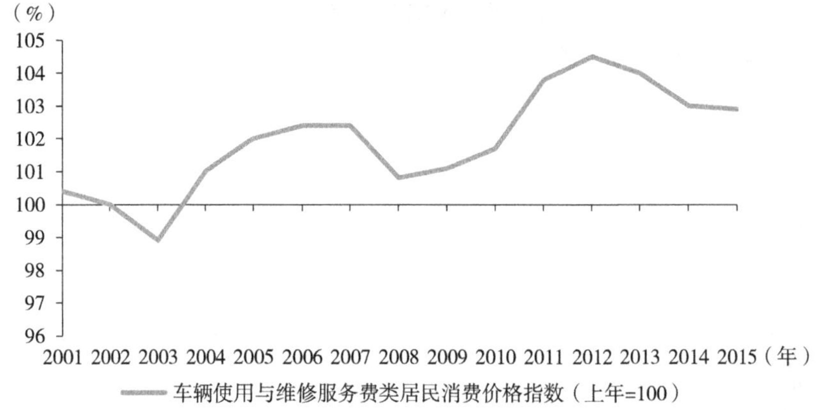

图 3-32 车辆使用与维修服务费同比

数据来源：Wind，安信证券。

五年以前，在本质上，我们将居民消费价格中枢的上升、居民消费价格与工业品价格裂口的扩大，归结为经济跨越刘易斯拐点在价格层面上引起的反应。农民工无限供应状态的系统性的转折，使在连续十年的时间里，农民工工资增速远高于劳动生产效率的进步，并驱动了食品、服务和其他消费品价格的上涨。

二、通货膨胀中枢抬升对金融市场的影响

那么在金融市场上，通货膨胀层面的重要变化带来了什么样的影响？

我们知道，中央银行货币政策调控的诸多目标中，排在第一位的通常是控制通货膨胀。在过去五年的背景下看问题，比较高的CPI通货膨胀中枢，将一般性地迫使中央银行采取更加紧缩的货币政策立场，从而抬升金融市场的广谱利率水平。实际情况是不是这样呢？

我们同样将过去15年划分成2000—2004年、2005—2009年和2010—2014年三个区间段，并观察在各区间内，隔夜回购利率、7天回购利率、1年期和10年期债券收益率等一系列利率水平的平均值表现（见表3-3）。

表3-3　金融市场利率平均水平（%）

年份	隔夜回购	7天回购	1年期国开	10年期国开	国开期限利差（10年-1年）
2000—2004	2.24①	2.26	2.66②	3.56②	0.9②
2005—2009	1.71	2.07	2.68	4.00	1.3
2010—2014	2.79	3.49	3.57	4.45	0.9

数据来源：Wind，安信证券。

数据说明：①隔夜回购利率计算的是2001—2004年四年均值。②此区间的1年期国开、10年期国开以及两者利差，均计算的是2002—2004年三年均值。

可以看到，尽管在2010—2014年平均的经济增速是最差的，但在收益率曲线的几乎所有位置，平均的利率水平都是最高的。

例如，与此前五年，也就是2005—2009年相比，隔夜回购利率平均水平高出了100BP（基点），7天回购利率高出了140BP，1年期国开债

利率高出了 90BP，10 年期则高出了 50BP。在偏紧的货币政策操作下，银行间债券收益率曲线还变得异常地平坦。如果与更早的 2000—2004 年相比，利率水平平均高出大约 100BP。利率中枢水平的抬升，对于过去五年实体经济的调整和恢复，对于资产市场的稳定和繁荣，毫无疑问都是非常不利的。

通货膨胀中枢的抬升，在金融市场上造成的系统性影响还不止于此。

过去五年，中国外债快速积累。图 3-33 中，中国全口径外债的余额，在 2009 年不足 6 000 亿美元，到 2014 年，这一数字上升至 1.8 万亿美元。在 2009 年之前的几年时间里，中国外债余额的年均增速大约为 15%，而在 2010 年之后的几年，年均增速攀升到了 26% 的水平。

我们还可以看一下国际清算银行（BIS）数据，将其作为一个补充参考。图 3-34 表示了基于国民原则统计的中国发行人国际债券未偿还余额及其增速。在 2009 年之前，平均增速大约为 10%，而在 2010 年之后，平均增速上升到了 50%。

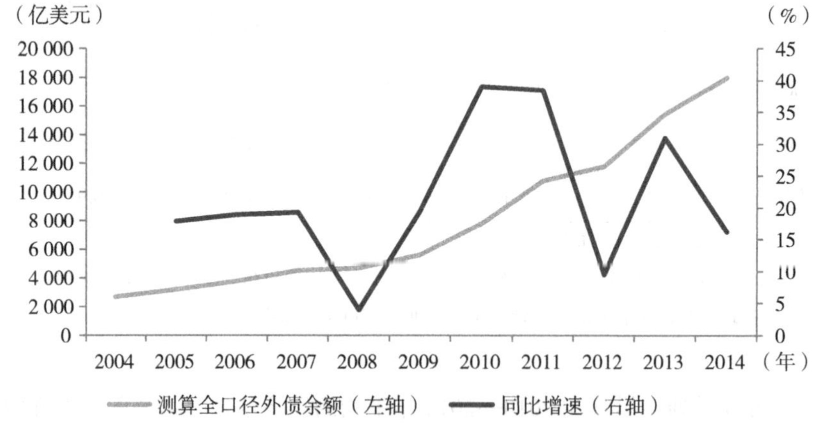

图 3-33　中国全口径外债余额

数据来源：外汇局，安信证券。

数据说明：2004—2009 年，全口径外债存量余额复合同比 15.8%，2010—2014 年复合同比 26.2%。

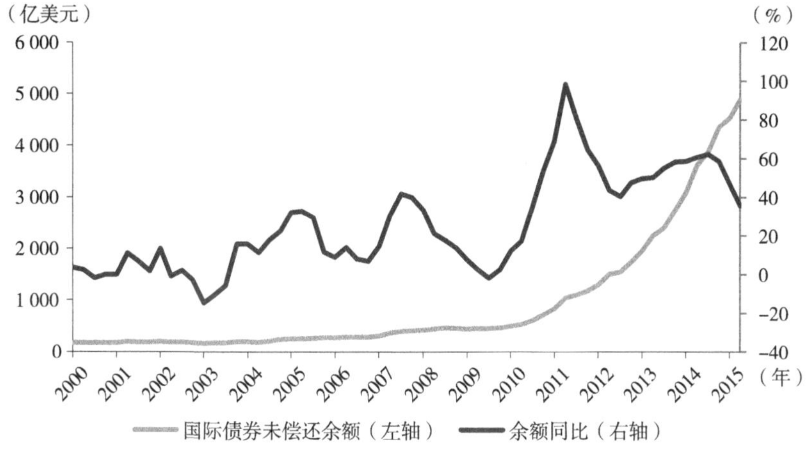

图 3-34　未偿国际债券余额及同比（按发行人国别区分）

数据来源：BIS，安信证券。

全球主要中央银行的零利率政策和量化宽松，对于刺激中国居民部门的外债积累，刺激资本的流入有很大的贡献。但国内更高的通货膨胀中枢和更高的利率中枢进一步拉大了国内外利差，同样是背后非常重要的原因。外债的快速累积以及由此带来的资本流入，还在一定程度上加剧了人民币汇率的走高。

第四章

产能过剩的真相

关于产能过剩原因及表现的探究

针对2015—2016年社会各方面关于产能过剩的热烈讨论，本文以行业数据为基础，对产能过剩进行了一些测度，并试图说明产能过剩具有周期性和结构性的背景。

一、产能过剩的测度

当下对产能过剩问题的讨论非常热烈，但是这些讨论中我们很少看到用一系列可靠的经济指标对产能过剩进行定量的测量和分析，在这里我们想提出一些分析。

我们认为在产能过剩的经济意义中，关键的一点在于它使行业的盈利受到了系统性的抑制。如果每一个企业的盈利都很好，我们认为是不存在产能过剩的，或者这种产能过剩是没有经济意义的。

从这个角度出发，我们用两个指标考察企业盈利情况：一个指标是ROA（资产回报率），另一个指标是行业的毛利率。

我们首先计算一个行业2001—2015年的长期ROA的历史均值以及长期毛利率的历史均值，然后计算2013—2015年这些行业的ROA和毛利率均值[①]。因为2013年以后大多数行业的状况开始低迷，我们重点考察

① 此处共计选择工业行业中的25个行业，合计占2015年工业增加值比重超过80%。选取行业时去掉了部分占工业比重很低的行业，例如开采辅助活动等，去掉了部分国有行业，例如烟草制品业、石油和天然气开采业等。

过去三年行业的盈利情况与盈利长期历史均值的背离情况。这里的背离情况用 ROA 变化的绝对水平和毛利率变化的相对水平衡量。

图 4-1 显示了从毛利率和 ROA 角度衡量的行业盈利背离情况，在这张图中，越处于右上方的行业，盈利的降幅越大，图中第一象限内的行业盈利都受到了很大程度的抑制。

基于这一定义，如果一个行业的企业盈利在两个维度上都显著地低于长期历史均值，我们就认为这些行业存在严重的产能过剩。在这一定义下，我们筛选出 5 个严重产能过剩的行业，包括煤炭开采和洗选业，黑色金属冶炼及压延加工业，有色金属冶炼及压延加工业，黑色金属矿采选业，有色金属矿采选业。

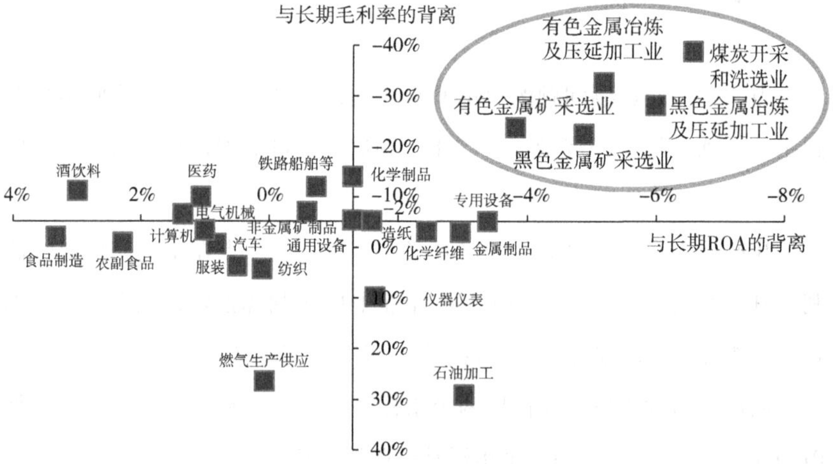

图 4-1　产能过剩行业分类

数据来源：Wind，安信证券。

筛选出的行业主要集中在有色金属产业链、黑色金属产业链和煤炭产业链，特别是这些产业链的中上游，这与中央重点提出的钢铁和煤炭行业是比较接近的。尽管从自上而下的角度来看，其他众多行业盈利也并不好，但是其盈利状况与长期历史均值的背离没有那么显著，意味着这些行业也许存在一定程度的产能过剩，但过剩程度并不严重。

表 4-1 从工业增加值、就业、纳税、负债等角度，对产能过剩行业从宏观上进行描述。5 个产能过剩行业占整个工业行业的比重在 10%~20%。特别需要指出的一个特征是，这些行业内部国有资产占整个行业资产的比重平均在 51%。

从产能过剩行业分布地区来看，相对而言，这些行业集中在中部、华北以及东北部分地区。在浙江地区产能过剩不是那么严重，到广东及周边省份，产能过剩问题要更加缓和。

表 4-1　产能过剩行业的描述性统计

产能过剩行业情况	占比
占工业增加值比重	16.9%
占工业企业就业比重	12.0%
占工业企业纳税比重	9.9%
占工业企业负债比重	20.3%
国有资产平均比重	50.5%

数据来源：Wind，安信证券。

数据说明：国有资产平均比重为 2014 年数据，其余数据为 2015 年数据，其中占工业增加值比重为测算数据。

二、产能过剩的原因

接下来我们重点讨论为什么会有这么严重的产能过剩。

我们从两个维度研究横断面数据。第一个维度（见图 4-2），在横轴上我们选择了不同行业国有资产的占比情况，在纵轴上我们选择了这些行业的 ROA 与长期历史均值的背离。

从统计结果看，其解释能力为33%，表明在统计上如果一个行业国有资本越集中，那么这个行业盈利受到的抑制就越大；如果一个行业国有资本越少，那么这个行业盈利受到的抑制就越小。

第二个维度（见图4–3），在纵轴上我们仍然选择行业盈利所受到的抑制，在横轴上我们研究在行业最赚钱的时期行业盈利与长期历史均值的背离情况[①]。这意味着从行业的景气波动来讲，如果一个行业在顶部的时候越赚钱，它在底部的时候就越亏钱。我们同样看到了在统计学上有意义的结果，它的解释能力为29%。

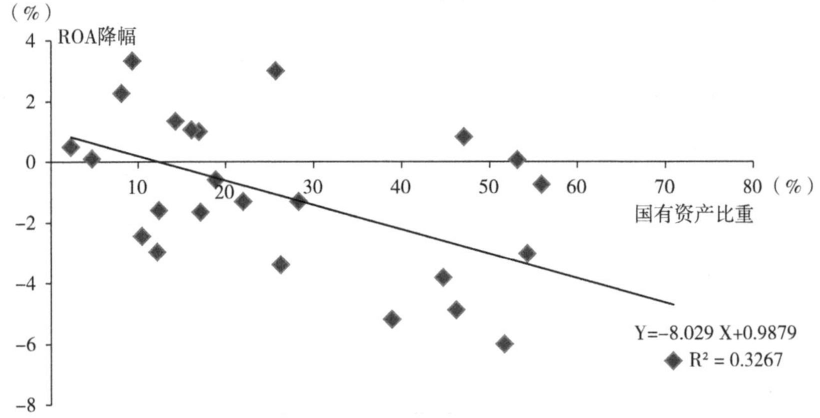

图4–2 国有比重高的行业ROA下降更加明显

数据来源：Wind，安信证券。

数据说明：X表示横轴数据，Y表示纵轴数据，R^2表示趋势线拟合程度的指标。

如果把这两个解释的维度合并，行业国有资产的占比情况和景气顶部行业盈利与历史均值的背离，在横断面上合并能解释数据的47%。

① 周期上行时ROA升幅取2005—2006年或2006—2007年ROA比2001—2012年ROA均值升幅较大的那个。

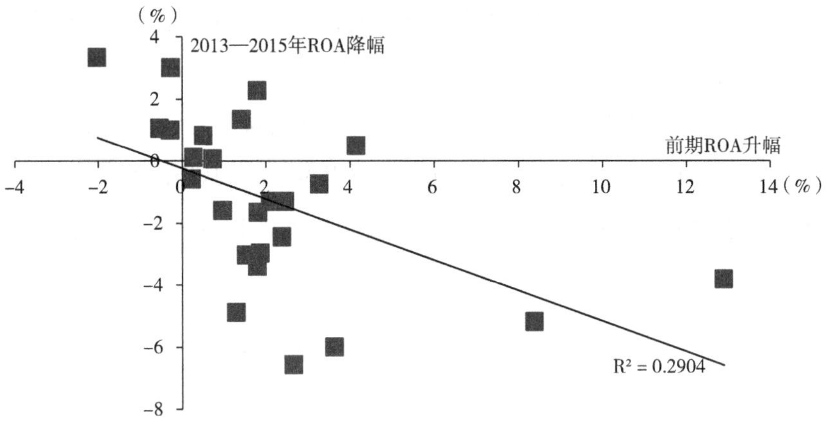

图 4-3　周期上升时 ROA 越高，近期 ROA 降幅就越大

数据来源：Wind，安信证券。

数据说明：R^2 表示趋势线拟合程度的指标。

这表明，中国的产能过剩问题在一定程度上是一种周期性的现象。由于在经济景气、周期上升的时候，有一部分行业太赚钱，引进的资本太多，所以在底部的时候产能过剩更严重。

但是除了这种周期性波动之外，从解释能力上讲，更加重要的一个原因是，部分行业存在着国有企业和国有资本过度集中的现象。

为了进一步验证这一点，我们研究了几个具有代表性的行业。

我们知道，中国的产能过剩问题相对集中在重化产业链的中上游。我们把重化产业链里面的行业分解成两组：一组是我们刚才讨论的产能过剩严重的产业；另一组是其他行业，包括化学原料及化学制品制造业、化学纤维制造业、非金属矿物制品业、金属制品业。

我们将这两组行业进行对比。首先非常清楚的是，产能过剩行业的毛利率降幅和 ROA 降幅显著更大。但是从经济总量占比看，例如就业、工业增加值、纳税这些指标，这两组行业对比是差不多的。与此同时还有一个显著的特征，在产能严重过剩的行业中，国有资本的平均占比在 50% 以上，而在产能过剩不那么严重的行业中，国有资本的占比只有 17%（见表 4–2）。

继续对比几个具体的行业，比如黑色、有色和化工行业。从盈利的恶化来讲，黑色和有色行业毫无疑问要严重得多；但是从经济的体量来看，化工行业比黑色行业在一些指标上还要大一些，相对于有色行业要大得多。

表 4–2　产能过剩行业与其他重化工业对比

	产能过剩行业（5 个）	对照行业（4 个）
毛利率平均降幅	–27.3%	–6.8%
ROA 平均降幅	–5.30	–1.83
就业合计占比	12.0%	15.4%
增加值合计占比	16.9%	15.2%
纳税合计占比	9.9%	13.1%
负债合计占比	20.3%	14.9%
国有资产平均占比	50.5%	17.4%

数据来源：Wind，安信证券。

但是为什么化工行业的盈利恶化程度要更轻微呢？可以看到，化工行业国有资产的占比只有 19%，而黑色、有色行业的占比分别为 48% 和 41%。更进一步讲，有色行业比黑色行业的国有资本占比要小一些，ROA 的降幅要小一些，化工行业的国有资本占比要小得多，它的盈利降幅也要小得多（见表 4–3）。

表 4–3　黑色、有色、化工行业比较

	毛利率降幅	ROA 降幅	就业占比	增加值占比	纳税占比	负债占比	国有资产平均比重
黑色	–25.62%	–5.45	2.27%	3.94%	1.80%	4.48%	48.94%
有色	–26.79%	–4.51	1.31%	2.56%	1.27%	2.41%	41.86%

续表

	毛利率降幅	ROA降幅	就业占比	增加值占比	纳税占比	负债占比	国有资产平均比重
化工	−8.57%	−1.88	2.79%	3.65%	3.14%	4.06%	19.35%

数据来源：Wind，安信证券。

数据说明：黑色化工行业包括黑色金属矿采选业、黑色金属冶炼及压延加工业；有色化工行业包括有色金属矿采选业、有色金属冶炼及压延加工业；化工行业包括化学纤维制造业、化学原料及化学制品制造业。

从行业等不同的维度看，我们想强调的是，中国的产能过剩是一种周期性的现象，同时甚至是一种结构性的现象。从不同行业资产回报率对其长期趋势的背离看，可以用两种因素来解释：其一是该行业内国有资本的集中程度，其二是该行业在景气顶峰时对长期均值的背离程度。两个因素合并的解释能力接近一半，其中前一因素的单独解释力要略强一些。

去产能政策影响知多少

2016年初政府在部分产能过剩行业实施了严格的限产政策，随后相关领域的产品价格快速反弹，经济增速也企稳回升。令人好奇的是：经济回升到底是限产政策导致的，还是另有原因？限产对经济活动的诸多方面到底产生了哪些影响？本文试图对这些问题提供一些回答。这篇文章的前面几个部分完成于2017年底，最后一部分完成于2018年底。

一、全球经济转入周期性恢复

在近几年的时间里，中国以极大的力度推进了供给侧改革，这无疑对经济趋势产生了非常明显的影响。但是供给侧改革的影响有多大？这一问题不仅有学术上的价值，在市场的研判上也同样具有非常重要的价值。

为了回答这一问题，我们基于各自的细分行业把中国的工业企业分成两个对比样本组。一组是受到供给侧改革影响的行业，作为目标组，包括煤炭开采、黑色矿开采、有色矿开采、非金属矿开采、造纸、石化炼焦、化工、化纤、黑色冶炼、有色冶炼、非金属矿物制品11个行业，占规模以上工业增加值的比重约为32%。另一组是对照组，包括其他没有受到供给侧改革影响的行业，占工业增加值的比重约为68%。

如图4-4所示，2006—2015年这两组行业工业增加值增速的走势是非常同步的，增长绝对水平也十分接近。

在这十年的时间里，经济增长经历过数次比较明显的起伏，例如2006年和2007年的强劲增长、2008年的金融危机、2011年短暂的繁荣，以及2012年以来长时期的减速。但是在所有这些经济起伏中，目标组行业的工业增速和对照组行业的工业增速都保持了高度的同步关系，两者波动的拐点是大体一致的，增速的绝对水平也十分接近。

在这十年中，如果说两组行业工业增加值增速稍有一点差异，那么主要是在经济加速时期，目标组行业工业增加值增速的加速通常会略多一些；反之，经济减速时期，它的下降也会略多一些。

我们再来观察2016年初供给侧改革实施以来的经济数据。

自2016年初开始，受到供给侧改革影响的目标组行业工业增加值增速骤然下降，从2015年底6.3%左右的水平，大幅减速到2017年底只有1%不到的水平，并勉强稳定下来。与此形成鲜明对比的是，对照组的工业增加值增速反而反转向上，不断加速上升，从2015年底6%左右的水平，一路加速到8.8%左右的水平（见图4–5）。

如果我们以2016年之前的十年数据模式为基础来推断，一个重要的结论是，如果没有供给侧改革等政策，目标组行业和对照组行业的工业增加值增速至少是重叠的，也许目标组增速还会比对照组略高一些。

容易估算，如果目标组和对照组行业的工业增加值增速是重叠的，那么2017年1至10月全国工业增加值增速应该在9%的水平，对应的GDP增速应该在7.5%以上的水平。

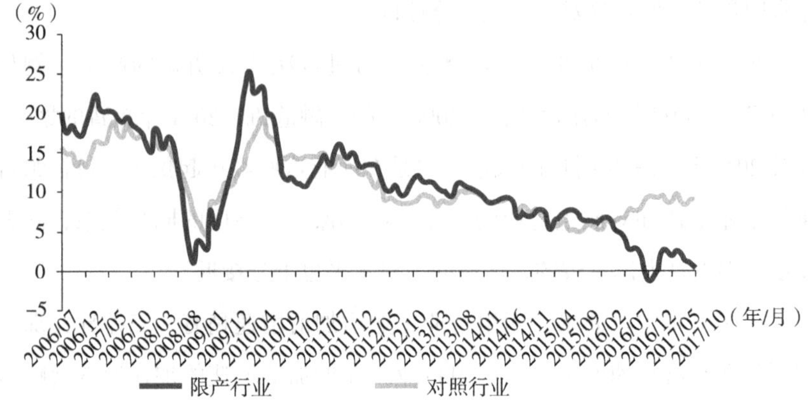

图 4-4　2006—2007 年限产行业和非限产行业工业增加值同比增速

数据来源：Wind，安信证券。

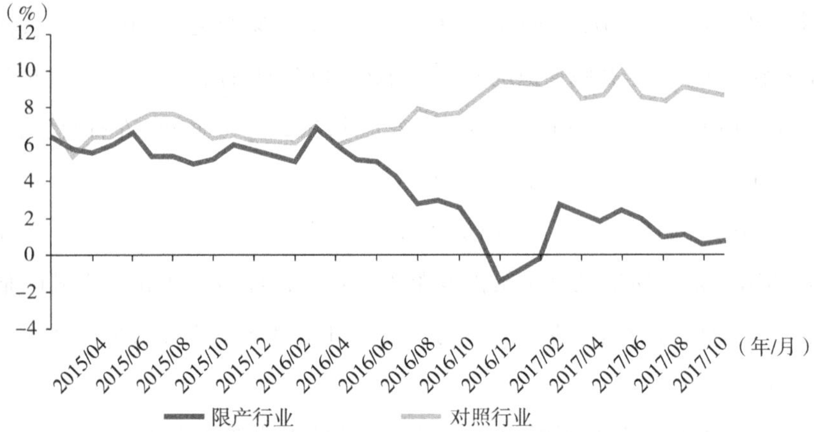

图 4-5　2015—2017 年限产行业和非限产行业工业增加值同比增速

数据来源：Wind，安信证券。

换句话说，如果没有供给侧改革等限产政策，过去差不多两年的时间里，我们将看到 GDP 增速从 6.7% 一路加速到超过 7.5%。

也许有人会提出一些疑问，这种分化现象可能存在另外一种解释，即国内需求在某些行业层面特别弱，从而影响了钢铁、煤炭、化工等行业的增长趋势。换句话说，我们认为观察到的这一裂口不是来自供给侧改革，而是来自需求侧的分化。

从一些证据来看，这样的解释应该是靠不住的。

我们计算了 2000 年以来，在历次经济周期性反弹中，价格相对工业增速的弹性。21 世纪以来的 17 年时间里，中国经济经历过四轮明显的周期性恢复。首先计算工业增加值增速从最低点到最高点的反弹幅度，然后计算 PPI 从最低点到最高点的反弹幅度，最后计算价格相对工业增速的弹性。

这一弹性反映工业增加值每反弹一个百分点，PPI 反弹的平均幅度。历史上这一弹性都介于 1 到 2 之间，平均值是 1.4。但是在本轮经济活动的反弹中，这一弹性高达 3.2。如果两组工业增速走势的差异来自需求的影响，例如某些行业的需求更弱一些，那么这轮 PPI 的弹性应该和历史上其他时期的弹性是接近的，甚至更弱一些。同样是工业活动的反弹，PPI 的反弹力度要大得多，这清楚地说明了供给侧改革对供应层面经济活动的抑制，是导致价格反弹程度更大的关键原因（见图 4–6）。

经济活动的周期性恢复是否还存在其他独立的证据支持呢？工业生产活动需要使用大量的交通运输、仓储、物流设施，其增速与工业活动紧密相连。

2016 年第一季度以后，反映交通运输、仓储和物流增长的第三产业中，交通运输、仓储和邮政业 GDP 增速显著增加，并在 2017 年以来始终维持在很高的水平。2017 年第三季度，交通运输、仓储和邮政业 GDP 增速约为 9.1%，与 2011 年的高点接近，超过了 2013 年和 2014 年的增速水平（见图 4–7）。

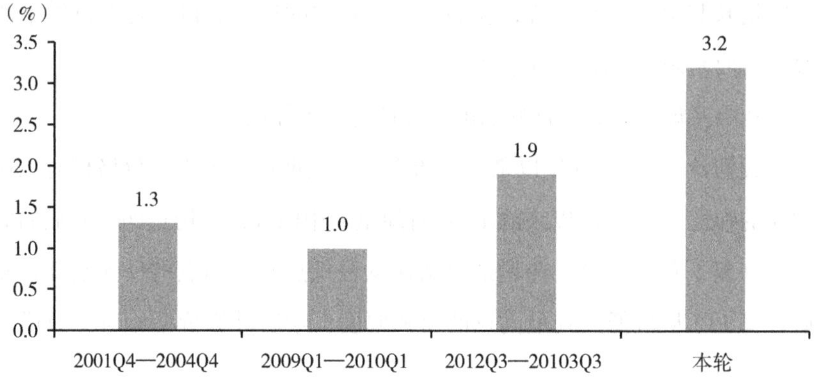

图 4-6　历次经济反弹时，PPI 相对工业增加值的弹性

数据来源：Wind，安信证券。

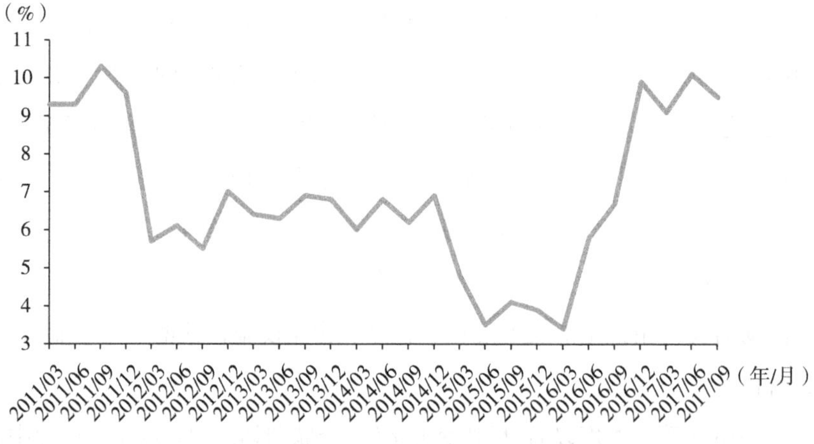

图 4-7　交通运输、仓储和邮政业 GDP 季度同比增速（以不变价格计算）

数据来源：Wind，安信证券。

这一数据在一定程度上也指向了这样的结论，即 2016 年上半年以来，经济在需求层面有非常明显的周期性恢复，由于供给侧改革等政策的影响，这一趋势在增长率数据上被掩盖，成为“被掩盖的增长”。

二、恢复需求源自何处

接下来的问题是：恢复需求的动力来自哪里？

在过去两年的讨论中，大家习惯的看法是，需求的恢复一定来自基建和房地产领域，甚至认为中国的基建和房地产带动了全球的周期性恢复。还有一些看法认为，中国私人部门或制造业投资也正在恢复。真实的情况是否如此呢？

图 4–8 是中国全社会固定资产投资季度同比增速，包括基建、房地产、制造业以及其他行业的全部投资。容易看到，2015 年底以来，其减速的趋势是非常明显的。固定资产投资增速是名义数据，考虑到过去两年工业品价格的大幅上行，如果计算剔除价格影响以后的实际数据，全社会固定资产投资的减速也许会更显著。

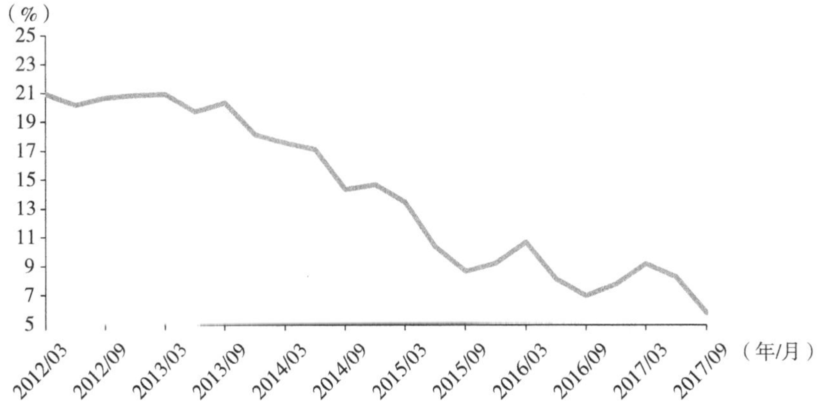

图 4–8 全社会固定资产投资季度同比增速

数据来源：Wind，安信证券。

这一数据清楚地显示，国内的投资需求处在非常明显的减速趋势中。也许同期中国的房地产、基建甚至是制造业投资出现了上升，但其他领域的投资一定出现了更猛烈的下滑，合并来看，国内投资并未加速，从而不构成需求恢复的动力来源。

从数据上看，尽管存货投资和消费可能产生了积极影响，但非常清楚的是，需求恢复主要来自出口活动的大幅反弹。

如图 4-9 所示，2015 年底以来，中国实际出口增速（剔除价格因素影响）出现了明显上升。2015 年第三季度，实际出口增速在 −4.5% 左右，2017 年第三季度实际出口增速反弹到 4.3%，过去两年中实际出口反弹的幅度接近 9 个百分点。

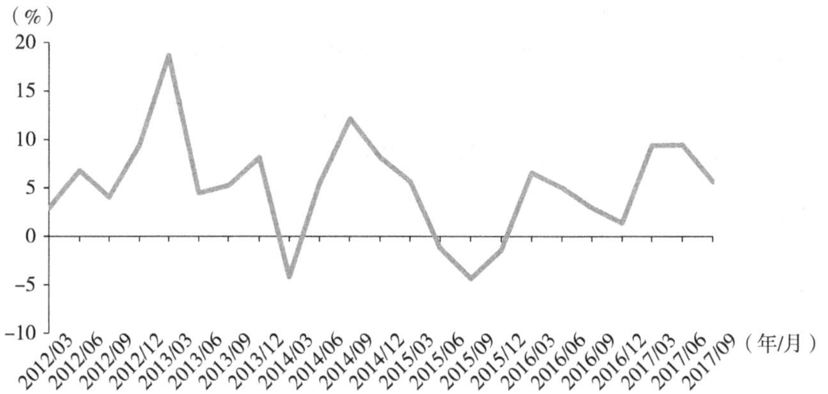

图 4-9　中国实际出口季度同比增速

数据来源：Wind，安信证券。

与此相关联的证据还有，全球的工业生产增速自 2016 年第二季度以来就出现了非常显著的加速，目前全球工业增速已经超过了 2014 年的高点（见图 4-10）。

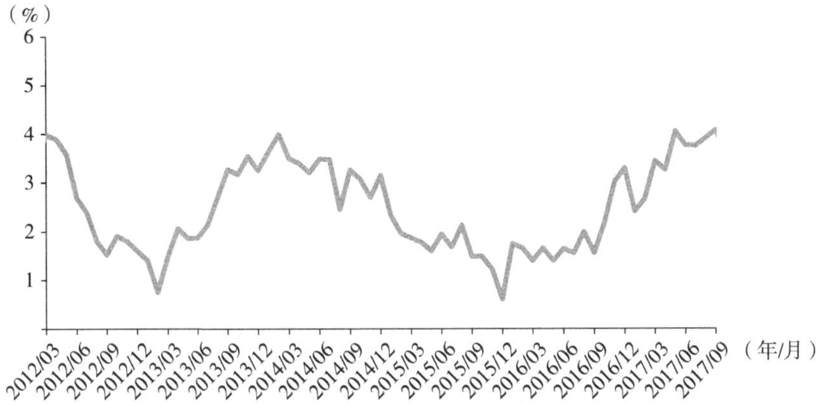

图 4–10　全球工业生产季度同比增速

数据来源：Wind，安信证券。

如图 4–11 所示，如果剔除掉亚洲新兴国家及地区[①]的影响（实际上主要是中国的影响），观察中国以外的全球工业生产的变化趋势，可以清楚地看到，在中国以外的全球范围内，自 2016 年 6 月以来，工业生产活动的加速更加明显。现在，剔除亚洲新兴国家及地区后，全球工业生产增速处在 2011 年以来的最高水平。

这些数据告诉我们，2016 年 6 月以来，全球范围内工业活动显著恢复，这一恢复拉动了中国出口，进而带动了中国需求的周期性恢复。但是由于同期供给侧改革的影响，在经济增长的数据上我们没有看到情况明显改善，经济恢复被掩盖了。

在这样的背景下，2016 年下半年以来，发达市场和新兴市场股票指数都出现了猛烈上涨。2016 年年中至今，MSCI（摩根士丹利资本国际公司）新兴市场指数涨幅超过 40%，相比之下，中国大陆权益市场的表现

① 亚洲新兴国家及地区包括中国（含香港和台湾地区）、印度、印度尼西亚、韩国、马来西亚、巴基斯坦、菲律宾、新加坡、泰国。

明显落后于全球新兴市场指数的表现（见图 4-12）。

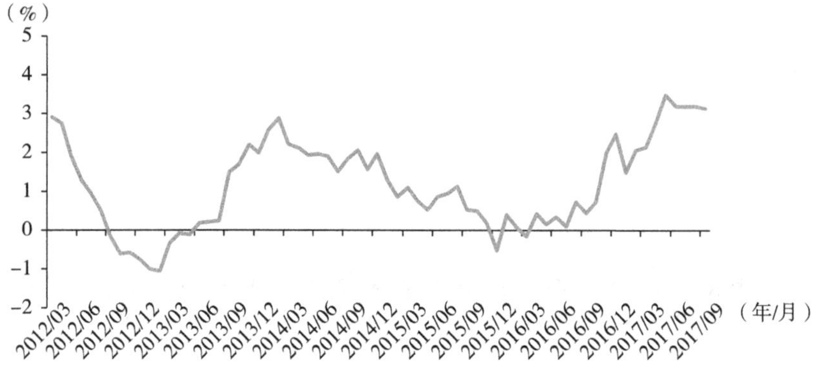

图 4-11 剔除亚洲新兴国家及地区的全球工业生产同比增速

数据来源：Wind，安信证券。

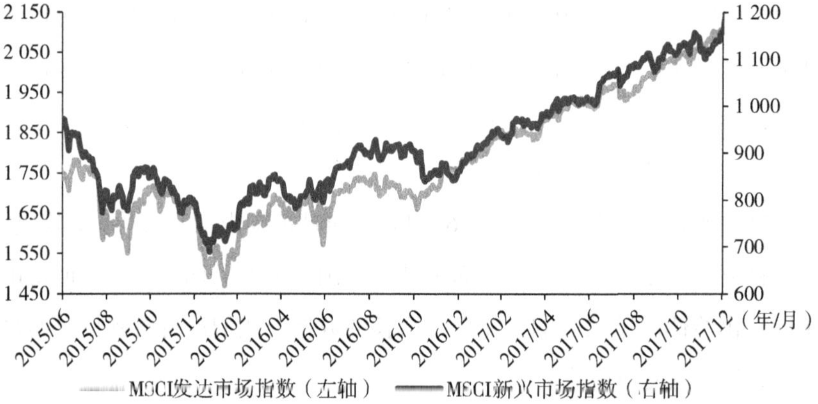

图 4-12 发达和新兴市场股票指数

数据来源：Wind，安信证券。

三、供给侧改革与全球复苏

一些观点认为，中国的供给侧改革是引领全球市场恢复的重要力量，在其中发挥了关键作用。部分证据在于，全球经济数据的转折与中国推出供给侧改革在时点上十分接近，前后相继，同时中国又是全球最大的商品贸易国和工业生产国。这种看法当然有一定道理，但也存在数据层面的问题。

首先，如果中国供给侧改革导致中国需求转向国际市场，那么合并中国与其他国家的数据，增长方面应该出现减速，至多没有变化，这与我们看到的情况明显不符。

其次，石油价格在 2016 年上半年触底反弹是这轮经济恢复的重要背景之一。尽管石油市场触底与中国供给侧改革基本同步，但显然两者之间没有直接关联。

更进一步观察中国的贸易盈余占 GDP 比重的数据，将所有的数据处理为以 2006 年为基期的定基数据，剔除了价格的影响（见图 4–13）。

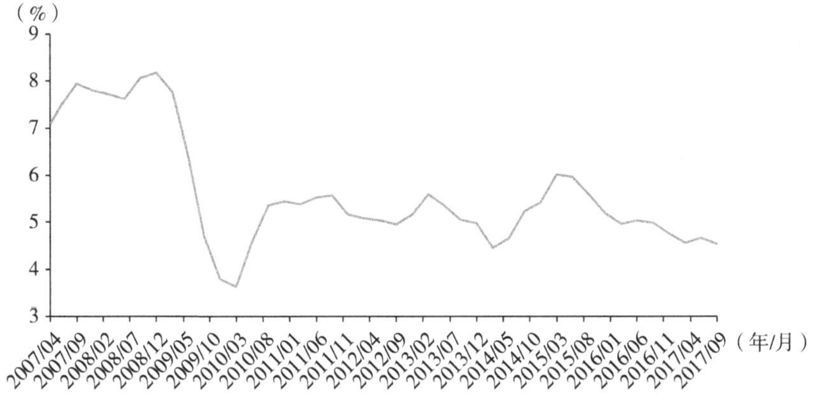

图 4–13　剔除价格因素影响后，贸易盈余占 GDP 比重（4 个季度滚动）

数据来源：Wind，安信证券。

作为对比，我们首先观察到，在中国 2009 年 4 万亿刺激政策带动全球经济恢复时期，贸易盈余占比出现了猛烈下降。2009 年初，中国的贸易盈余占 GDP 的比重大概在 8.2%，到 2010 年第一季度下降到 3.6%，下降了 4.6 个百分点。换句话说，由于中国的刺激政策，中国国内需求反弹，经济加速，出口减少，进口增加，进而带动全球经济的恢复，并表现为中国贸易盈余的猛烈下降。

从 2016 年年中至今，中国贸易盈余占 GDP 的比重大约下降了 0.5 个百分点，显著低于 2009—2010 年的幅度。这显示 2016 年以来中国需求和政策变化对全球经济数据改善的合并影响是正面的，但幅度应该是边际层面的。

当然，考虑到同期全球需求的改善和中国内需的下降，中国的贸易盈余水平本来应该出现一定幅度的上升，因此供给侧改革本身对贸易盈余的影响应该大于 0.5 个百分点。

供给侧改革对相关行业的工业生产抑制程度，相对本来的需求水平可能在 2.5 个百分点。这一裂口主要通过进口的扩大来弥补。以此估计，由于供给侧改革的影响，贸易盈余的下降幅度可能在 0.8 个百分点，仍然显著低于 2009—2010 年的水平。

四、市场的自发出清与供给侧改革

那么为什么全球经济活动改善的时点和中国供给侧改革发生的时点如此接近？

关键在于，在全球经济越来越同步波动的背景下，经济下行和市场自发出清过程也具有全球同步性。中国部分行业以国有企业为主体的产能过剩的出清，是经济总体出清过程的一部分。由于国有企业面临的市场约束不足，出清过程缓慢，政府最后被迫介入其出清过程，这使供给侧改革成为经济出清过程的最后一环。

与此相似，国际石油市场受到一些国家政府力量的强力影响，这使出清过程与中国的国有部门类似，总体相对缓慢。最后同样在政府力量的影响下，在 2016 年初加速下行和出清，并在随后开始反弹。这与供给侧改革在时点和机理上都更加相似，共同成为全球经济结束出清过程的最后一环。

具体来说，2011 年以来，包括中国在内的全球制造业都处在景气下行的过程中，其间企业盈利越来越差，经营越来越困难，由市场力量推动的优胜劣汰在不断发挥作用。但是国有部门受到的市场约束相对更弱一些，因而具有更顽固的力量抵抗优胜劣汰的市场力量的影响。这造成在经济下行过程中，国有部门的出清过程相对更慢。

到 2015 年底、2016 年初的时候，事情发展到这样的转折点，即民营部门的优胜劣汰过程已经基本结束，国有部门的优胜劣汰过程仍然不太彻底。因此为国有企业背书的政府部门承受的压力十分沉重，最后政府被迫介入国有部门的市场出清过程，具体表现为供给侧改革政策的提出和实施。

类似地，2016 年初石油价格一度跌每桶破 30 美元，石油市场出现严重的供应过剩，这推动了边际层面页岩油等新兴生产能力不断退出市场，也不断刺激沙特、俄罗斯这样的产油大国采取限产措施，稳定石油市场。随着市场的出清，2016 年上半年石油价格稳定下来，之后逐步回升到每桶 60 美元左右的水平。石油市场的见底与供给侧改革在时间上是非常接近的。

石油市场的限产措施和出清过程与供给侧改革没有直接联系，但是发生的时点是一样的。两者共同的逻辑是，全球周期性的下降在那个时点上使石油的生产国和中国的政府部门被迫介入市场的出清，而在此之前，市场在其他领域已经基本完成出清过程。

因此，并不是中国的供给侧改革推动了全球的恢复，而是中国的供给侧改革是全球市场出清过程的一部分，并且是这一过程的最后一环，这解释了中国供给侧改革和全球经济恢复在时点上同步的原因。

五、去产能政策的影响

我们应该如何深入地观察、思考和理解供给侧改革的进展？如何基于现有的数据和合理的经济逻辑去预判未来趋势的变化？

沿用前面的分类方法，可以看到工业增长数据结果如下（见图 4–14）。

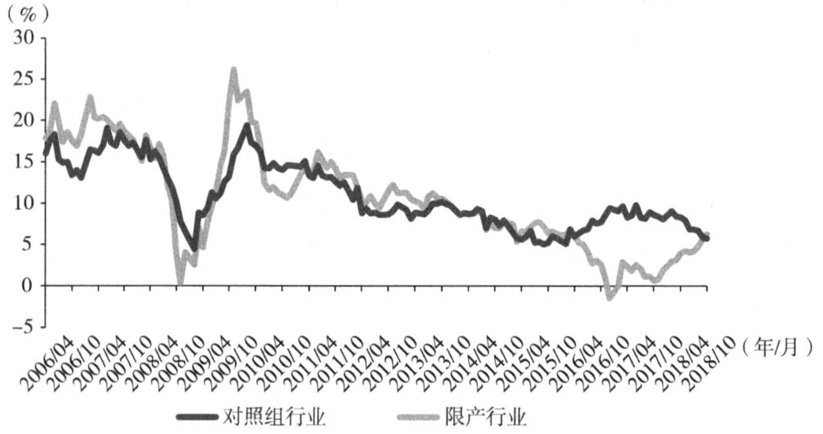

图 4–14　对照组行业和限产行业的工业增加值同比增速

数据来源：Wind，安信证券。

自 2016 年初去产能政策推出以来，对照组行业的生产活动首先经历了较为明显的加速，这一加速一直持续到 2016 年底。随后在 2017 年初又出现了相当明显的减速，迄今为止其增速基本回到了 2016 年上半年的水平。

与此形成鲜明对比的是，供改行业的工业生产在过去三年始终明显低于对照组的水平，两者之间出现了巨大缺口。

从历史的经验和模式来看，也许我们可以说，如果没有去产能政策，限产组和对照组工业生产的变化应该是相当的。限产组之所以大幅低于对照组，是因为去产能政策抑制了这些行业的生产活动。

换句话说，限产组和对照组工业增速之差，衡量了去产能政策带来的限产行业的供求缺口。2016 年初至 2018 年 9 月，两者之差都为正值，表明在这期间限产行业供求缺口在不断扩大。这对工业品价格、企业盈利、国际收支和资本市场等产生了广泛影响。

首先，将价格的定基数设定在 2009 年底为 1，如图 4-15 所示，供改行业价格在 2016 年初以来持续上升，2017 年 9 月前后基本回到 2011 年的高点。此外，自供给侧改革启动以来，南华工业品价格指数的绝对水平也一直在波动上行，2017 年 9 月达到近几年的高点。

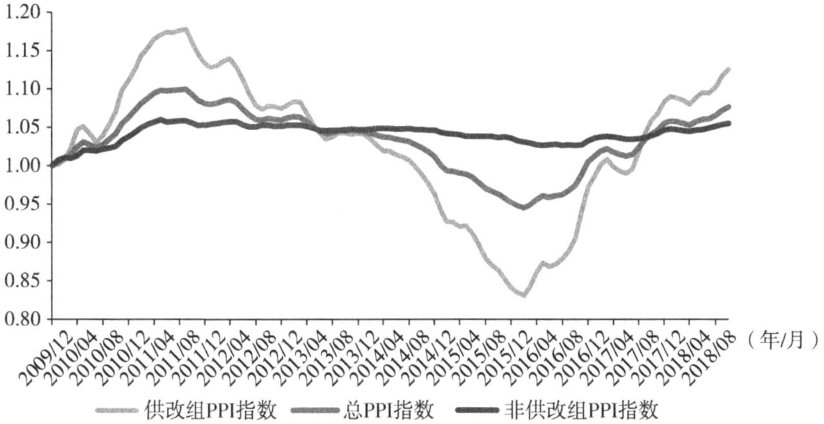

图 4-15　对照组行业和限产行业的 PPI 指数

数据来源：Wind，安信证券。

再观察生产资料价格和工业产出同比增速，把两者放在一张散点图上对比（见图 4-16）。考虑到供给侧改革对生产活动的抑制，我们选取过去三年对照组的产出作为真实的工业产出，同时把供给侧改革推出以来的数值用浅灰色圆点标出来。可以发现，相对于历史模式和趋势，最近三年生产资料价格的涨幅尤其明显。

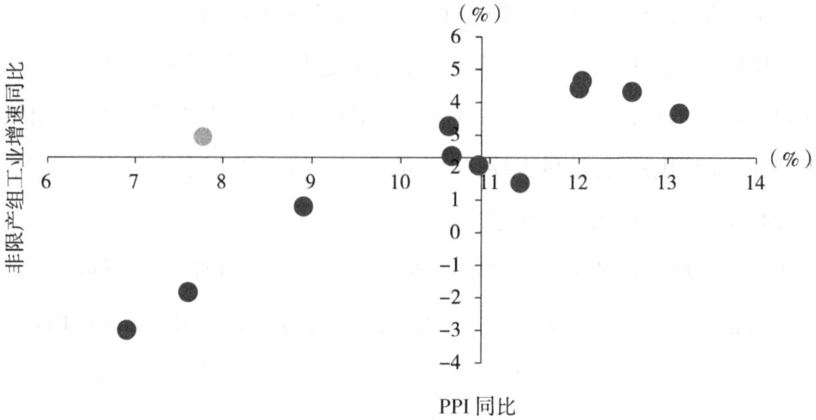

图 4–16　PPI 同比和非限产组工业增速同比

数据来源：Wind，安信证券。

数据说明：数据选取时间为 2003 年至今，横纵坐标交叉点为工业增加值和 PPI 同比的中位数。浅灰色圆点为 2016 年 1 月至 2018 年 10 月非限产组工业增加值和 PPI 同比的均值。

再观察中国进出口和整体贸易盈余的情况。由于部分生产活动受到抑制，供求缺口只能通过两种方式吸收，要么扩大进口，要么价格大幅上升，而实际情况是两种方式同时存在。

如果计算定基数的贸易盈余，在供给侧改革深入推进的三年间，定基数的贸易盈余在波动下降（见图 4–17）。贸易盈余的变化还有其他竞争性的解释，包括全球经济增长的变化、汇率的变化等，但似乎可以认为供给侧改革在其中产生了重要影响。通过这一渠道，供给侧改革对全球经济的景气变化也产生了影响。

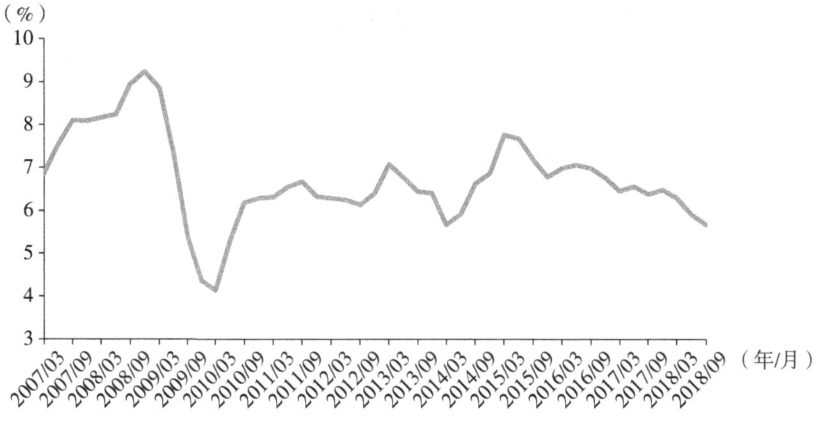

图 4-17 定基数的贸易盈余 /GDP 变化（剔除价格，定基数，四季度滚动）

数据来源：Wind，安信证券。

进一步通过销售净利润率来观察行业的盈利能力。以工业企业为参照（见图 4-18），自供给侧改革推进以来，限产行业的盈利能力持续单边大幅上升。如果观察上市公司的数据，限产行业的销售净利润率在过去几年同样显著上升，目前的水平高于 2011 年的高点。

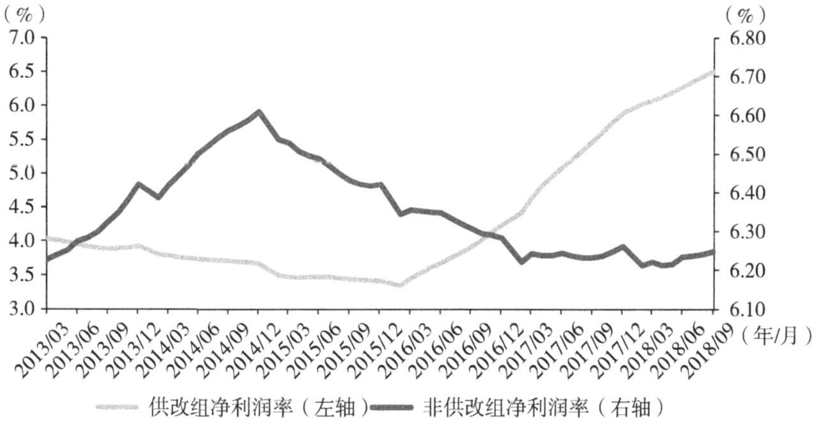

图 4-18 规模以上工业企业限产行业和对照组行业的销售净利润率

数据来源：Wind，安信证券。

由于供改行业集中在中上游，同期对照组行业的盈利能力一定程度上受到了抑制。在上市公司的样本中，2017 年以来对照组行业盈利走弱的速度很快（见图 4–19）。

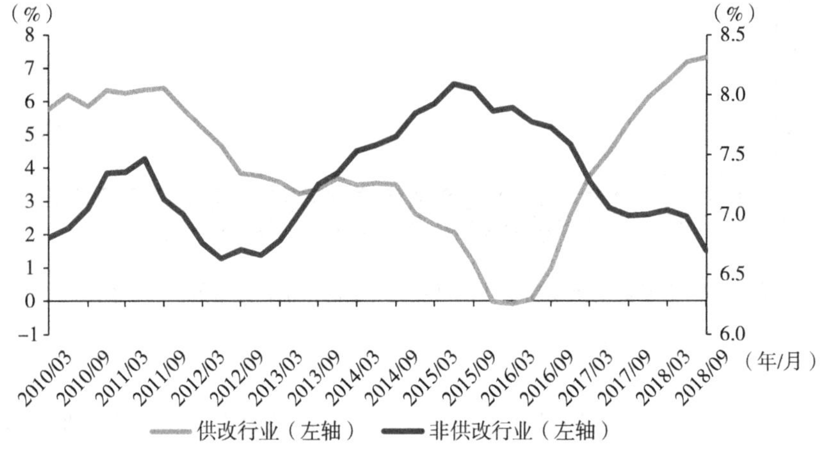

图 4–19　上市工业企业限产行业和对照组行业的销售净利润率

数据来源：Wind，安信证券。

限产行业盈利水平高企同时产生了两个影响。

第一个影响是，使相关行业在满足环保和其他约束条件下尽力大幅度扩张生产。由此产生的结果是，2017 年以来限产行业的工业生产不断上升，并在 10 月超过了对照组行业的水平，此时限产组的盈利能力仍然处于历史的最高点。这显示限产组的工业生产仍然存在进一步扩张的动力，而对照组代表的真实的经济活动在今年以来则不断减速，而且 2018 年持续减速的可能性仍然较高。

因此现在面临的重要转折是，产能过剩行业的供求缺口从过去几年不断扩大的状态，正在转向未来几年不断缩小的状态，并且可能最终再次形成供过于求的局面。

第二个影响是投资活动的分化。如果把中国制造业的投资活动也分成两个对比样本组，即限产行业的投资和对照组行业的投资（见图4-20），从历史上看，这两组行业投资活动的波动也高度同步。但是2017年初以来，对照组的投资活动在底部盘整的同时，限产行业的投资活动却大幅度反弹，成为2017年制造业投资反弹最主要的推动力量。从反弹的幅度来看，在以往也是少见的。

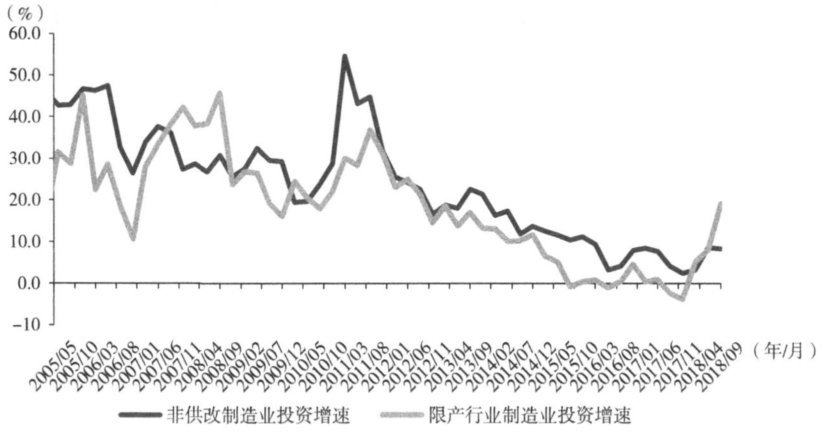

图4-20　限产行业和对照组的制造业投资增速同比

数据来源：Wind，安信证券。

限产行业投资的大幅上升，最主要的原因应该是目前盈利水平过高，进而吸引了大量资本流入。其后果是，随着投资活动逐步产生新的产能，相关行业的供应能力会进一步增长。

出现这两方面变化的经济逻辑比较直观，即较高的盈利刺激企业恢复生产和扩大投资。但随着生产的扩大和投资形成新的生产能力，行业价格和企业盈利将会回落。从这个角度讲，仔细回顾过去几年去产能政策产生的影响是有意义的，因为未来几年将会出现完全相反的变化。在其他因素不变的条件下，限产行业未来会出现价格和盈利的持续下降；生产资料价格的通货膨胀可能会消失，并转变为一定程度的通货紧缩；上游成本上升对下游的挤压也会消失，并走向反面。同时，从国际经济交往角度来看，中国贸易盈余很可能会重新扩大。

这一转折的苗头最早在2017年10月前后出现，从合理的经济逻辑以及重要的数据变化来看，这一转折很可能是趋势性的。

一个值得注意和深入思考的问题是，政府在一些领域采取了强有力的去产能政策，是因为这些行业存在严重的产能过剩，市场力量难以自发出清；但如今投资增长最快的领域又集中在这些行业，从而未来可能形成新的产能过剩。

一个可能的解读是，以前被强制淘汰的大量产能存在环保、生产安全、经济地理布局等一系列问题，而现在这些领域快速增长的投资相对能满足更严格的环保标准、更安全的生产标准以及更好的经济地理布局，也有可能使用了更加先进的生产设备。这种看法在多大程度上是正确的，尚需要进一步观察和研究。

我们知道，在正常状态下，对于门槛较低的竞争性行业而言，其长期毛利水平应该是比较低的。从这个角度讲，过去几年限产行业毛利高企的状态显得比较反常。这些行业从毛利过高的不正常的状态，回归到相对更正常的状态，这一回归过程势必发生。

换言之，不管限产行业新增产能在环保、地理布局等方面是否存在本质差异，这些新增产能都将推动限产行业回归到盈利较低的长期均衡水平，这一点应该十分确定，并且看起来转折正在发生。

第五章

房地产的真相

反腐让房地产市场加速回归正常化

在2016年初中国金融四十人论坛组织的一次内部研讨会上，有一位房地产界的专家提出一个看法，他认为当时部分地区的房地产市场行情与此前的大力度反腐败有一定关系。

这一假说的基本逻辑是：如果反腐败导致某个地方政府的行政负责人被查处，在随后的一段时间里会影响当地政府的行政作为，突出的表现是系统性地减少市场上的土地供应，与地方政府“联系密切”的房地产商也会因为相关的反腐败调查减少新房的开工。

这些变化使随后该地房地产市场的存货被动地加速去化。这在房地产市场周期上行的时候通过房价快速上涨、房地产市场交易量快速放大表现出来。

一、回顾事实

我们把中国二线城市分成两组，一组城市有主要的行政官员因为腐败问题被查处（以下称目标组），另一组城市则没有出现这样的事件冲击（以下称对照组）。反腐败是中央自上而下清理党员队伍的行为，从地方城市分组的角度来看，反腐败对地方的冲击具有一定程度上的随机性。

按照这一标准分组，受到反腐败冲击的二线城市有11个，分别是南京、无锡、温州、昆明、太原、呼和浩特、宁波、福州、济南、南宁、贵阳。

没有受到冲击的二线城市有 25 个，分别是天津、石家庄、沈阳、大连、长春、哈尔滨、苏州、杭州、合肥、厦门、南昌、青岛、郑州、武汉、长沙、北海、海口、三亚、重庆、成都、西安、兰州、西宁、银川、乌鲁木齐。

我们首先对比两组城市房价的表现。

图 5-1 显示的是这两组城市定基房价指数的差值，即设定 2005 年 7 月的房价指数为 100，分别计算各个城市的房价定基数，然后在两个样本组内分别计算平均值，从而得到目标组和对照组的房价定基数序列，最后计算两个序列之间的差值。这一差值反映了两组城市房价上涨的相对快慢。

以新一届中央政府开始大力度反腐为时间节点，在 2014 年之前，目标组在比较长的时间里房价涨幅始终更小，其与对照组的差值不断扩大。

但是在反腐败冲击发生以后，目标组房价相对而言出现了系统性加速，表现为两组城市的房价差值开始收窄，差值数据的趋势前后明显不同。

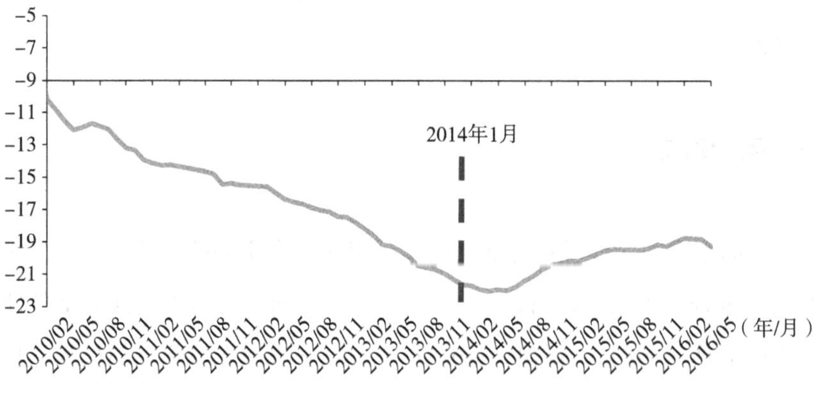

图 5-1　目标组和对照组定基房价差

数据来源：Wind，安信证券。

从房地产销售表现来看（见图 5-2），2014 年第一季度之前，两组城市房地产销售增速的差值在正负 10% 之间波动；但是 2014 年第一季度之后，这一差值回落到 0 附近即稳定下来，随后反弹到 10%。

换言之，目标组的地产销售在后期似乎更强。

图 5-2 目标组和对照组房地产销售滚动增速差

数据来源：Wind，安信证券。

从交易价格和交易量的角度看，目标组城市房地产市场的表现似乎出现了明显的变化。

造成这一结果的原因是什么呢？一个可能是目标组的房地产市场经历了更彻底的存货去化，即本文前述的假说；另一个可能是目标组城市人口流入或经济增长在加速。

下面我们分别检查相关数据。

二、存货去化的对照

观察房地产新开工情况（见图 5-3）。容易看到，在反腐败事件冲击之前，目标组的新开工增速始终明显高于对照组，两者差值始终大于 0，甚至一度超过 20 个百分点。

但在 2014 年初之后一年多的时间里，这一差值回落到 0 以下超过 10 个百分点的水平，直到 2015 年 9 月以后才转为正值。

换言之，相对于此前的模式，目标组的房地产新开工在 2014 年初之后出现了更明显的下滑，使得这一时期房地产市场存货去化更快、更彻底。

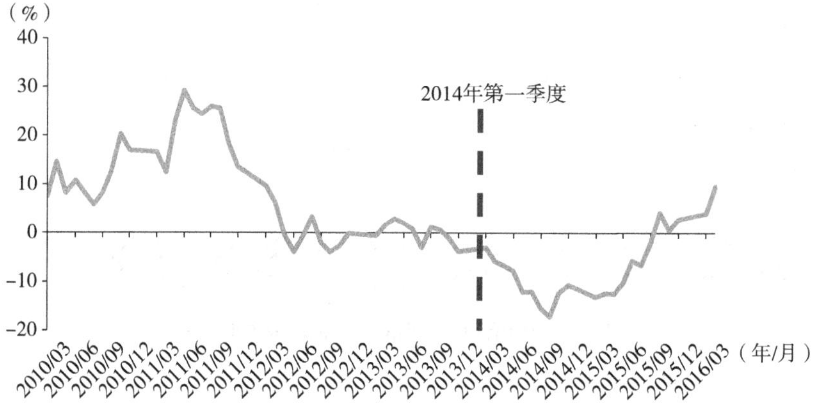

图 5-3　目标组和对照组房地产新开工滚动增速差

数据来源：Wind，安信证券。

三、会是人口或经济增长的原因吗?

我们接着从居民收入和人口流入的角度比较两组城市的情况。

首先我们比较两组城市居民可支配收入的情况。从图 5-4 来看，目标组的居民可支配收入增速始终更慢，表现为两者差值始终为负，这很难支持目标组的房地产市场表现更强。

2013 年之后目标组的居民收入差距有一些收窄，但是仍然高于 2010 年的水平。这是否意味着趋势性的变化正在出现？是否可能来自反腐败行动的影响？这些情况仍然不得而知，但我们高度倾向于认为这是数据的随机波动造成的。

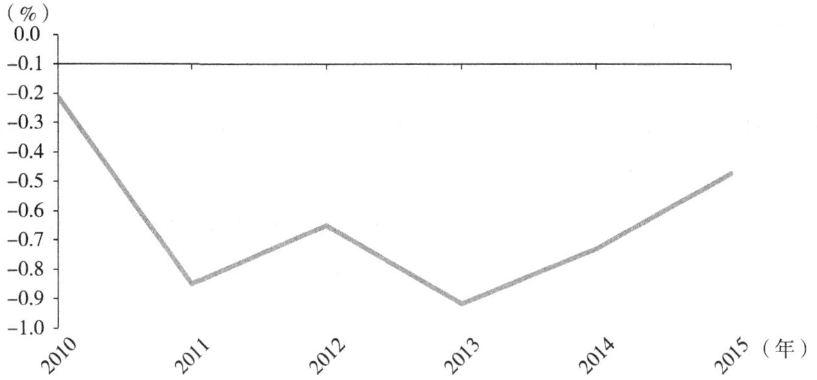

图 5-4　目标组和对照组居民可支配收入增速差

数据来源：Wind，安信证券。

那么人口的情况呢？

由于大多数二线城市没有可靠的常住人口连续数据作为替代，我们重点研究了这些城市的小学在校生人数的增长（见图 5-5）。因为小学在校生人数是基于教育部的统计，数据的质量非常高，而且我们可以合理

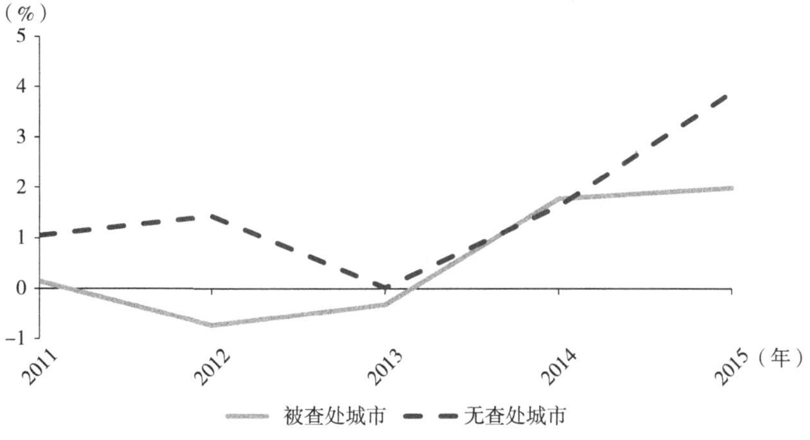

图 5-5　两组城市小学在校生增速

数据来源：Wind，安信证券。

地设想，在中国大中城市，6~11 岁的适龄儿童如果不是出于特殊的情况，应该都在学校接受义务教育。

如果一个城市有大量的人口涌入，这些涌入人口将在小学在校生人数方面得到一定的体现。更加重要的是，小学在校生人数的变化可以比较好地反映刚需的变化。

观察两组城市小学在校生增速，两者之间并没有系统的差异，实际上，对照组城市小学在校生人数的增速始终更快，2014 年之后其相对优势还在扩大。这很难支持目标组的城市房地产市场表现更强。

四、总结

从刚性需求、人口城市化等角度来看，实际上过去很多年以来，中国的城市化以及城市化对房地产市场需求的推动始终保持在一个比较稳定的状态。从人口变化来看，以小学在校人数这个指标来衡量，人口结构以及城市化所推动的房地产需求在未来一段时间会出现一段逐步强化的过程。这种强化和加速表现为一线城市人口大量涌入，在可预见的将来，二线城市也将涌入大量的人口。在这一背景下，中国房地产市场核心的问题是去存货。支持一这说法的重要证据就在于反腐败对房地产市场的影响。

从前文所讨论的证据来看，反腐败对经济活动产生了实实在在的影响，在短期之内突出地表现为房地产存货加速去化，从中长期来看，它加速了房地产市场的正常化过程。所以，在受到反腐败冲击的城市，房地产市场恢复得更快。

中国的城市化与房地产市场

这篇文章是我与同事郭雪松在2017年晚些时候合写的一篇报告，整理和总结了此前一年多时间里我们围绕房地产市场的变化，从人口流入、土地供应、存货去化等角度进行的研究。文中通过使用小学在校生数量的变化来刻画人口流动的做法得到不少有重要意义的结果，引起了广泛的注意。对存货水平及其变动的推算使用了一些独特的假设和方法，从事后来看，推算结果也大体靠谱。由于数据方面的原因，对土地供应方面的描述和解释可能仍然是比较初步的。

这篇文章的主要内容是，进入21世纪以来，中国的城市化进程开始加速。在十几年的时间里，数以亿计的人口迁入城市并定居下来，实现了生活水平的巨大提高，最终在这一过程中创造了前所未有的经济繁荣。

在这一背景下，中国城市的房地产价格普遍开始上升，并在后期出现巨大分化。尽管中国仍然是一个中高收入国家，但北京、上海等一线城市的房屋价格却已赶上甚至超过许多高收入国家的水平，从而引发对于房地产泡沫的深切忧虑，并造成代与代之间严重的财富鸿沟。与此同时，大量三、四线城市的房价却维持在相当合理和可以负担的水平上，与一线城市的情况形成鲜明的对比和巨大的反差。

普遍的分析将此归结于2008年金融危机以后过于宽松的货币政策，以及政府为刺激经济而采取的一些其他措施。这当然是有道理的，但也存在许多难以解释的问题。

一、中国城市化进程的转折：从城镇化到都市化

进入21世纪以来，中国的城市化进程开始加速。常住人口城镇化率从2000年的36%提高到2016年的57%，年均城镇化率提升1.33个百分点，年均城镇常住人口增加2 091万人。

即便在2010年以后，中国城镇化进程稍有放缓，2011—2016年城镇化率提升的速度仍然有1.2个百分点，平均每年城镇常住人口增加2 053万人。

2000—2016年，中国城镇常住人口共计增长3.6亿人。大量的人口进入城市并定居下来，实现了生活水平的巨大提高，也创造了前所未有的经济繁荣。

随着人口不断涌入城市，房地产市场面临旺盛的需求，城市房地产价格普遍开始上升。观察中国不同城市之间的房地产价格变化，无论是基于国家统计局公布的新建住宅价格指数，还是基于百城住宅价格指数，都可以将房地产市场划分为两个阶段（见图5–6、图6–7）。第一个阶段是在2013年以前，其间一、二、三线城市房地产价格上涨的幅度始终比较接近；第二个阶段是2013年至今，这一时期不同城市之间房价涨幅出现了显著的分化，城市之间房价呈现排浪式上涨。一线城市房价始终高歌猛进，一些二线城市的房价在2016年以后也出现了明显上行，但是三、四线城市的房价始终处在微涨或者下跌的状况，直到2017年上半年，一部分三、四线城市的房价才开始上行。

2012年至今，三、四线城市房价涨幅明显低于居民收入增速，甚至低于通货膨胀的涨幅。与此同时，北京、上海等一线城市的房屋价格却已赶上和超过许多高收入国家的水平，引发对于房地产泡沫的深切忧虑。房地产市场表现出如此显著的分化，意味着简单地将房价上涨归结于金融危机以后过于宽松的货币政策，以及政府刺激经济的其他一些措施是不够全面的。

为什么一部分城市的房地产市场会出现如此严重的价格持续上涨的局面？这在多大程度上体现了市场的泡沫化，又在多大程度上体现了市场在更深的层面上存在的一些根本性扭曲？

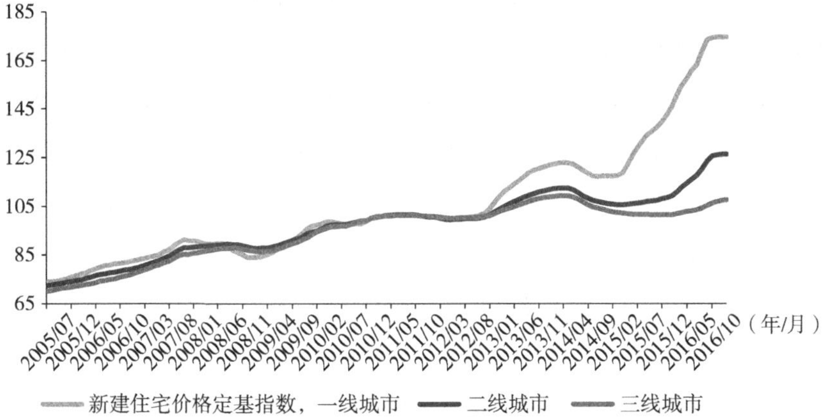

图 5-6　中国新建住宅价格定基指数

数据来源：Wind，安信证券。

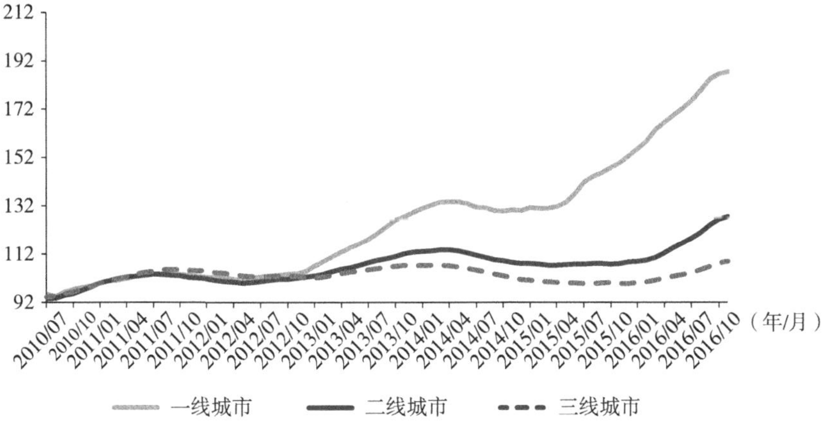

图 5-7　百城住宅价格定基指数（2011 年 1 月为 100）

数据来源：Wind，安信证券。

我们知道，城市化的进程是过去许多年来房地产市场在需求层面的重要支撑力量。在衡量城镇化，特别是描绘城市的房地产市场需求时，经常使用的一个指标是城市常住人口数量。但在技术上，使用常住人口这一指标存在一些不足。统计制度中，常住人口定义为“居住在本乡镇街道且户口在本乡镇街道或户口待定的人，居住在本乡镇街道且离开户口登记地所在的乡镇街道半年以上的人，户口在本乡镇街道且外出不满半年或在境外工作学习的人”。在实际统计操作过程中，确定人口在城市中是否连续居住 6 个月以上存在一定困难，因此，常住人口数据存在一定遗漏。更重要的是，在城市居住 6 个月以上的人口还包括农民工、快递员等低收入人群，虽然他们创造了很大的经济价值，是城市生活不可或缺的一部分，但是与所在城市的房地产市场未必有非常紧密的联系。这些因素使得用常住人口去定义和统计房地产市场的需求存在明显的瑕疵。

为了克服常住人口数据存在的问题，我们尝试使用多种其他指标来描绘城市人口的数量，特别是描绘和城市房地产市场需求关联紧密的人口数量。这些指标包括城市用水量、用电量、固定 / 移动电话数量等，但这些指标或多或少存在一定瑕疵，例如用水量、用电量和固定 / 移动电话数量会受到生活习惯改变、科技迅猛发展、人口流动等因素的影响，从而存在很多不足。

经过一些尝试后，我们倾向于使用一个更加有效的指标——小学在校生人数，它具有强大的解释能力。小学在校生人数作为描述城市化的代理指标，其优点在于数据易于获取，质量可靠，与城市房地产市场的需求联系紧密。在以下的讨论中，我们将会看到小学在校生人数是一个值得重视的、可靠的代理指标。

以小学在校生人数作为描绘城市房地产需求的指标，我们首先提出一个重要的观察。图 5-8 的横轴是 2013—2015 年 33 个一、二线城市一至六年级小学在校生人数的增长情况，纵轴是 2013 年 1 月至 2016 年 8 月这些城市的房价累计涨幅。可以明显地看到两组数字之间存在着紧密的联系，拟合优度达到 50%。

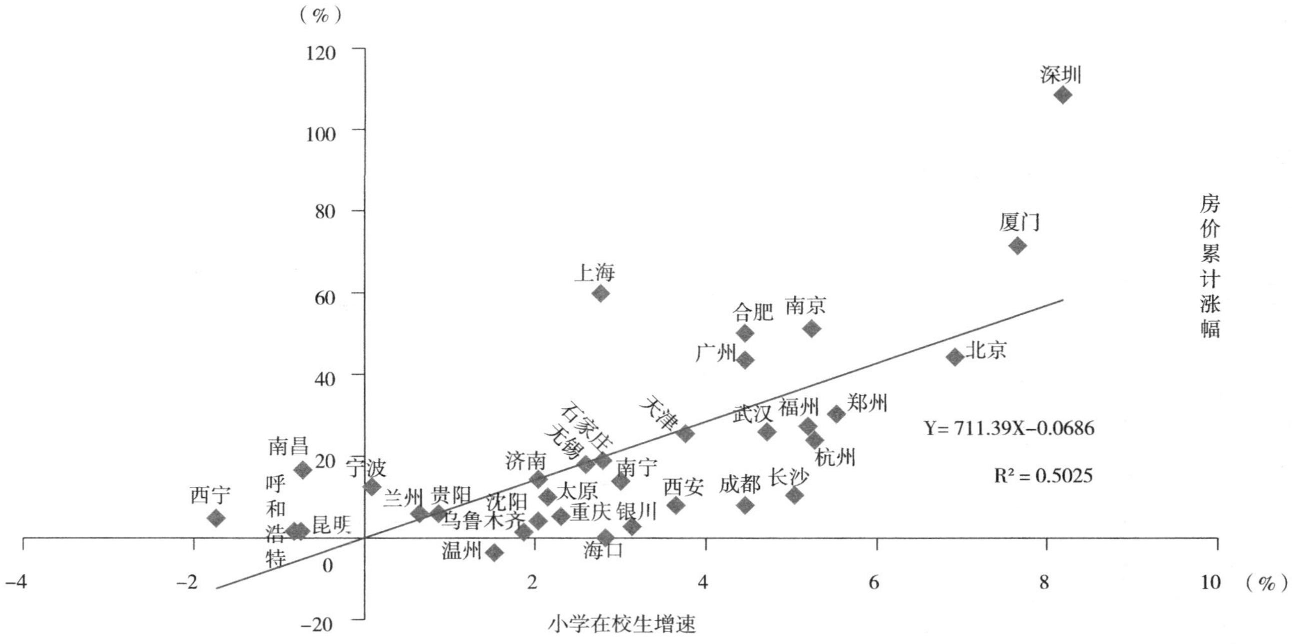

图 5-8　2013—2016 年小学在校生人数增速和房价涨幅

数据来源：国家统计局统计年鉴，安信证券。

数据说明：X 表示横轴数据，Y 表示纵轴数据，R^2 表示趋势线拟合程度的指标。

图 5-9 中我们进一步扩展了数据的时间序列长度，横轴是 2009 年至 2015 年小学在校生人数的增速，纵轴是这些城市在 2009 年 1 月至 2016 年 9 月（新的一轮房地产调控政策出台之前）房价的涨幅。可以看到，两者之间的关系在更长的时间跨度上进一步增强，拟合优度进一步提高到 58% 的水平上。

2013—2015 年，全国范围内的小学在校生人数增速为 0.02%。在这样的背景下，我们看到深圳、厦门、北京这些城市小学在校生人数的增速高达 7% 以上，远超全国平均水平，同时我们也看到了这些地区房价出现了非常猛烈的上涨。在横轴的另一端，例如西宁、呼和浩特、昆明等城市，小学在校生人数增速是负增长或接近零增长，我们也可以看到这些城市的房价涨幅非常有限。

小学生流向哪里，他们年轻的父母大概就会在同一时期流向哪里。这一结果表明，在我们研究的样本区间内，中国的青壮年人口集中流入一部分城市，而相对离开另外一部分城市。在青壮年人口集中流入的这一部分城市，房价就出现了大幅度的上涨，而在他们相对离开的那一部分城市，城市房价的上涨则较弱。

这是我们基于横截面数据看到的简要结论。那么这一结论在时间序列上是否可以得到更加扎实的支持呢？

我们把中国二线城市按照房价涨幅分为两组。图 5-10 中的灰线表示的是房价涨幅排在前 10 名的二线城市小学在校生人数增速，黑线表示的是房价涨幅排在后 10 名的城市的增速。① 两组城市小学在校生人数增速在 2010 年以前非常接近，2011 年以后，灰线则始终明显高于黑线。

① 按照 2015 年 1 月至 2016 年 7 月房价涨幅，将二线城市分为两组，房价涨幅居前的城市包括厦门、南京、合肥、广州、杭州、天津、武汉、福州、郑州、南昌；涨幅靠后的城市包括沈阳、兰州、哈尔滨、长春、昆明、大连、呼和浩特、银川、西宁、乌鲁木齐。

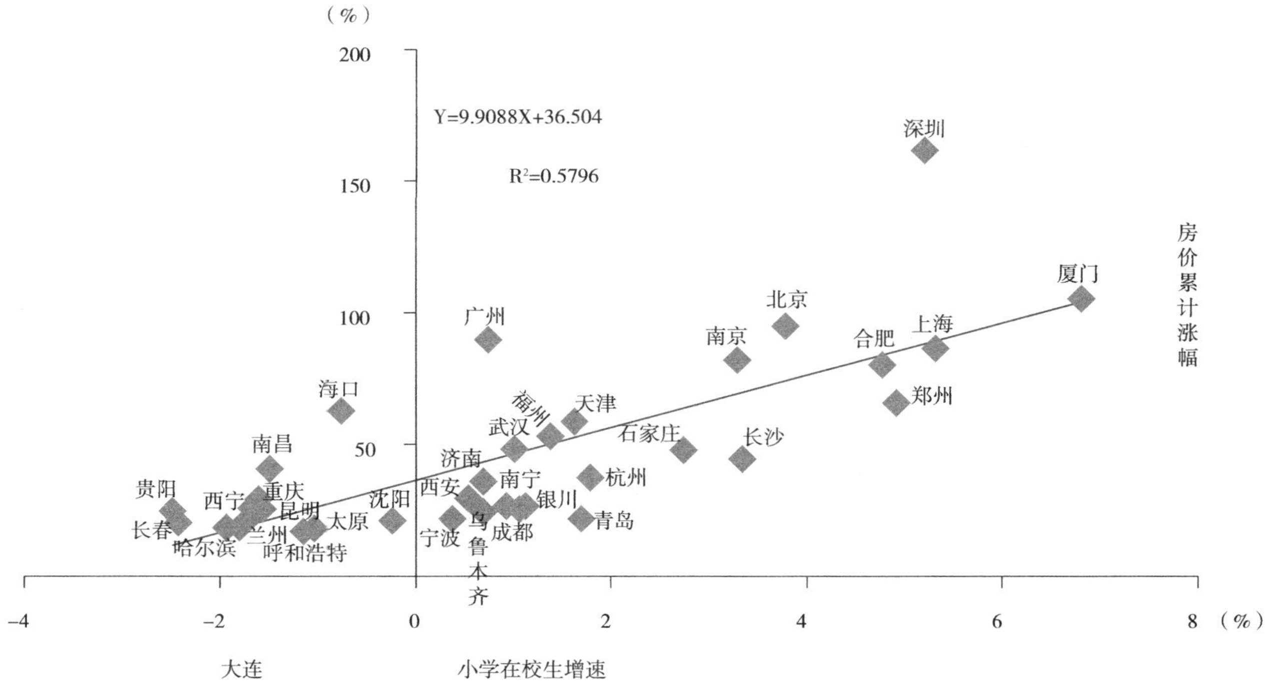

图 5-9　2019—2015 年小学在校生人数增速和房价涨幅

数据来源：国家统计局统计年鉴，安信证券。

数据说明：X 表示横轴数据，Y 表示纵轴数据，R^2 表示趋势线拟合程度的指标。

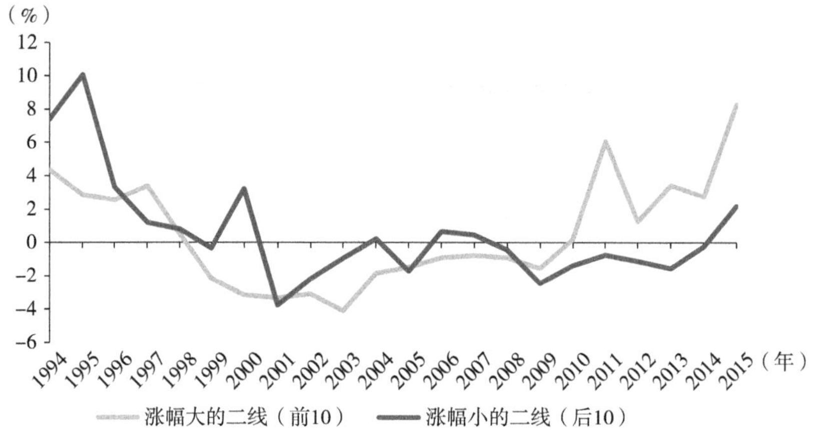

图 5-10　二线城市小学在校生人数增速比较

数据来源：国家统计局统计年鉴，安信证券。

这意味着，2010 年以前，从小学在校生人数增速的角度观察，房价涨幅靠前的二线城市和涨幅靠后的二线城市，人口流入的趋势没有明显区别。人口开始流入一部分二线城市，而离开另一部分城市，这种情况是 2011 年到 2012 年才开始出现的。

人口流向的变化给房地产市场带来了哪些影响呢？

我们比较这两组二线城市住宅销售面积增速的差异（见图 5-11），可以看到在 2010 年以前，两组城市的住宅销售面积增速差平均略低于 0，但是在 2011 年以后，两组城市住宅销售增速差维持了较高的水平，后期进一步扩大到 20% 左右。所以在人口大量流入和流出的二线城市，除了小学生人数增速的差异外，我们也可以在住宅市场上看到明显的差异。

继续对比这两组城市的住宅新开工面积增速的差异（见图 5-12）。在 2012 年之前，两组城市住宅新开工面积增速差别不大，而在 2012 年以后，房价涨幅居前的城市的住宅新开工面积增速明显高于房价涨幅靠后的城市。

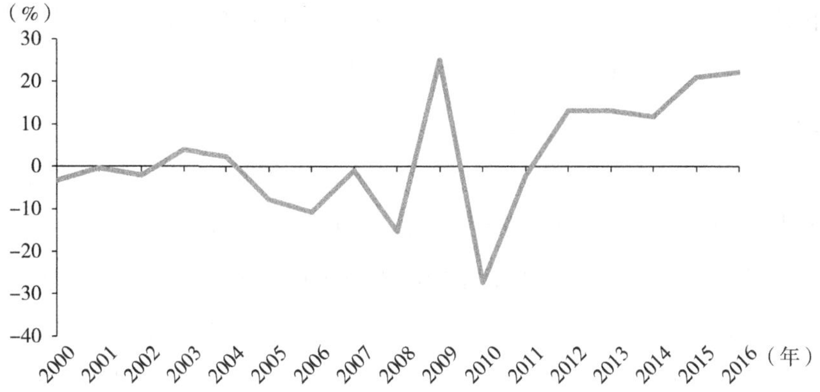

图 5-11 两组二线城市住宅销售面积增速差

数据来源：国家统计局统计年鉴，安信证券。

数据说明：涨幅较大的 10 个二线城市和涨幅较小的 10 个二线城市住宅销售增速差。

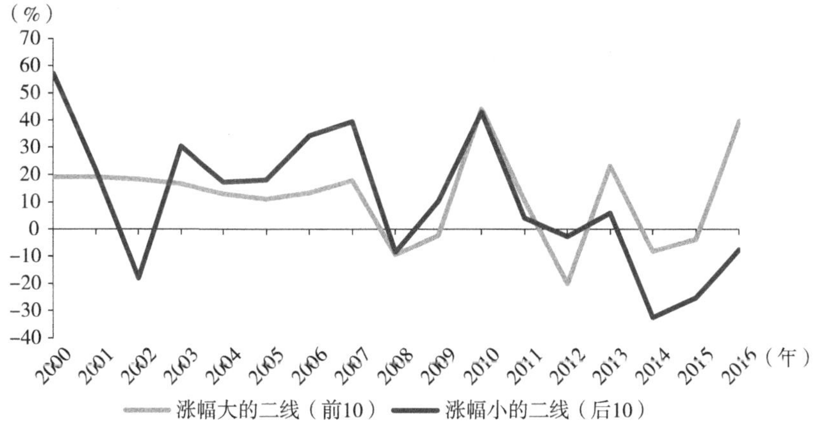

图 5-12 两组二线城市住宅新开工面积增速差异

数据来源：国家统计局统计年鉴，安信证券。

这一系列变化，不能够简单地用流动性和投机炒作来解释。

简单地说，2011—2012 年以后，以小学生人数增速为代表观察的中国青壮年人口开始集中流入一部分城市，而离开另一部分城市。这种变化首先在小学在校生的数据上显著体现出来，同步在住宅销售市场上体现出来，并几乎同步在住宅新开工面积上体现出来。经过一段时间的滞后，2015 年下半年以后，这一趋势开始在城市房价中体现出来。

为什么这一系列变化对房价的影响在 2015 年下半年才开始显著地体现出来，中间存在两三年的滞后？我们将在下文深入展开讨论。

需要问的是，人口为什么集中流入一部分城市而离开另一部分城市呢？一个简单的想法是，有一部分城市提供了更好的就业机会、更好的收入水平，所以人口开始向这一部分城市流动。但是我们对于数据检查的结果显示这种想法并不正确。

我们研究这两组城市的居民可支配收入情况（见图 5-13），同样可以看到，2011—2012 年是一个断点。2011 年以前，这两组城市的居民可支配收入增速水平接近。2012 年以后，这两组城市的居民可支配收入增速出现了非常显著的分化。人口集中流入的城市，居民可支配收入增速明显弱于对照组，这一情况在历史上是没有出现过的。

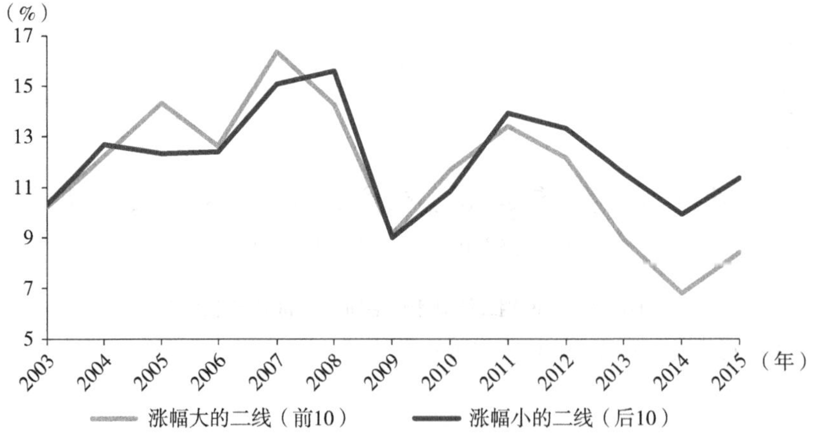

图 5-13　居民可支配收入增速对比

数据来源：Wind，安信证券。

换句话说，人口向这些城市流动，并不是因为这些城市有更好的就业机会。因果关系是反过来的。人口流入一部分城市，对于这部分城市来讲，由于人口的大量流入，劳动力供应在增加，在这种情况下工资的增速放慢，房价上升加剧。这一结果非常清晰地告诉我们，人口流向的变化与经济机会的差异是没有关联的。

那么人口流动变化的原因是什么呢？我们认为，一个可能的解释是，教育资源在不同城市之间的分布存有差异。

对于孩子还在上小学的年轻父母而言，选择在哪个城市定居、生活和工作，除了考虑就业的机会，还要考虑这个城市所提供的公共教育的水平、环境质量、治安好坏等一系列因素，而这些因素在不同城市之间的分布具有非常大的差异。如果年轻的父母集中去选择一些教育资源非常好的城市，这些城市的人口流入就在上升，从而导致这些城市劳动力供应上升和居民可支配收入增速放慢，同时表现为小学在校生人数增速上升、房价上升，以及住宅新开工上升。

图 5-14 的横轴是中国不同城市在公共教育领域的投入情况（2010—2012 年平均），纵轴是中国不同城市小学在校生人数增速（2013—2015 年平均）。考虑到中国的人口流动大多集中在一省之内，我们用城市人均教育财政支出与该省人均教育财政支出的比值来衡量教育资源的集中情况，可以看到，两组变量之间存在非常强的关联。

以此衡量，教育资源层面上相对投入最大的城市是厦门和深圳，而厦门和深圳恰恰也是人口流入最多的城市。如果考虑深圳有非常蓬勃的经济增长作为人口流入的支撑，厦门受经济因素的影响至少不像深圳那样突出。

但是当我们从教育和财政支出的角度观察，我们可以看到明显的差异，例如呼和浩特、西宁、乌鲁木齐、海口等城市人均教育支出相对较少，人口流入也要弱得多。

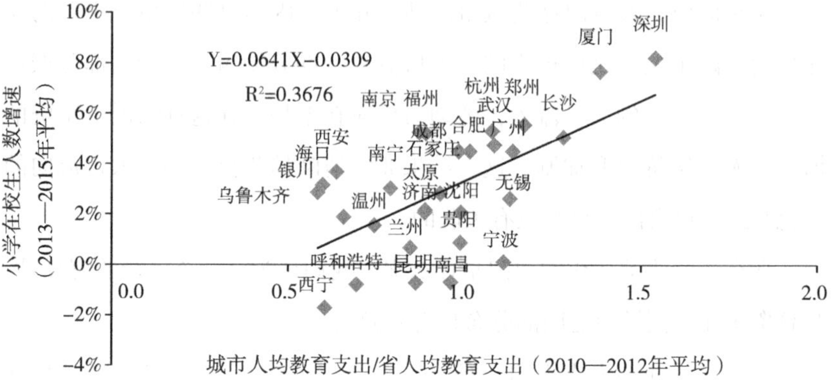

图 5-14　教育财政支出和小学生人数增速

数据来源：Wind，安信证券。

数据说明：X 表示横轴数据，Y 表示纵轴数据，R^2 表示趋势线拟合程度的指标。

接下来的一个问题是，为什么这个变化发生在 2012 年？一个可能性较大的解释是，中国的小学在校生人数增速从 1998 年到 2010 年一直处于负增长。2011 年以后才重新恢复了正增长，这一正增长的情况也许会持续到 2025 年前后。小学在校生人数从负增长转为正增长，说明小学生的父母等青壮年人口在全社会流动人口中的占比，在 2012 年前后出现了显著抬升。

2000 年以来，中国每一年涌入城市的人口数量差别并不十分显著。2011 年以后，小学在校生人数增速转正，说明年轻父母在全部流动人口中的占比出现了显著的提升。这一提升使年轻父母的选择在宏观层面上具有显著的重要性，从而比较容易被观察到。价值观念的代际差异可能也与人口流向变化有一些关联。

综合我们上述整理和观察的数据，2010 年之前，中国经历了城镇化过程。在这期间，人口向大城市、中等城市和小城市流动是没有选择性的。但是 2012 年以后，中国的城市化从之前的城镇化转入了都市化。所谓都市化，是指人口的流动开始表现出很强的选择性，人口开始集中流入一部分大城市和特大城市，而相对性离开其他的中等城市和中小城市，城市化在城市之间开始出现明显的选择性。这一转折性变化对房地产市场的影响在城市住宅新开工面积和销售层面上较早体现出来。但是在房价层面上，直到 2015 年下半年才逐渐体现出来。

那么，在都市化过程中，人口集中流入了哪些城市呢？在中国的北方，人口主要流入北京和郑州（西安和天津也有较快的流入），西南地区流向成都，东南沿海地区流向深圳、广州、厦门。在长江中下游出现了一个密集的城市群，包括长沙、武汉、杭州、合肥和南京等，人口非常快速地向这一区域集中。我们把这一现象称作长江中下游城市群的兴起，这是中国都市化过程中非常鲜明的特征。

从城镇化到都市化，这是过去几年重点城市房地产市场在需求层面上得到的有力支撑。

二、城镇化与土地供应

中国大陆房地产市场与全世界绝大部分国家和地区存在差异：中国大陆的城市土地是国有的，全世界绝大多数城市和地区的土地是私有的。其影响在于，在私有制度下，土地供应是竞争性的；在国有制度下，土地供应是垄断性的。

人口流入城市会推动房价和地价上升，在私有制度下，这会刺激城市土地所有者增加住宅用地的市场供应，或者通过政治游说提高住宅用地的密度和容积率，来变相地扩大城市土地的供应。这一机制约束了地价的上升幅度，从而限制了房价的水平。

在国有制度下，由于缺乏其他供地主体的竞争，面对大量人口流入，城市土地供应难以快速扩大，这样人口流入压力更多地体现为地价和房价的上升。实际上，在任何一个垄断市场，相对于竞争市场而言，产品的价格总是显著更高。土地垄断的情况应该符合这一模式。

如果进一步考虑政府决策的政治经济过程，那么土地垄断的情况会更复杂。面对过高的地价和房价，群众的呼吁一直很强烈，要求政府增加土地供应。如果政府切实大量增加供地，从而导致地价和房价下跌，这几乎确定地会受到银行和大量社会中产阶层的反对；但是如果政府严格控制供地，进而导致地价和房价上升，这又会受到刚进入城市的年轻人以及没有住房的低收入者的反对。

这一理论分析在多大程度上可以解释中国的土地供应情况，以及与国际城市之间的差异呢？我们将会看到，尽管实际的数据和情况要更加复杂一些，但对于中国特大城市的情况而言，这一分析与现实比较符合。

（一）居住用地供应比例低于国际水平

首先，我们使用美国国家航空航天局（NASA）的数据，观察相同的比例尺下从高空拍到的城市夜晚灯光亮度。图 5–15 中的四个地区包括中国的长江三角洲、珠江三角洲、东京及周边、纽约及周边。图 5–16 包括北京、天津及周边，伦敦及周边、首尔及周边，莫斯科及周边。

通过粗略的观察和仔细的计算均可以看到：图 5–15 中的城市灯光总体亮度更大，比较亮的区域范围更大，中心与外围区域灯光亮度的落差较小。图 5–16 中的城市灯光非常亮的区域范围相对更小，中心区域的亮度与周围的亮度落差比较大。

我们猜测出现这一现象的原因是，图 5–15 中的城市都是重要的海港城市，位于海岸线附近，便于参加全球贸易和生产分工，因此其经济活动发达，人口稠密。它是大航海时代以来全球经济一体化力量的反映。图 5–16 中的城市主要是一些内陆型城市，其产生和兴起更多地反映了政治力量的影响，它的经济辐射力相对较弱。

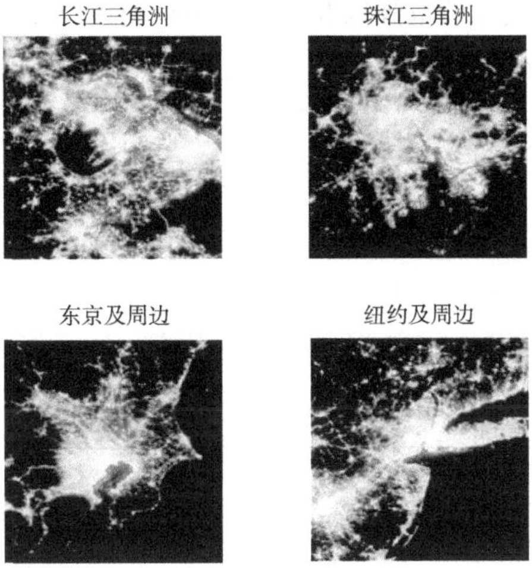

图 5-15　海港城市夜晚灯光亮度

数据来源：NASA，安信证券。

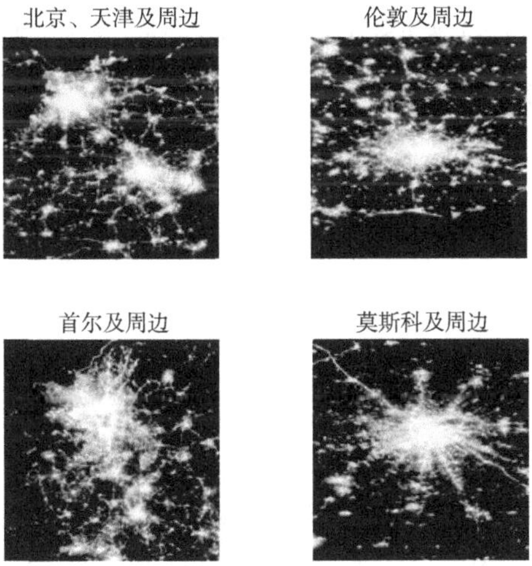

图 5-16　内陆型城市夜晚灯光亮度

数据来源：NASA，安信证券。

从城市夜晚的亮度来看，每组城市内部区别不大，而两组城市之间的区别非常明显。更精细的比较显示（见图 5-17、图 5-18），在长三角和珠三角，灯光覆盖的范围以及亮度比东京周边更亮一些，而北京周边的灯光亮度比伦敦以及首尔更暗。

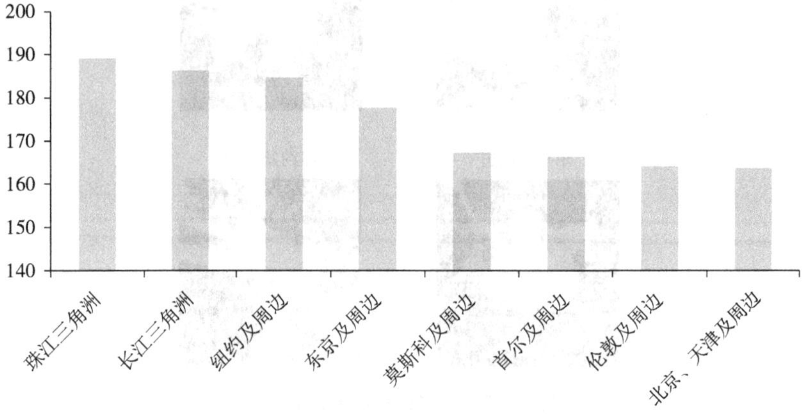

图 5-17 城市灯光总体亮度比较

数据来源：NASA，安信证券。

数据说明：城市灯光亮度定义为城市范围内明度平均值，定义城市范围为明度超过 85 的范围（以像素数计算）。

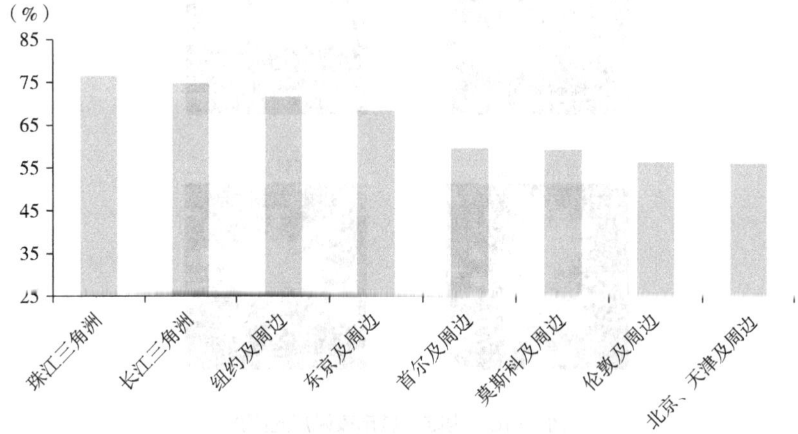

图 5-18 城市灯光密集区域占城市范围比例

数据来源：NASA，安信证券。

数据说明：定义灯光密集区域为明度超过 150 的范围（以像素数计算），定义城市范围为明度超过 85 的范围（以像素数计算）。

对于海港型城市来讲，除了居住用地之外，还有商业、工业、仓储等很多竞争性的土地需求。同时由于经济更发达，城市之间连接紧密，人口居住在城市外围享有的公共服务的落差没有那么大。这使城市的建成区域范围内，用于居住用地的比例可以相对较低。

对于内陆型城市来讲，由于内外围经济落差较大，土地的竞争性用途较少，工业、商业和仓储物流活动相对较弱，人口大多集中在市中心区域，所以这些城市用于居住用地的比例可以更高一些。

在这一背景下，我们观察城市居住用地占城市建设用地的比重（见图 5-19、图 5-20），这一指标反映了市政公用设施可以到达的区域内住宅用地的比例。

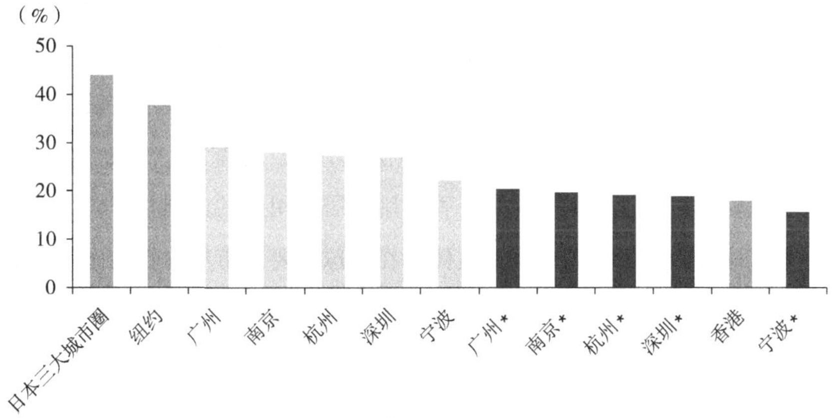

图 5-19　海港城市圈居住用地占城市建设用地比重（统一按中国口径）

数据来源：国家统计局。

数据说明：标 * 城市数据调整为扣除小区绿地和道路后的居住用地占比，与国际比较口径一致。国内小区绿地和道路占比在 30%~45%，这里按照 30% 的保守比例考虑。

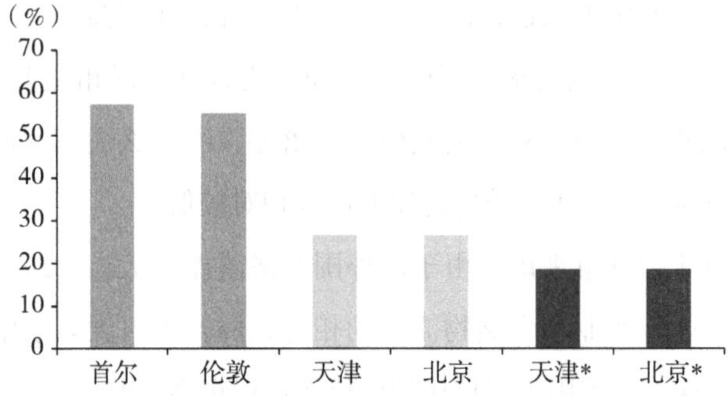

图 5-20 内陆首都城市圈居住用地占城市建设用地比重

数据来源：国家统计局，首尔城市规划局，伦敦政府，安信证券。

首先来看海港城市，日本三大城市圈居住用地占比为 44%，纽约为 38%。对比而言，尽管经济发达程度和人员稠密程度接近，但在城市建设用地之中，用于居住用地的比例深圳占 19%，香港占 18%。

再比较内陆型城市，首尔和伦敦城市圈居住用地占城市建设用地比重分别是 57% 和 55%，而北京和天津仅占 19%。与首尔、伦敦、东京等城市圈相比，由于北京、深圳、香港用于居住用地的比例相对较少，其结果是地价和房价显著更高，这体现在全球主要城市房价收入比数据上（见图 5-21）。例如，香港是 30.91，上海是 24.72，北京是 24.47，显著高于全球其他主要城市，凸显了土地供应的重要影响。

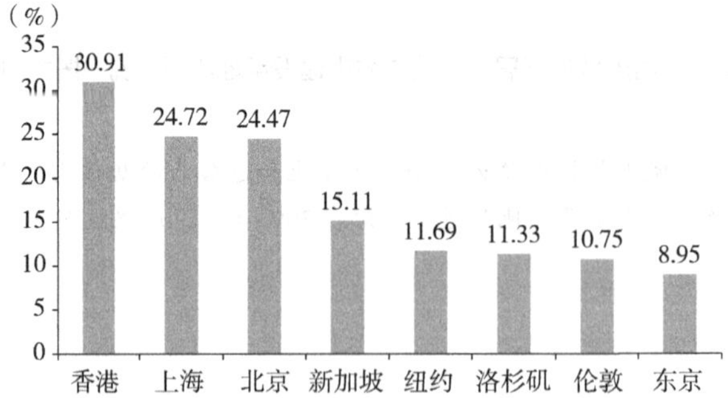

图 5-21 全球主要城市房价收入比

数据来源：CBRE（世邦魏理仕），安信证券。

（二）居住用地供应对房价的影响

我们还可以基于中国不同城市的横断面数据，研究建成区居住用地面积的增长和房价涨幅的关系，来进一步揭示土地供应层面的问题。

我们尝试合并考虑影响房价供给和需求的因素，并基于中国城市间的横断面数据建立回归方程。在需求方面，如前所论，人口的流入构成了住房价格上涨的动力。我们使用2009—2015年小学在校生人数平均增速来衡量人口的流入，这一趋势与房地产需求联系紧密。在供给方面，我们使用2008—2014年城市居住用地年化增速来衡量土地供应。被解释变量选择2009年1月至2016年9月城市房价累计涨幅。建立回归方程如下：

$$\text{房价涨幅} = \alpha + \beta\ \text{在校小学生增速} + \gamma\ \text{居住用地增速} + \delta$$

剔除数据缺失的城市，对32个一、二线城市的数据进行回归。结果如下：

（***）　　　　（*）　　（***）[1]

房价涨幅 =9.960× 在校小学生增速 −2.207× 居住用地增速 +49.453

（6.125）　　　　（−1.928）（6.081）

回归结果显示，R平方值为0.598，小学生增速对房价涨幅的影响为正，居住用地增速的影响为负，符合理论预期。解释变量在统计上均十分显著。

值得注意的是，前述结果中常数项在统计上十分显著，其经济含义似乎可以表述为：如果城市在校小学生增速为0（意味着没有人口流入或流出），政府也不增加居住用地，那么在2009年1月至2016年9月房屋价格也会上涨，这期间房价自然趋势累计涨幅为49.5%。

房屋价格在7年多的时间里累计名义涨幅49.5%，年化涨幅5.3%。

对比同一时期经济发展速度，2009—2016年，中国GDP名义同比增

① *、**、*** 分别表示在10%、5%、1%的水平上显著。

速平均为 11.2%，实际同比增速平均为 8.3%。房屋价格的自然趋势增速明显低于名义 GDP 增速。

2009—2016 年，中国城镇非私营单位平均工资涨速为 11.2%，城镇居民人均可支配收入平均名义同比增速为 10.0%。房屋价格的自然趋势增速远低于居民收入增速。

同一时期，中国 CPI 平均同比涨幅 2.3%。剔除通货膨胀后，房屋价格的自然涨幅约为每年 3%，这也显示出房价的上涨不完全受通货膨胀的影响，房屋具有资产投资属性。

把房屋作为投资品，与同一时期的投资回报率对比，2009—2016 年，6 个月理财产品收益率平均为 4.42%，两年以内非证券投资类信托平均收益率为 8.2%。房屋价格的自然趋势增速略高于理财产品收益率，低于信托产品收益率近 3 个百分点。即便考虑房租能够产生每年约 3% 的回报，投资房产的收益也仅仅与信托产品收益率相当，而信托产品还在刚性兑付和流动性方面具备明显的优势。

一系列比较显示，常数项代表的房屋价格的自然趋势增速处在大体合理水平。换句话说，如果我们观察到房屋价格出现了过度上涨，那么这要么是受到人口大量流入的影响，要么是受到政府土地供应制度的限制。

一个潜在的问题是，土地供应可能存在内生性。换句话说，尽管土地供应显然会影响房价，但房价变化也可能反过来影响土地供应，例如房价上涨可能刺激地方政府增加土地供应，从而形成逆向的因果关系。

那么地方政府在多大程度上会由于房价上涨而改变土地供应呢？其决定机理是什么呢？我们可以提出两方面的分析。

第一，土地供应的潜在竞争。我们将地方政府看成一个经济人，其追求的目标是长期收入流的最大化，包括财政税收和卖地收入。这里重点考虑地方政府的土地政策。如果一个地方政府把土地供应控制得很紧，那么卖地收入会提高，但是高卖地收入会带来高土地价格，引发高工商业成本，进而使一个城市至少丧失在贸易领域的竞争力，从而使工商及其他领域的税收收入下降。这样的制约对地方政府来说意味着存在一个最优平衡点。

一个地区的经济竞争力越不依赖于可贸易部门的活动，越不依赖于中低端制造业，那么土地供应就可以控制得越紧。

例如，对于中小城市而言，其更多地依赖制造业和中低端服务业，这样城市之间存在明显的竞争。如果一个城市通过控制土地推高了房屋价格，那么人口和工商业活动就会流向其他中小城市，这一潜在的竞争机制与土地私有制度下的情况是相似的，约束了地价和房价的上涨。

但是对于特大城市而言，它更多地依赖高端制造业和现代服务业，再加上公共资源获取方面的独特地位，这些经济活动缺乏竞争，难以转移，因此政府控制土地供应所承担的经济成本相对较小。

第二，决策和认知习惯。政府可能倾向于认为大城市有诸多负的外部性，例如交通拥堵、噪声、环境污染、淡水供应压力等，因此希望限制大城市人口规模，并重点发展中小城市。这导致政府倾向于减少大城市土地供应，并增加中小城市供地。

基于这些讨论，我们分别选择了人均第三产业 GDP 和常住人口数量作为工具变量进行尝试。人均第三产业 GDP 反映了城市对不可贸易经济活动的依赖程度，常住人口数量代表了政府限制城市人口规模的努力。

为了更好地描绘工具变量和供地增速之间的复杂关系，这里我们将“人均第三产业 GDP、常住人口数量”处理为指标的原始值，将指标的平方与指标的立方分别作为工具变量，表示为方程Ⅱ、方程Ⅲ。方程Ⅳ

中合并使用人均第三产业 GDP、人均第三产业 GDP 平方、人均第三产业 GDP 立方、常住人口数、常住人口数平方、常住人口数立方 6 个指标作为工具变量。方程 I 不使用工具变量。

对 32 个一、二线城市的数据进行回归，结果如表 5–1 所示。

表 5–1　回归结果

变量	方程 I	方程 II	方程 III	方程 IV
小学在校生增速	9.960*** (6.125)	9.126*** (3.398)	9.791*** (5.747)	9.408*** (4.361)
居住用地增速	−2.207* (−1.928)	−10.173** (−2.451)	−3.826 (−1.330)	−7.476** (−2.448)
常数项	49.453*** (6.081)	98.207*** (3.737)	59.361*** (3.277)	81.701*** (4.197)
R^2	0.598	0.418	0.572	0.498

数据说明：*、**、*** 分别表示在 10%、5%、1% 的水平上显著，R^2 表示趋势线拟合程度的指标。

结果显示，小学在校生人数增速始终显著，并且对房屋价格涨幅影响为正，符合理论预期。土地供应变量的符号始终为负，在大多数设定下具有统计显著性，也基本符合理论预期。

综合上述结果，我们可以比较确定地认为，小学在校生人数代表的人口流入和城镇化进程对房屋价格的影响十分明确，并且数值很大，是房价上升最具主导性的因素。

城市土地供应对房价涨幅的影响显著，但对整体解释能力的提升比较有限，同时对于大多数城市而言，其影响数值并不很大。有一种可能是，对于中国的大城市和特大城市而言，由于产业不容易转移，从而使政府控制土地的能力更强，以及政府限制城市规模的努力、土地供应的外生性相当强，房价上涨刺激土地供应的作用较弱；但是对于大量的中小城市而言，土地供应存在很强的内生性，房价上升能够刺激土地供应的明显响应。

我们根据中国城市的人均第三产业 GDP 规模，拟合了城市土地供应情况（见图 5-22）。当人均第三产业 GDP 规模在 2 万~4 万元 / 人时，城市居住用地供应速度逐步抬升，这也许意味着在此水平上城市的规模效应开始显现，这时政府通过加快土地供应，控制房屋价格能够带来更多的商业活动的流入，带来的城市财税收入提升能够弥补卖地收入的下降。当人均第三产业 GDP 规模超过 5 万元 / 人时，城市居住用地供应速度快速下降。这些发达的特大城市主要依赖现代服务业，经济活动缺乏竞争，难以转移，使政府控制土地供应的能力更强，而付出的财税收入下降的成本较小。

同样，我们还根据中国城市的常住人口规模，拟合了城市土地供应的情况（见图 5-23）。可以看到，当人口低于 500 万时，随着人口的增加，土地供应是明显上升的，但超过这一阈值后，土地的供应开始下降，在城市人口达到 2 000 万左右时，土地供应增速异常低。

土地供应的这一模式可以帮助理解数据在不同区间上的差异。即便是在中小城市，土地供应增速也会在人口达到 500 万左右时达到最高点，之后缓慢下滑，当人口超过 1 000 万以后，土地供应增速就急剧下降。原因可能是城市人口在 500 万以下时，政府主要依靠大量供地降低成本，吸引人流和经济活动。

上述拟合的统计结果如下。

方程Ⅴ的解释变量使用人均第三产业 GDP 规模和人均第三产业 GDP 的平方和立方；方程Ⅵ的解释变量使用常住人口数量和常住人口的平方和立方；方程Ⅶ的解释变量使用人均第三产业 GDP 规模，人均第三产业 GDP 的平方和立方，常住人口数量，常住人口的平方和立方。

将城市居住用地年化增速作为被解释变量，对 32 个一、二线城市的数据进行回归，结果如表 5-2 所示。

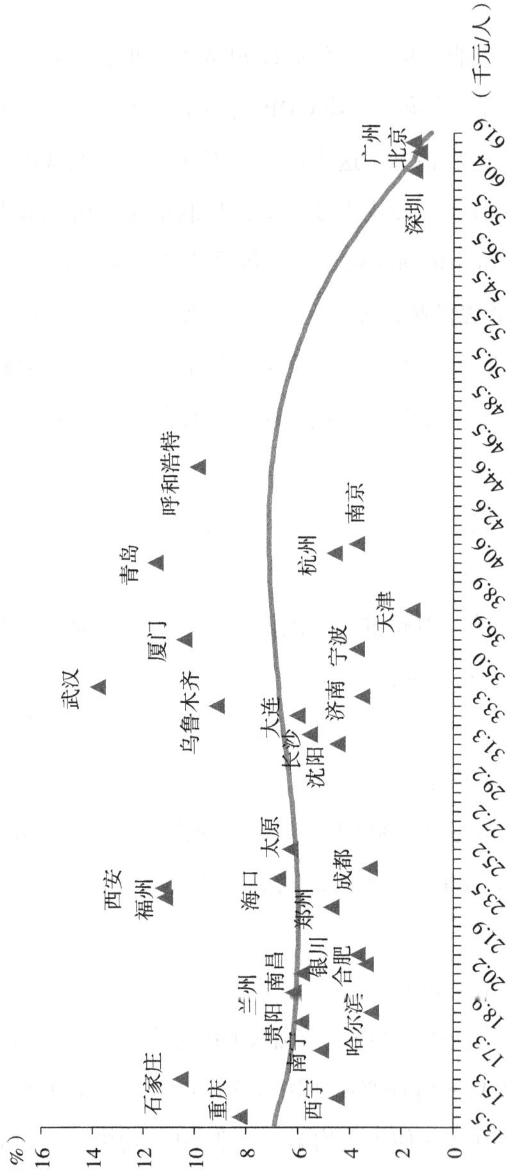

图 5-22　居住用地面积增速和人均第三产业 GDP 的关系

数据来源：国家统计局，安信证券。

数据说明：纵轴为城市居住用地面积增速，横轴为城市第三产业 GDP。

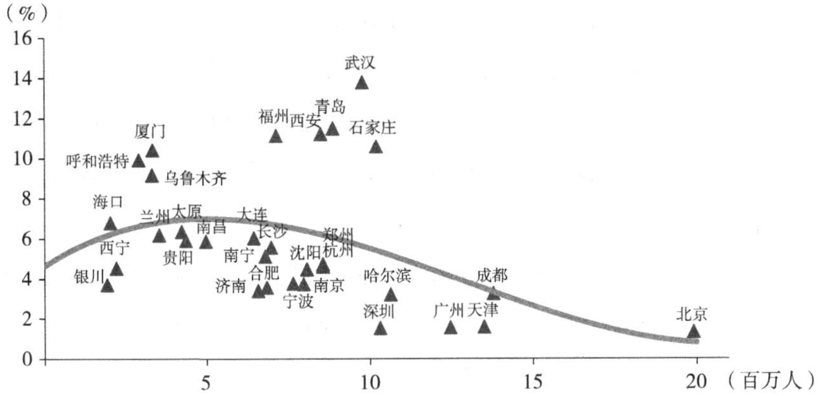

图 5-23 居住用地面积增速和常住人口的关系

数据来源：国家统计局，安信证券。

数据说明：纵轴为城市居住用地面积增速，横轴为城市常住人口。

表 5-2 回归结果

变量	方程Ⅴ	方程Ⅵ	方程Ⅶ
人均第三产业 GDP	−0.876 (−0.767)	—	−0.355 (−0.260)
人均第三产业 GDP 平方	0.030 (0.903)	—	0.015 (0.382)
人均第三产业 GDP 立方	0.000 (−1.065)	—	0.000 (−0.506)
常住人口	—	1.018 (1.193)	0.485 (0.519)
常住人口平方	—	−0.126 (−1.663)	−0.065 (−0.746)
常住人口立方	—	0.003* (1.859)	0.002 (0.859)
常数项	14.037 (1.191)	4.636* (1.731)	7.851 (0.538)
R^2	0.206	0.172	0.244

数据说明：*、**、*** 分别表示在 10%、5%、1% 的水平上显著，R^2 表示趋势线拟合程度的指标。

进一步的统计结果显示，与人均第三产业 GDP 有关的三个变量联合检验在 10% 的显著性水平下具有统计显著性，人口变量的联合检验在 10% 的显著性水平下不具有统计显著性。但在方程Ⅶ中，与人口有关的三个解释变量、与人均第三产业 GDP 有关的三个解释变量的分别联合检验均不具有统计显著性，这里尚需要进一步研究。

这似乎表明，在理解城市土地供应时，经济力量更占主导地位，即政府追求长期收入的最大化，因此会在卖地收入和财政税收之间寻求一个平衡点。这一平衡取决于商业活动能否顺利地移往其他城市，从而基本反映政府对土地供应控制能力的强弱。

相比而言，控制城市规模的影响可能只集中在特大城市，对总体城市的解释能力比较有限。

总结上述讨论的内容，从国际比较来看，中国城市建成区中用于居住用地的比例显著低于国际水平。在不同城市中，供地意愿也有很大的差异。大城市和特大城市供地意愿更低，但中小城市的供地意愿相对较高。

2012 年以来，人口集中流入了大城市和特大城市，同时，由于这些城市供地意愿较低，产生了明显的房价上涨压力。但在大量的二线及以下城市，人口流入速度相对较慢，同时城市供地意愿相对更强，房价的表现则较弱。

三、房地产库存

2009 年全球金融危机之后，政府实施了宽松货币政策等一揽子刺激措施，造成了全国范围内房价的普遍上涨。面对房屋销售价格快速上涨，开发商普遍调整经营策略，加大拿地和开发力度，延缓销售节奏，更多地通过持有房屋获取房价上涨带来的投资性回报。

在这一过程中，2009—2011 年全国范围内房价普遍猛烈上涨，房屋新开工和房地产开发投资大幅高于长期合理水平，房地产企业存货高企，同时伴随着企业销售利润率和净资产收益率的提升。房地产市场体现出明显的泡沫化特征。最终当价格和销售趋势逆转时，新增房屋供应无法消化，投机者和开发商持有的非合意存货快速堆积。

无论是观察上市房地产企业存货数据，还是观察我们以国家统计局数据为基础测算的房地产存货数据，房地产企业在2009年以后均积累了大量存货。例如，上市房地产企业存货占总资产的比重在2009—2012年提升了10个百分点，二、三、四线城市的非合意库存也有类似的变化。

2012年以后，随着房地产企业销售利润率逐步下降，企业试图通过提高周转率水平来维持合理的投资回报率,房地产市场开始进入去库存的过程。

库存的过度堆积和随后的去库存过程也解释了为什么在2011—2012年，部分大城市小学在校生增速显著上升，但一直到三年多以后，这些区域才出现房价普遍大幅上涨的情况。

由于房地产市场的存货数据存在许多严重的瑕疵，我们没有直接使用国家统计局公布的房地产存货相关数据。这些瑕疵包括但不限于：已建成未销售面积中包括大量开发商的合理自持；竣工面积中包括车位机房等不可销售的面积；新开工面积中也包括大量不可销售部分[①],与销售面积不能直接对应，不能用新开工面积减去销售面积得到的在建面积作为库存。

考虑到这些瑕疵，我们在此重新定义和估算了房价涨幅靠前的二线城市、房价涨幅靠后的二线城市，以及三、四线城市自2008年以来累积的非合意存货的绝对水平。

基本的想法是：首先在新开工面积中扣除不可销售的部分，例如车位、人防、机房，以及开发商的合理自持等；然后假设当年新开工在当年满足销售条件，从而进一步扣除当年的销售面积（我们还估算了当年开

① 新开工面积中的不可销售部分包括：拆迁还建、接受委托、定向开发的房屋面积，学校、幼儿园、派出所、居委会、商店等公益设施建筑面积，车库、车位等按个数统计而不计入销售的面积。一些经验系数认为，新开工面积中的80%是可以销售的。

工、次年满足销售条件的情况，结果在趋势上相差不大，所以这里略去）；最后将这一差值累计到前期库存中，从而形成库存绝对水平的历史序列。我们进一步假设 2007 年之前没有形成显著的存货积累，从而得到新开工中不可销售面积的大体比例（如此估算的水平接近 0.2，与一些业内人士的看法大致相符），并假设 2007 年的非合意存货水平为 0。

之所以假设 2007 年非合意存货水平为 0，是因为当年全国房价开始加速上升，暗示当时库存已低于合意水平，从而形成一个相对保守的估算基础。

由此形成库存的序列数据后，我们进一步对比了同期房价和新开工等领域的数据，这些数据大体上可以相互印证，例如非合意库存低于 0 时房价上升，大于 0 时房价面临压力。非合意库存低于 0 时，相对销售增速，新开工明显加速，大于 0 时新开工则表现疲弱。这些比对显示这样的估算结果大体上是可以接受的。

图 5-24 至图 5-26 报告了主要的估算结果。可以看到，一个显著的特点是，2010—2014 年，大部分城市的非合意存货水平均在快速堆积，随后进入下降过程。

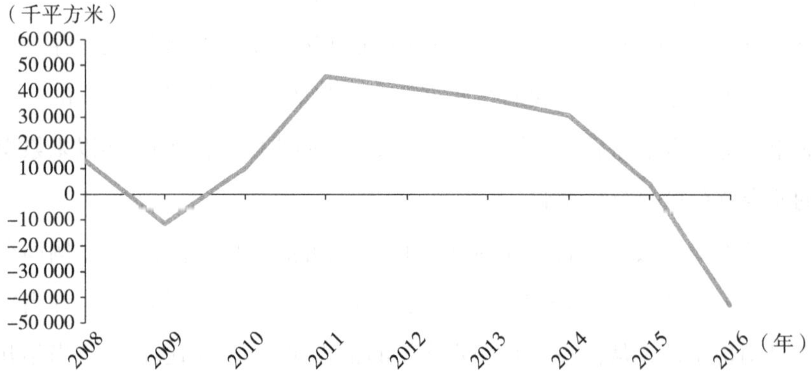

图 5-24　二线涨幅靠前城市测算非合意库存量

数据来源：CEIC，安信证券。

数据说明：本期库存 = 上期库存 + 本期新开工 × 修正系数 - 本期销售。

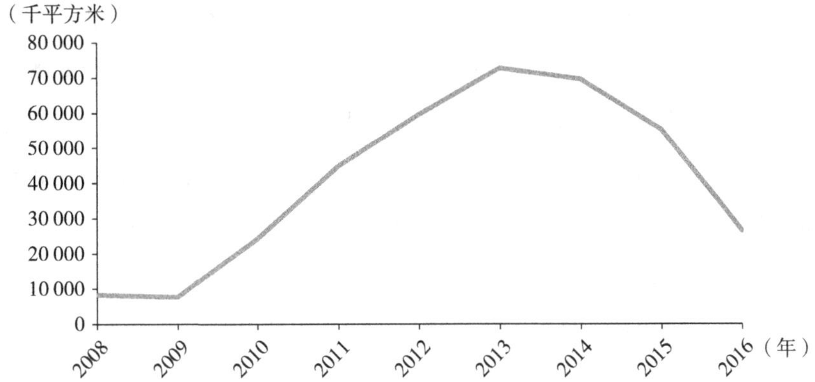

图 5-25　二线涨幅靠后城市测算非合意库存量

数据来源：CEIC，安信证券。

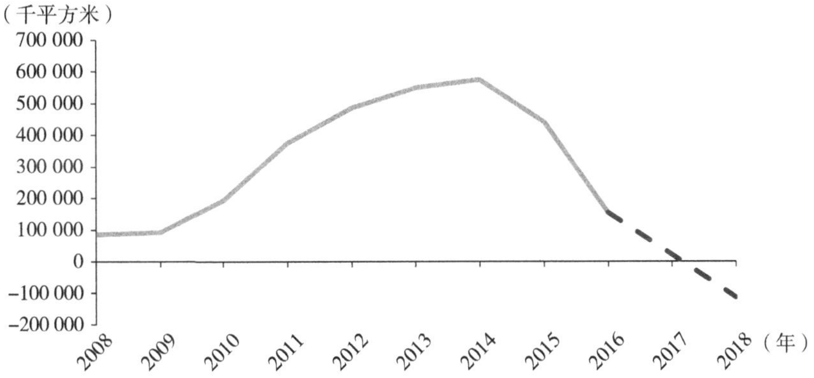

图 5-26　三、四线城市测算非合意库存量

数据来源：CEIC，安信证券。

数据说明：假定 2017—2018 年库存去化速度和 2015 年去化的绝对水平相同。到 2018 年 2 月，库存回到合理水平。

对于房价涨幅靠前的二线城市而言，2011—2012 年以后青壮年人口的持续大量流入，首先带来的是非合意存货的快速消化。到 2016 年初，当存货大幅下滑到 0 以下时，房价立即出现了猛烈的上涨。

在房价涨幅靠后的二线城市，以及涨幅广泛的三、四线城市，青壮年人口流入的速度明显要更慢一些，因此存货的去化也相对较慢。但是由于开发商大量减少新开工，存货在 2014 年见顶以后也开始持续下降。

2016 年由于刺激政策的影响和需求透支，房地产的存货去化无疑非常快。2017 年以来，棚改货币化安置比例的进一步上升，对商品房销售继续形成重要支持，迄今商品房市场的降温速度远慢于预期，很多城市去化趋势仍然良好。随着库存的去化，一些三线城市房价也开始出现上涨势头，并促使越来越多的城市重启了限购限贷政策。以狭义的限购口径[①]统计，截至 2017 年 6 月 30 日，共计 50 个城市实施了限购政策，超过 2011—2013 年高峰时的 46 个（见图 5-27）。

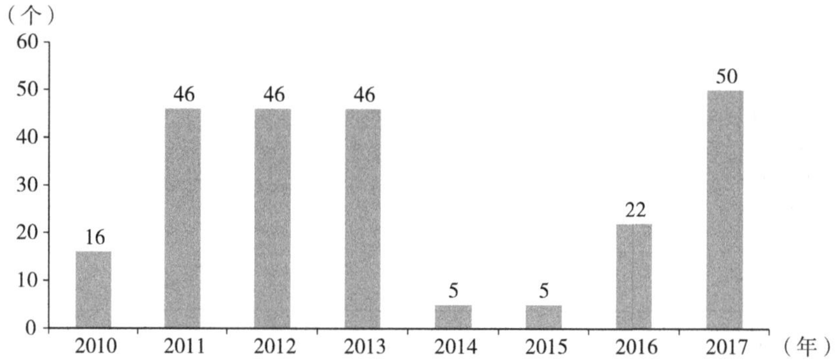

图 5-27　房地产限购城市数量

数据来源：中国指数研究院，安信证券。

如果假定存货去化维持 2015 年的速度（这一估计可能略保守），测算显示，到 2018 年上半年，三、四线城市非合意存货水平将下降到 0 附近。

我们还可以观察上市房地产企业存货数据，对以上分析做一下补充和验证。

上市房地产企业存货占总资产的比重在 2014 年三季度达到最高点，

① 对购房资格和购房数量进行限制的政策。

随后开始回落，目前已经与2010年底的水平接近（见图5-28）。上市房地产公司存货数据也显示，我们距离存货去化基本完成的时间节点并不遥远，这与前述基于新开工面积和销售数据的估计也是比较接近的。

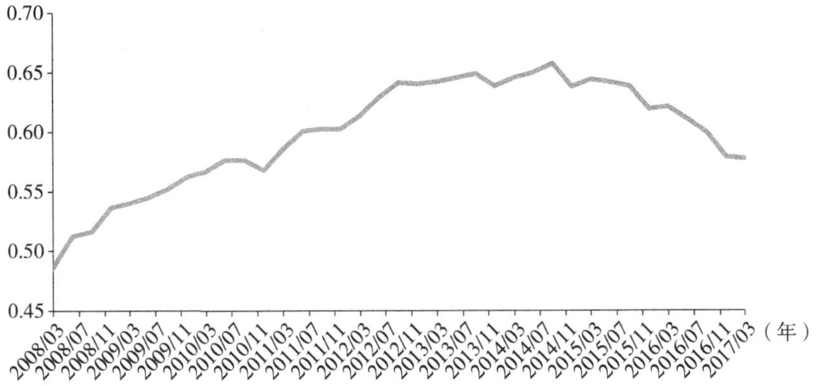

图5-28　上市房地产企业存货/总资产

数据来源：Wind，安信证券。

一个值得讨论的话题是，很多人认为2016年以来重点城市的房地产市场正在重新泡沫化。如果从房价的角度看，情况无疑是这样。然而，从新开工变化看，这些城市迄今并未出现存货的快速积累。

以20世纪80年代后期日本、2005年以后美国以及2010年以来中国的情况看，房地产泡沫的一个关键特征是，房地产投资的快速扩大和随后存货的大量积累。实际上，正是由于存货的快速堆积和难以处置，在房价泡沫破灭以后才形成了银行坏账、产能过剩和价格调整等严重的问题。

从这一角度看，2016年以来在部分二线城市房价快速上升的同时，供应快速扩大和存货积累并不明显，房价的上升主要反映了供求严重失衡，表现为非合意存货大幅低于0的水平。

综合上述讨论，2009—2011年中国经历了全面的房地产价格的快速上涨和泡沫化，这刺激了供应的过度增长，随后导致库存的大量积累。

2012 年以后，在大多数城市，房价上涨开始低于通货膨胀和收入的上升速度，最晚自 2014 年开始，全国范围的房地产库存的绝对水平开始高位持续快速回落。

由于前面讨论的人口流向的分化，不同城市的存货去化速度呈现显著差异，导致 2016 年初以来，不同城市之间的房价呈现排浪式上升：率先完成存货去化的城市房价领涨，后续其他城市存货去化逐步完成，房价开始跟随上涨。

在过去 2~3 年的努力下，重点城市房地产库存已经完成去化，其他中小城市的库存水平仍然偏高，但较峰值已显著下降。越来越多的三、四线城市房价重启上升走势。实施限购限贷政策，意味着库存去化在越来越多的三、四线城市逐步完成。

从更基础的角度看，尽管新开工的下降和市场化力量的作用十分重要，但持续的城市化进程也许是 2014 年以来中国房地产顺利完成（或将要完成）存货去化的关键因素，这使得在经济减速和银行坏账上升温和的条件下，房地产市场得以出清。

容易设想，如果没有每年数以千万计的人口持续涌入城市，那么房地产价格下行、经济减速和银行坏账上升的幅度和规模都会大得多。

四、结论

本文讨论了三个问题。

第一部分讨论了中国的城市化进程及其对房价的影响，指出小学在校生人数是衡量与城市化关联的房地产需求的合理指标，并基于此对 2010—2012 年前后中国城市化进程的转折进行了分析和描述。

第二部分讨论了政府垄断城市土地供应造成的扭曲，结合实证数据分析了其对房价的影响，并探讨了可能影响政府供地决策的经济机理。总体上看，在中小城市土地供应相对充足的同时，特大城市的土地供应十分匮乏。这与2010年以后的人口流向形成巨大反差，基本造成了后期城市之间房价的巨大分化。

第三部分讨论了房地产市场的存货度量，以及与此相关的房价和泡沫等问题，指出2009—2011年中国房地产市场具有明显的泡沫化特征，其后逐步转入去泡沫、去存货的过程。最晚自2014年开始，全国范围的房地产库存的绝对水平开始高位持续快速回落。

由于人口流向的分化，不同城市的存货去化速度呈现显著差异，导致2016年初以来，不同城市之间的房价呈现排浪式上升：率先完成存货去化的城市房价领涨，后续其他城市存货去化逐步完成，房价开始跟随上涨。由于开工响应和存货的堆积并未出现，近来的房价上升更多地反映了市场供求失衡的影响，并不具备泡沫化的关键特征。

第六章

影子银行与宏观杠杆问题的真相

交易费用与余额宝的兴起

2014年初，具有重要技术创新的新型货币基金余额宝出现，随后其规模出现爆炸式增长，引发市场密切关注和财经界的大量讨论。本文以交易费用为切入点，讨论了余额宝兴起的原因，并分析了其影响。

一、交易费用造成不同市场的分割

银行理财产品对企业和住户存款，尤其是其中的定期存款形成了替代。一些零星的证据显示（见图6-1），2008年以后，银行理财产品相对于M2或相对于企业和住户定期存款的比例逐步稳定下来。直到2010年下半年，随着存款均衡利率水平的大幅上升以及信贷类理财产品的爆发式增长，理财产品相对于M2的比例才重新攀升。

这就引发了一个问题。站在银行的角度看，2010年下半年前3个月保本理财与定期存款60BP的平均利差在很大程度上体现了监管套利对资本的节约。但是，从企业和住户的角度看，既然理财产品能够提供更高的回报，为什么套利过程在2008年以后与2010年之前的这段时间里似乎停滞了下来？

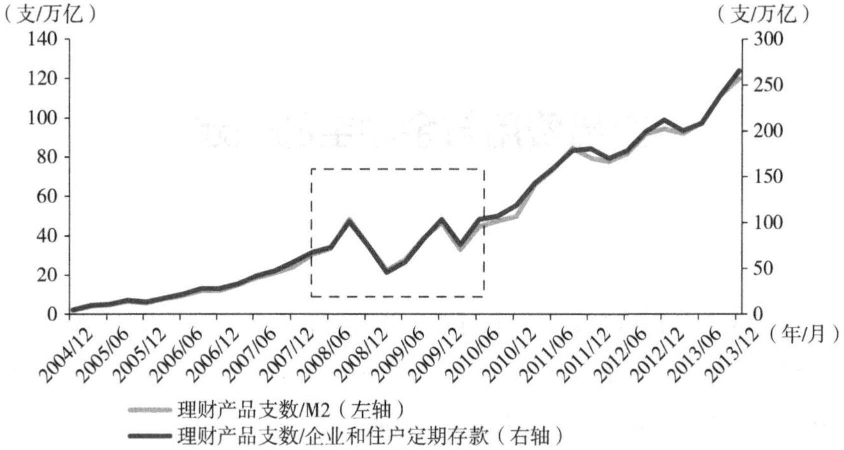

图 6–1　理财产品支数 /M2，理财产品支数 / 企业和住户定期存款

数据来源：Wind，安信证券。

数据说明：理财产品支数 /M2，一定程度上能够反映理财产品余额相对于 M2 的比例。可以看到，2008—2010 年，理财产品相对于 M2 的比例结束了此前的大幅攀升势头。这可能意味着理财产品市场阶段性地发展成熟，失去了进一步扩张的动力，逐步地稳定了下来。2010 年下半年以后，利差重新扩大，信贷类理财产品爆发式增长，理财产品相对于 M2 的比例才重新恢复猛烈的上涨趋势。

货币基金对企业和住户存款尤其是活期存款形成替代。我们再来观察货币基金相对于 M2 或相对于企业和住户活期存款的比例。

图 6–2 显示，历史上每一次货币基金与活期存款利差扩大，都带来货币基金规模相对于 M2 或活期存款的比例上升，而利差缩小这一相对比例则会下降。这反映了企业和住户套利活动的强弱与管制利差存在正向关系，这一点也非常容易理解。

图 6–2 中另外一个比较明显的现象是，在 2010 年之前，货币基金相对定期存款的比例虽然有波动，但平台稳定在 0.9% 附近。同样令我们感到疑惑的是，为什么在 200BP 利差的情况下，货币基金相对规模能够稳定下来停止扩张，套利活动因何而停滞？

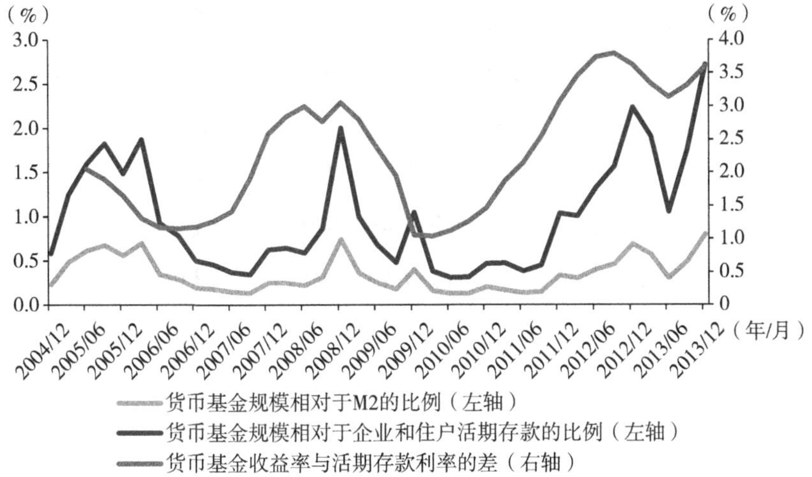

图 6-2　货币基金相对规模、货币基金收益率与活期存款利率的差

数据来源：Wind，安信证券。

从一价定律的角度来考察，在存在 60BP 和 200BP 利差的背景下，理财产品和货币基金相对规模能够维持稳定，有两种可能的解释。一是这些产品彼此之间的差异足够大，可以支持存在显著的价格差异，例如在完成即时支付以及隐含本金保证方面，理财产品、货币基金、储蓄存款之间确实存在差别。二是交易费用，我们怀疑在很大程度上交易费用提供了更主要的解释，尽管产品差异可能也存在一些有限的影响。

活期存款与货币基金以及定期存款与理财产品在相互转换的过程中，至少产生如下四项交易费用。第一，学习成本。学习和理解货币基金、理财产品等知识需要花费必要的时间。第二，拜访银行网点并办理必要的手续需要付出成本。网上银行办理业务的成本也许很小，但开户等操作同样需要拜访银行网点。第三，拜访银行过程中可能存在等待成本，产品从交易指令发出到实际到账也需要等待。第四，拜访银行产生机会成本，例如被占用的闲暇时间或被放弃的工作时间等。

交易费用对银行理财产品和货币基金市场产生了哪些影响？

非常重要的一条是，交易费用自动形成了筛选机制。假定交易费用为300元，这意味着当平均利差保持在200BP的时候，可配置资金在1.5万元以下的企业和住户选择放弃申购货币基金；当平均利差保持在60BP的时候，可配置资金在5万元以下的企业和住户选择放弃申购理财产品。不同产品的边际申购规模与它们相对银行表内存款的利差的乘积应当大体上接近。

可以看到，交易费用的存在不影响大额资金的跨市场套利，却对小额账户套利行为构成了制约，这导致了金融市场的分割。理论上我们可以推断，理财产品边际申购规模大于货币基金，货币基金边际申购规模大于银行储蓄存款。不同金融产品边际上的申购数据较难获得，但产品持有人户均余额数据相对更容易收集。我们假定产品持有人户均余额与边际申购规模存在正向的比例关系，那么就可以进一步推断理财产品持有人户均余额大于货币基金，货币基金持有人户均余额大于银行储蓄存款。

这一推测与实际情况是吻合的（见表6–1）。2013年底某大行理财产品持有人户均余额为40万人民币，这可能是具有代表性的数字。过去十年传统货币基金户均持有规模平均值为13.3万人民币，银行储蓄存款持有人户均规模在1万元以下。

更加有趣的是，货币基金持有人户均规模为13.3万，理财产品持有人户均规模40万的比例在1/3左右，而在2010年之前，货币基金回报率与活期存款利率的平均利差在200BP，近似于3个月保本理财产品与同期限定期存款60BP平均利差的3倍。两种产品的户均持有规模与它们相对银行表内存款的利差的乘积非常接近。

那么300元左右是不是交易费用的一个大致合理的估计呢？

我们相信它大体上是合理的，至少在量级上是正确的。例如，以银行理财产品市场为例，2010 年中之前，保本型理财产品与同期限定期存款利差平均水平在 60BP，而在这一利差水平上，理财市场规模相对于企业和住户定期存款的比例大约在 2008 年以后逐步稳定了下来。边际上，理财产品申购资金量为 5 万元（这与银行的要求有关系），由此可以估计出 300 元左右的交易费用。重要的是，以这一估计为基础去推断市场的分割情况，与实际数据的分布也是大体一致的。

表 6-1　各产品市场持有人户均规模及利差

产品类型	户均规模	2010 年中之前相对利差	2010 年中之后相对利差
传统货币基金	约 13.3 万元	200BP（与活期存款利差）	265BP（与活期存款利差）
余额宝	约 0.6 万元	—	—
3 个月保本理财产品	全部理财产品户均约 40 万元（某大行数据）	63BP（扣 3 个月定存利率）	134BP（扣 3 个月定存利率）
3 个月全部理财产品		78BP（扣 3 个月定存利率）	164BP（扣 3 个月定存利率）
储蓄存款	数千元人民币（某大行数据）	—	—

二、余额宝带来了什么

余额宝的前端是一个标准的货币基金，投资操作层面与其他货币基金没有特别明显的不同。余额宝的后端是互联网渠道，这是它与传统货币基金的重大差异。互联网渠道实现了交易费用的下降。

在前面的讨论中，我们知道，传统货币基金 300 元左右的交易费用将大量的小额资金锁定在银行活期账户上，而余额宝的互联网渠道使前面讨论的交易费用大幅下降至数十元甚至更低的水平，小额资金的跨市场套利活动因此变得有利可图，从而降低了金融市场的分割。截至2014年2月底，余额宝用户数量在8 100万附近，户均余额大约为6 000元，远远低于传统货币基金的13.3万币（历史均值）。

余额宝通过渠道变革实现了交易费用的大幅度下降，从长期来看将带来至少五个方面的影响。

第一，更多地让偏低收入者获益，从而改善收入分配。从前面的讨论中可以看到，余额宝实现的交易费用下降的大部分收益，实际上被小额资金持有人获得，可以相信这部分持有人主要是社会的偏低收入者。在目前的规模水平上，根据以前稳态的收益率差（即2%）计算，低收入者获得了至少100亿元的收入。

第二，降低全社会的储蓄动员成本和全社会资金价格。传统银行网点的一个重要功能是收集零散的存款，余额宝通过虚拟网络渠道收集存款的成本要低很多，这在长期内有助于降低全社会资金价格。

第三，在现有制度安排下提高货币乘数。余额宝将银行活期存款转换为非银行金融机构在银行的同业存款，节约了商业银行的存款准备金，增加了信贷市场可用资金量（通过非标和投资等业务形式，并同时转化为一般存款），降低了信贷和同业市场的利率水平，提高了货币乘数。这在当前基础货币供应下降，贷存比约束很强的条件下意义更加明显。

第四，加速金融市场的融合，加剧利率市场化的紧迫性。余额宝通过降低交易费用，使小额储户能够自由地在储蓄存款与货币基金之间跨市场套利，这加速了零售存款市场和银行同业市场的融合，并使加速利率自由化更加迫切。

第五，削弱渠道垄断，促进大小银行更公平地竞争。传统上，大银行利用其更密集的网点获得成本更低并且稳定性更好的储蓄资金。中小银行网点少，高成本的批发存款占比高，存款稳定性差。大银行的渠道垄断使中小银行在竞争中处于不利地位，余额宝的出现使原先沉淀在大银行的小额储蓄可以转而以同业存款的形式，被中小银行以竞争性的利率获得，这在客观上促进了金融体系的公平竞争。

影子银行体系的兴起与变迁

本文从市场化利率的异常表现入手，梳理并分析影子银行的兴起和变迁的历史。为了回应社会上对银行资金脱实向虚的各种议论，本文随后着眼于银行体系（包括影子银行）的负债方［我们称作 M3（最广义的货币供应量）］以及实体经济部门的负债方（我们称作广义社会融资）的总量数据变化，试图定义和推算资金在实体部门和虚拟经济之间的流转情况，并估计其对金融市场的影响。

一、影子银行体系的兴起和变迁

（一）影子体系规模的快速膨胀

在过去七八年的时间里，中国影子银行体系从无到有，经历了爆炸式的增长。简单以银行理财资金余额来反映影子银行体系的膨胀的话，可以看到，2008 年其规模不足 1 万亿元，占 M2 比重不足 1%；至 2016 年底，理财资金余额近 30 万亿元，扩张了 30 倍，占 M2 比重近 20%（见图 6–3）。考虑到理财之外还存在其他创新性的影子业务，这一体系真实的膨胀速度还要更快一些。

（二）基于金融自由化改革无法合理解释影子体系的扩张

影子银行体系快速扩张的原因是什么？很多分析将其归因于金融自由化以及监管套利。这样的看法无疑有道理，也触及了这一问题之中非常重要的方面。但在我们看来，这一看法忽视了影子银行体系的兴起和

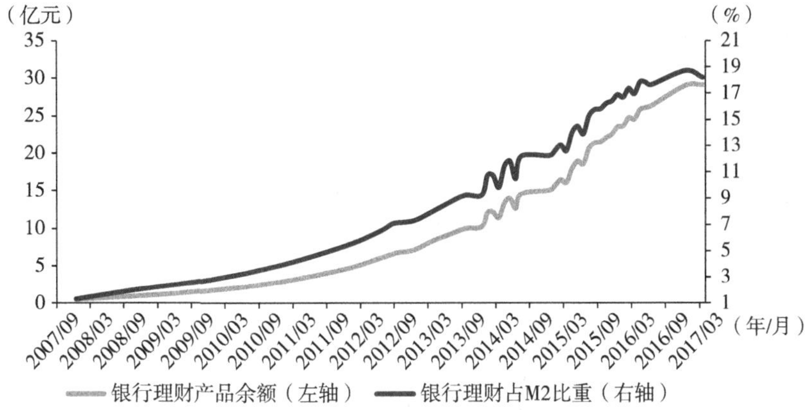

图 6-3　银行理财资金余额及其占 M2 的比重

数据来源：Wind，安信证券。

变迁背后更为基本和深刻的宏观经济背景，是不完备的。

我们知道，在银行负债方业务中，有两个子市场比较特别：一是保本理财市场，二是大额协议存款市场。保本理财和大额协存的共同点是很早就实现了市场化定价，利率较定期存款灵敏许多。差异在于，前者属于银行表外业务，后者属于表内业务，面临的监管环境不同；前者期限较短，大多为 3~6 个月，后者期限较长，大多为 61 个月；前者更多面向零售端客户，后者主要面向社保基金、保险公司等机构投资者，等等。

首先，我们观察银行保本理财与同期限定期存款利差（见图 6-4）。比较清楚的是，在影子银行体系快速扩张的七八年时间里，保本理财与同期限定期存款的利差中枢较此前有非常明显的扩张。2010—2013 年，平均利差较 2004—2009 年抬升了 70BP，2014—2016 年较 2020—2013 年又进一步抬升了 90BP。

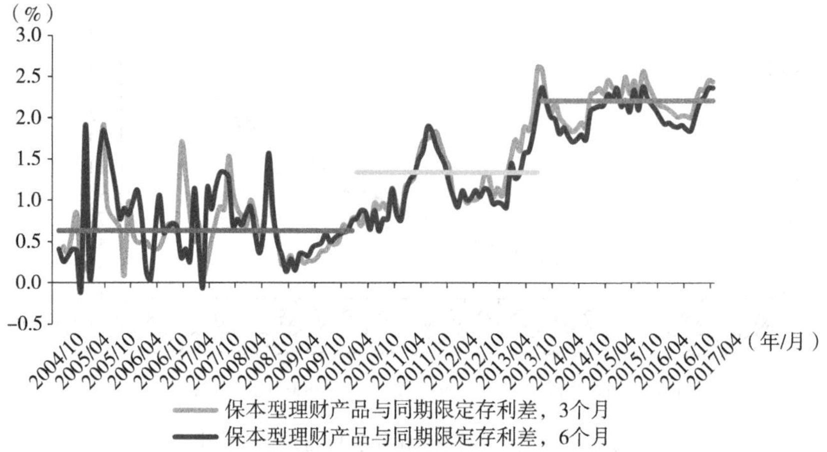

图 6-4　银行保本理财与同期限定期存款利差

数据来源：Wind，安信证券。

理论上，假定其他因素不变，单纯利率管制放开、金融自由化或监管套利推动理财规模扩张的同时，会使理财与定存利差显著收窄，或者至少维持不变。因此，其间利差中枢不降反升清晰地表明单纯金融自由化的解释是不完备的，这背后有着其他更为基本和深刻的宏观驱动。

其次，我们观察大额协存与保本理财利差。由于监管环境和期限的不同，大额协存与保本理财利率的绝对水平有较大的差异。但考虑到两个市场监管要求（例如法定缴存要求、资本拨备等）变化有限，期限利差在长期内也维持稳定，我们可以观察两者利差的相对走势的变化。

先将其展示为左右轴模式。在图 6-5 中能够看到，在 2014 年之前，大额协存利率与保本理财利率走势非常同步，变化幅度也高度接近。在 2014 年以后，大额协存利率出现了较大幅度的回落，市场规模的萎缩可能也比较显著，然而银行保本理财利率（以及非保本理财利率）的下行要明显温和得多。

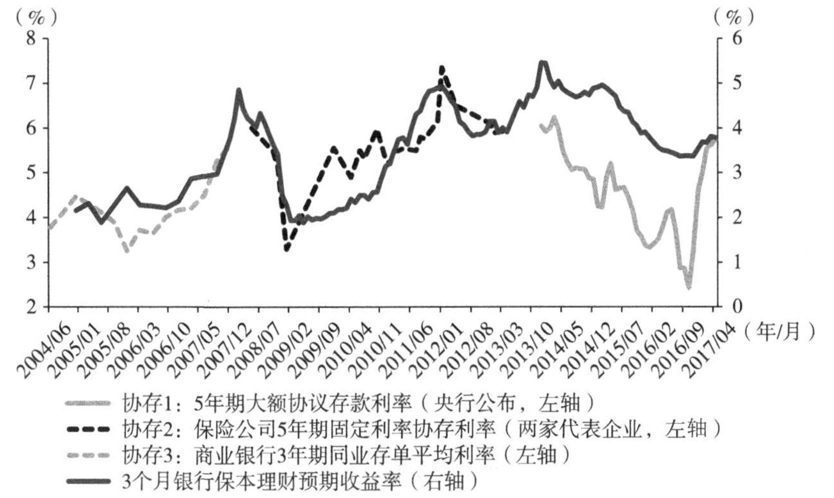

图 6-5 大额协存与保本理财利率的比较

数据来源：Wind，安信证券。

数据说明：2008—2013 年协存利率来源于代表企业样本数据，2013 年以来协存利率参考同业存单利率。

直接计算大额协存与保本理财利差也可以看到（见图 6-6），2010—2013 年，期间利差平均水平为 200BP，与 2010 年之前大体相当；然而 2014—2016 年，利差平均水平大幅度下降到 13BP 的水平。

为什么 2014 年之前大额协存与保本理财利率走势趋同，2014 年之后两者走势又发生了明显的分化？

这是关于影子体系发展和变化需要认真回答的三个问题。

（三）2010—2013 年“银行的影子”

2014 年之前，影子银行规模快速扩张。但其核心是围绕规模放贷，很大程度上仍然是“银行的影子”，是银行传统资产负债业务在表外的延伸。2010—2013 年，实体经济融资需求，特别是房地产和地方平台的资金需求，总体上比较旺盛。一方面，由于政策层面的管控，银行表内渠道

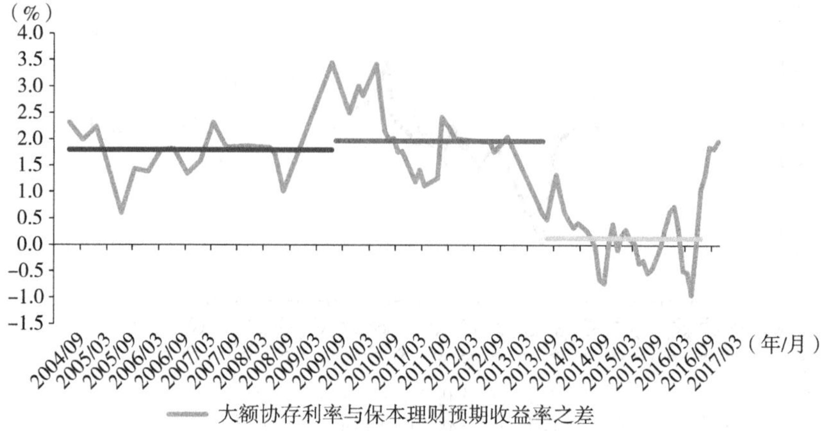

图 6-6　大额协存与保本理财利率的比较

数据来源：Wind，安信证券。

数据说明：2004 年 12 月—2009 年 12 月，利差均值 1.8%；2011 年 1 月—2013 年 12 月为 2.0%；2014 年 1 月—2016 年 12 月为 0.13%。为什么影子体系规模膨胀的同时，保本理财与定期存款的利差持续扩大？

对部分特定行业和领域的放贷受到严格管制；另一方面，受制于外汇占款投放趋势性放缓、商业银行一般存款来源下降以及严格的存贷比考核，商业银行表内信贷供应能力也在大幅下滑。实体部门大量的融资需求无法在表内放贷渠道得到充分的对接，这就引发了整个金融系统的重要变化和应对。

第一个重要变化是整个经济和金融体系的市场化利率中枢大幅抬升。例如，在金融体系的资产端，无论是看票据、一般贷款，还是看信用债发行，平均利率都维持在非常高的平台之上，与经济增速的下行不匹配。

第二个重要变化是在利润最大化动机驱动下，商业银行通过各种方法扩大对实体部门的信用供应。看起来，银行至少发展了以下三种方法。

第一种方法是在大额协议存款市场上用更高的利率组织资金。大额协议存款属于一般存款，能够用于放贷，这诱使部分金融机构借助保险通道将同业存款变为协议存款。

第二种方法是将贷款转入表外的资产池，并由表外的理财资金来对接。这就实现了资产和负债端的同时出表，规避了存贷比的考核以及针对特定行业的表内融资限制，同时还绕过了资本充足率和存款准备金等约束，从而提高了整个银行系统的放贷能力。

第三种方法是通过同业或自营科目发放贷款。例如，一个简单的方法是借用信托公司作为通道，或者商业银行之间相互腾挪，将对企业的贷款转化为对金融机构的放款，规避存贷比和资本充足率监管（见图 6-7）。

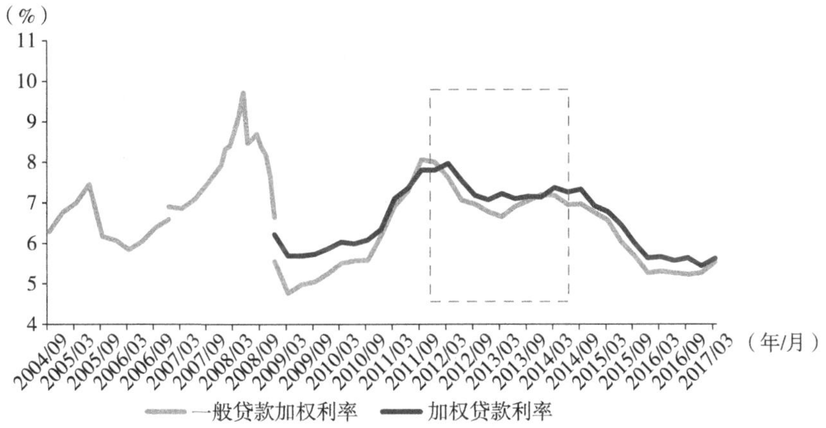

图 6-7　一般贷款和加权贷款利率

数据来源：Wind，安信证券。

从经济分析的角度看，在均衡条件下，以上三种方法对银行而言应当是等价的。换句话说，如果一种方法下银行获得的潜在利差为 100BP，另一种方法下获得 150BP，这就会引发银行的套利和业务调整，最终无论使用何种方法，银行获得的潜在收益是接近的，因而在负债端细分市场上，利率的上升压力也是接近的。

这样我们就能够理解，为什么 2010—2013 年影子体系规模快速膨胀的同时，保本理财与定期存款的利差还在进一步扩大，原因在于背后表外旺盛的实体融资需求的支撑。同样能够理解为什么 2014 年之前大额协存与保本理财利率走势趋同，因为其面对的是相同的业务诉求，以及银行在不同方法之间取舍平衡的结果。

（四）2014—2016 年真正的“影子银行”

2014 年以后，此前实体部门那些无法在表内得到充分对接的大量融资需求逐渐萎缩。

这同样受到多重因素的影响。一是地方政府开始清理平台债务，同时开展债务置换，平台融资需求下降；二是房地产企业全面转向去库存，投融资需求下滑；三是央行货币政策转向，基础货币投放增加，存款准备金下调；四是存贷比约束减轻，并且最终在 2015 年下半年废除。这样，影子体系最初爆发式增长的关键驱动力量消失了。

2014 年，在原有的驱动力量消失以后，影子银行体系如何实现自身的生存和进一步扩张呢？最重要的方法是借助监管上的空白，通过委外、对接结构化产品、增加信用风险暴露和加杠杆等方式，将大量的资金转入债券、股票、私募股权等市场，从而减轻实体融资类业务萎缩以后理财收益率的下行压力，进而实现理财规模的进一步扩张。

例如，由于银行体系的人员配置和核心竞争力主要集中在放贷业务链条上，因此，在进入股债资产市场时，委外便成为一种重要的模式，从而获得券商和基金公司等在股债资产投资领域的优势。

又如，2015 年“股灾”之前，理财资金对接大量两融收益权和结构化证券产品。这些创新产品对银行体系而言具有高收益、低风险特征，虽然它催化和放大了股市泡沫，增加了整个金融体系所承担的风险。

再如，理财资金直接或委外进入信用债市场，并加杠杆增厚收益，也是“股灾”之后造成信用债牛市、信用利差降低至历史低位水平的十分重要的驱动力量。

所以，正是在实体融资类业务大幅萎缩、理财规模继续快速膨胀的背景下，我们看到了2014—2016年股债资产市场估值的显著抬升和愈演愈烈的“资产荒”。这也就解释了为什么那段时期大额协议存款利率显著下行与保本理财利率的缓慢回落同时存在，也解释了为什么两者利差较此前大幅收窄。

换句话说，在这一时期，协议存款由于放在银行表内，其运用受到更多、更严格的监管；理财资金在表外，受到更少、更松散的监管，这使得两者对应的资金用途区别很大，进而导致其利率走向显著分化。作为对比，在前一时期，两者对应的资金用途都是针对实体经济的贷款需求，因此其利率走向趋同。

以上是从资产投向的角度讨论理财利率、协存利率、定存利率之间走势的同步和分化。

这里还需要从负债来源或者金融产品投资者的角度，对各类产品之间利差的持续存在，甚至进一步扩大做一些说明。事实上，这主要不是由理财市场扩张不到位、市场仍未达成均衡导致的，而是与不同金融产品参与者在流动性和风险偏好等方面的差异，以及交易成本因素导致的市场分割有关。也就是说，即便在均衡状态下，各类金融产品的利差也不是必然抹平的。这就像定存利率高于活期存款许多，活期存款规模依然庞大一样。

（五）从社融细项和理财资金投向看影子体系的变迁

观察社融细项以及理财资金投向，能够为以上关于影子银行体系兴起和变迁的历史梳理提供一定的支持。

在社会融资规模中，委托贷款、信托贷款和银行未贴现承兑汇票三个项目与影子银行体系的融资类业务之间存在重叠，当然并不重合。因此，这三个项目在社会融资规模中的占比变化，一定程度上能够反映影子体系融资类业务的扩张和收缩（见图 6–8）。

图 6–8　委托贷款、信托贷款、银行未贴现承兑汇票在社融中的占比

数据来源：Wind，安信证券。

可以看到，2009—2013 年，社会融资中表外业务的占比（四季度滚动）呈上升趋势，从不到 10% 上升至 25% 以上；然而在 2014 年初至 2016 年中两年多的时间里，这一占比反过来一路下滑。这与前述梳理大体上是吻合的。

中央结算公司发布的银行理财资金投向数据也能够部分揭示影子体系核心业务在 2013 年前后的重大变迁（见图 6–9）。

能够看到，2013 年底至 2016 年底，“非标”在理财总规模中的占比从 27.5% 显著下滑了 10 个百分点，直至 17.5%。与此同时，债券及货币市场工具占比由最初的 38.6% 大幅上升了 18 个百分点，直至 56.9%。权益类资产占比先升后落，由 2013 年底的 6.14% 上升至 2015 年底的 7.84%，再回落到 2016 年底的 6.16%。

同样，理财“非标”并非影子银行体系针对实体部门融资类业务的全部。特别是在 2013 年《中国银监会关于规范商业银行理财业务投资运作有关问题的通知》(“8 号文”) 出台以后，很多理财“非标”被迫转移到券商和基金子公司，这也对以上理财投向数据产生了重大影响，需要留意。

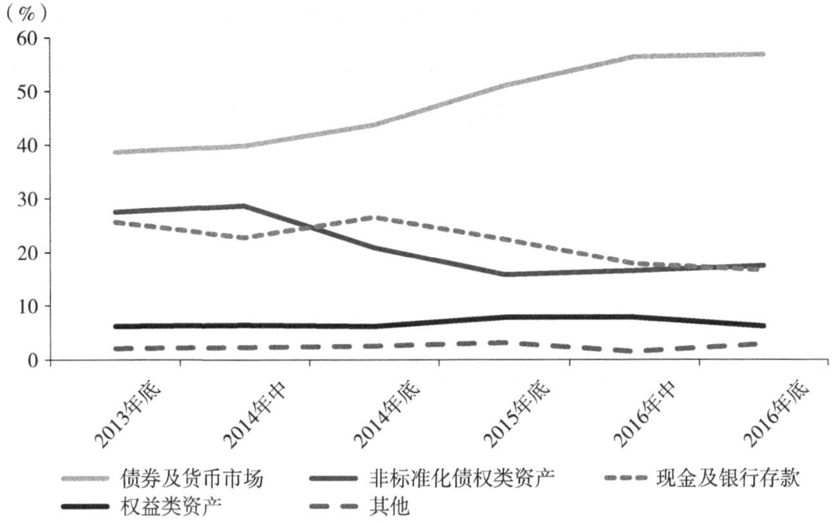

图 6-9　各类资产在银行理财资金投向中的占比

数据来源：Wind，安信证券。

二、资金在实体部门和虚拟经济之间的流转变化

(一) 定义 M3 与广义社融

什么是“向实”？什么是“向虚”？如何衡量资金在实体部门和虚拟经济之间的流转变化？

为了更直观地理解什么是“向实”，什么是“向虚”，我们首先定义和构造两个新的金融统计指标。

第一个指标是 M2 加上非保本理财，本意是衡量银行体系从实体部门（非金融企业、住户、政府、海外等）融入的资金总和，既包括表内负债，也包括表外负债，我们姑且称之为 M3。

按照央行口径，其他金融性公司对银行体系的大部分债权，如证券交易结算保证金、住房公积金存款等，也计入了M2当中，但这并不是问题。因为原则上，这部分资金中的很大一部分可以视同实体部门存款。我们还应当将实体部门持有的政策性银行债、商业银行普通债和次级债等容纳进来，但由于其体量偏小，所以可以忽略。此外，理财还有一部分资金来源于银行同业，这应当剔除，但由于数据可得性原因，这里未予处理。

第二个指标我们称之为广义社融，本意是衡量银行体系为实体部门（非金融企业、住户、政府、海外等）提供的各类资金支持，具体包括人民币贷款、外币贷款、委托贷款、信托贷款、银行未贴现承兑汇票、银行体系持有的各类债券以及外汇占款等。考虑到部分银行理财资金还借助券商、基金子公司甚至保险通道为实体经济提供了资金支持，在数据可得的情况下，也可以容纳进来。

我们还可以根据需要对以上新定义指标的口径进行更多的调整。但无论如何调整，需要秉持的原则是资金的来源和运用要大体对称。也就是说，如果M3对应的是“银行体系”的资金来源，那么广义社融就需要对应“银行体系”资金运用中投向实体部门的那部分；如果M3针对的是银行、保险、券商、基金公司和子公司等全部金融机构，那么广义社融也应当有所扩充，将保险、券商、基金公司和子公司对实体经济的全部资金支持纳入进来。

本文主要针对银行体系资金的来源和运用进行测算。

（二）广义社融“向实”，M3与广义社融裂口“向虚”

基于以上定义，我们知道，站在银行资金运用的角度，广义社融更多地体现银行资金的“向实”部分；M3与广义社融的裂口更多地反映银行资金的“向虚”部分。

但关于“向实”和“向虚”，还有两点内容需要补充。

第一，一些分析指出，无论银行资金通过何种方式购买债券和股票，假定资金最后由实体部门获得（实际上未必），那么这本身就是对实体经济的支持，理应属于“实”而非“虚”。

这实际上涉及对“向实”和“向虚”内涵的理解。

首先需要清楚的是，银行体系持有的信用债、国债、地方债，很多属于对实体经济的支持，在广义社融指标中已经容纳了很大一部分。其次，关于为什么一些二级市场购买行为更多地与虚拟经济有关，与实体经济关联有限，我们可以举例讨论。例如，2015 年“股灾”期间，证金公司向银行借贷并大举买入了股票。因此，证金公司对手方的资产负债表立即发生调整，其持有股票下降、持有现金增多，M3 迅速上升。但对手方持有现金的增长，在短期之内并不会带来实体经济新的投资机会的出现（如果财富效应显著，这倒可以带来消费活动的增长，但这建立在资产价格已经上升的基础上）。也就是说，在短期之内，救市资金在稳定和推升股票价格方面迅速见效，但对实体经济的刺激十分有限。这也是央行调统司在设计社会融资规模指标时没有包括这部分资金的原因。

所以，从这个意义上，我们将救市行为定义为资金“向虚”并没有太大的问题。我们还可以看到，救市资金的投放在一段时间内将推动 M3 的增长快于广义社融。

同样的道理，当资金大量进入债券二级市场和二手房地产市场时，其短期内也推升资产市场价格，并且会带来 M3 增长快于广义社融。

第二，广义社融能够体现资金“向实”部分的变化趋势，但应该认识到其并非全部对应资金的“向实”；M3 与广义社融的裂口也只是能够反映资金“向虚”部分的变化趋势，而非全部对应资金的“向虚”。

例如，实体部门从银行体系融入了资金，计入广义社融，但这部分资金既可以投入物理资本的购置中，形成真正的“向实”，也完全可以再配置到债券、股票、土地、房地产和古董市场上，从而形成资金的“向虚”。因此，M3 与广义社融裂口也只是包含了市场高度关注的银行资金“向虚”的一部分而非全部。

此外，实体部门和非银行金融机构还可以将资金直接投入各类虚拟经济之中，这些资金不完全体现在 M3、广义社融或者 M3 与广义社融的裂口之中。

（三）货币信贷增速差与债券净价涨跌

那么接下来需要问的是，广义社融增速是否可以真实地反映银行资金“向实”的变化趋势，或者更重要的是，M3 与广义社融增速裂口是否可以贴切地反映资金的“向虚”？以上这些定义和测算是否存在重要遗漏和瑕疵，从而没有应用价值？

首先，我们观察 M3 与广义社融增速的历史表现。我们测算了 2008 年以来 M3 与广义社融的余额同比增速（见图 6–10）。能够看到，2014 年是两者增速的一个重要分水岭。2014 年之前，M3 相较于广义社融增速有高有低，但总体上比较接近，没有出现持续显著的背离。然而 2014 年以后的两年时间里，M3 增速系统性高于广义社融增速，背离时间之长、幅度之大，在此前的几年里没有出现过。2015 年中过后，证金公司的救市行为无疑对 M3 产生了影响。但即便剔除救市影响，M3 与广义社融增速之间的裂口仍然非常显著。

这是否就是对资金在实体部门和虚拟经济之间流转变化情况的一个近似衡量呢？我们首先从货币信贷增速差（定义为 M3 增速与广义社会融资增速的差值，下同）与债券市场涨跌层面做一个验证。我们知道，理论上，M3 增速如果高于广义社融增速，更多的银行表内资金和理财资金就会通过直接或间接渠道涌入债券二级市场，从而推升债券价格的上涨。

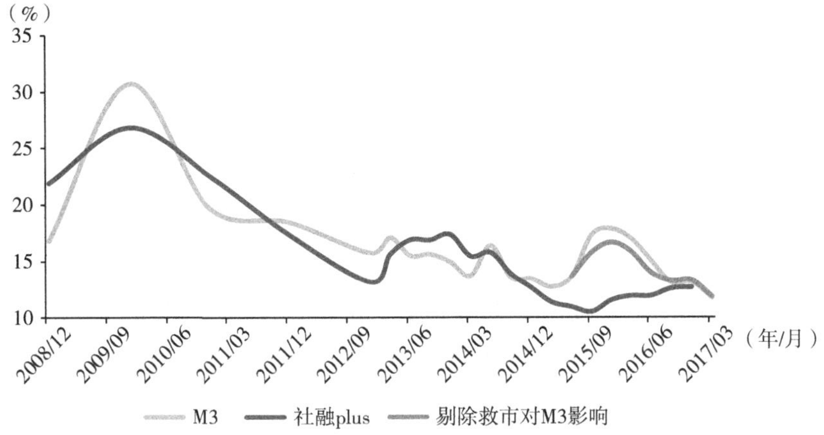

图 6-10 M3 与广义社融余额同比

数据来源：Wind，安信证券。

数据说明：① M3 等于 M2 与非保本理财之和。②社融 plus 是在社融之中先扣减股票，扣减银行以外其他部门持有的信用债，扩充银行持有的地方债、国债，再加上金融机构外汇占款，以及各类资管项目为实体经济提供的委托信票据以外的资金。③即便假定救市期间证金公司筹资总额达到 2 万亿元，其对 M3 影响也有限。

反过来，M3 增速低于广义社融增速，意味着实体部门融资需求相对旺盛，银行从债券二级市场抽出资金，会导致债券价格下跌。

回顾 2011 年以来的货币信贷增速差与国内债券净价同比涨幅散点图，能够清楚地看到两者之间相关系数高达 0.7。这实际上意味着 M3 与广义社融增速的裂口即便不能反映资金在实体部门和虚拟经济之间流转变化的全貌，但确实也是这一流转变化趋势的有价值的衡量（见图 6-11）。

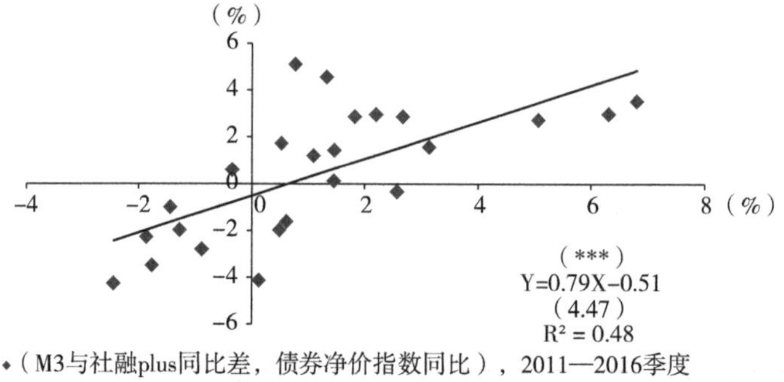

图 6-11　货币信贷增速差与债券净价涨幅散点图（2011—2016）

数据来源：Wind，安信证券。

数据说明：①横轴为 M3 与广义社融余额同比增速差，纵轴为中债综合净价指数同比。②X 表示横轴数据，Y 表示纵轴数据，R^2 表示趋势线拟合程度的指标。回归公式下括号内为系数 t 值，*** 为 1% 水平下显著。

事实上，十多年之前，我们使用过一个更为简单的类似指标来把握债券市场的波动，并取得了较好的效果。

图 6-12 中横轴是 2003—2010 年 M2 与人民币贷款同比增速差，纵轴是国内债券净价同比涨幅。两者之间同样高度相关，相关系数接近 0.7。

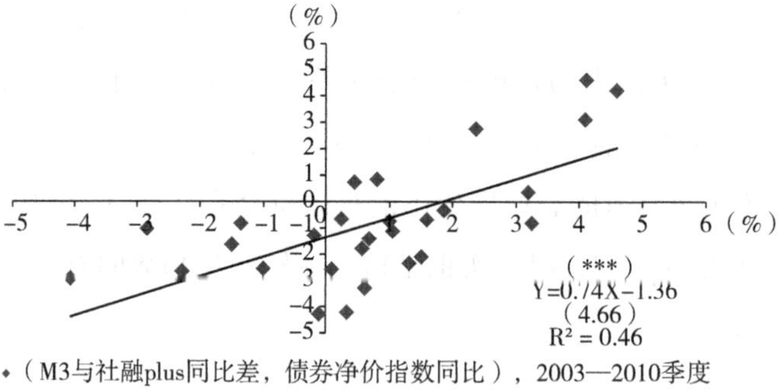

图 6-12　货币信贷增速差与债券净价涨幅散点图（2003—2010）

数据来源：Wind，安信证券。

数据说明：①横轴为 M2 与人民币贷款同比增速差，纵轴为中债综合净价指数同比。②剔除受次贷危机影响的数据（2008 年第四季度至 2009 年第三季度）。③X 表示横轴数据，Y 表示纵轴数据，R^2 表示趋势线拟合程度的指标。回归公式方括号内为系数 T 值，*** 为 1% 水平下显著。

在当时，单纯 M2 能够比较完备地反映银行体系的资金来源。人民币贷款是广义社融之中最重要的部分，也能够相对完备地反映银行体系对实体经济的资金供应。这样，两者之间的增速裂口反映了银行体系在债券市场配置资金的变化，因而能够很好地解释债券价格的涨跌。

随着金融市场的快速发展，一方面在负债端，影子体系快速扩张，理财产品越来越多地对 M2 形成补充和扩展，将 M2 发展为 M3 不难理解；另一方面在资产端，人民币贷款在全部社融中的占比趋势下降，因此也需要构造口径更大的广义社融。

需要留意的一点区别是，2010 年之前，在考虑银行体系对实体部门的资金支持时，我们没有加入外汇占款，背后的考虑是，当时贸易盈余在外汇占款中占有极高的比重，外汇占款事实上是国内实体部门自身过剩储蓄的一个反映，与国外实体部门借贷行为、银行体系的关联度比较小；而在 2010 年之后，贸易盈余在外汇占款中的比重显著下降，各类资本流动项目占有的比重越来越高，这样，将外汇占款视为国外实体部门资金的融入融出变化，或者视为银行体系对国外实体部门的资金支持，理论上是成立的。

事实上，我们也一并测算了 M3 与不包括外汇占款的广义社融之间的裂口，其对 2011 年以来债券净价同比涨幅的解释能力有所下滑，但依然很显著。

（四）货币信贷差与债券信用利差

如果说货币信贷差能够很好地刻画资金在实体部门和虚拟经济之间的流转情况，那么其对债券市场信用利差的变化，乃至股票市场的风格转换，是否也存在着重要的解释能力呢？

我们在这里对债券市场信用利差进行初步的研究。

理论上，影响债券市场信用利差的因素有许多，其中市场关注较多的，一是与经济基本面相关的整体信用风险的波动，二是由于增长、通胀以及货币政策变化引发的总体流动性的松紧。此外，信用债发行节奏的变化、个别严重信用事件爆发所产生的扰动等，也都对信用利差有着重要影响。

我们用 PPI 同比衡量经济景气程度与宏观信用风险的波动，用加权贷款利率同比衡量宏观流动性松紧变化。再加上资金在实体部门与虚拟经济之间的流转变化情况，并同样用货币信贷增速差（2010 年之前取 M2 与人民币贷款增速差，2011 年之后取 M3 与广义社融增速差）来衡量，这三项构成解释变量。使用 5 年期 AA+ 信用债与国开债利差的同比，衡量信用利差的波动，从而构成被解释变量。

回归结果显示，各项解释变量系数显著，并且方向符合理论预期。方程总体也比较显著，R^2 超过了 40%。考虑到一些严重信用事件没有在方程中有效控制，方程总体上的解释能力应该说是偏强的。

这也进一步表明，货币信贷增速差对于资金在实体部门与虚拟经济之间的流转变化的刻画是合适的。资金的流转变化对于债券市场净价涨跌、信用利差波动均有重要的影响。

回归结果：

信用利差同比 =

$$\underset{}{-5.39}\ \underset{(-3.28)}{\overset{(***)}{-5.91}}\times \text{PPI 同比} + \underset{(4.24)}{\overset{(***)}{1.88}}\times \text{加权贷款利率同比}\ \underset{(-2.36)}{\overset{(**)}{-3.65}}\times \text{货币信贷增速差}$$

F（3,27）=8.07；prob>F=0.0005；R^2=0.4727 调整后的 R^2=0.41

说明：回归公式下括号内为系数 T 值，*** 为 1% 水平下显著，** 为 5% 水平下显著。

关于影子银行与宏观杠杆问题的观察

基于以前对影子银行的一系列观察和分析，我们一直认为影子银行兴起背后的主要原因是各种旺盛的、无法在表内得到满足的融资需求，因此着眼于控制和引导需求因素是控制影子银行扩张及其潜在风险最有效的途径，而着眼于压缩影子银行业务的政策则可能产生相反甚至破坏性的效果。

我们基于对宏观杠杆率的测算，判断中国的宏观杠杆问题表面上是总量问题，背后是结构问题；表面上是金融问题，背后是财政问题。着眼于主动去杠杆的总体要求，存在两种不同的操作方法：一种是着眼于需求因素的财政去杠杆，另一种是着眼于供给因素的金融去杠杆。这两种方法的后果存在诸多差异。

从2014年中开始，中国实际上已经转入财政去杠杆的调整路径，并推动中国宏观杠杆率在2016年以后稳中有降；但2018年以来，伴随“严监管”的深入推进，以影子银行快速收缩为特征的金融去杠杆一度占据主导地位，产生了一些意料之外的效果，需要引起注意。

一、基于宏观杠杆率测算，对宏观杠杆问题的一点思考

计算各部门的杠杆率并进行国际比较，容易看到居民部门、中央政府的杠杆率都处在安全区间，地方政府负有偿还责任的债务比率上升较快，但总体水平尚属可控。杠杆率的快速上升主要集中在企业部门，并且其绝对水平在国际比较中高居前列（见图 6-13 至图 6-19）。

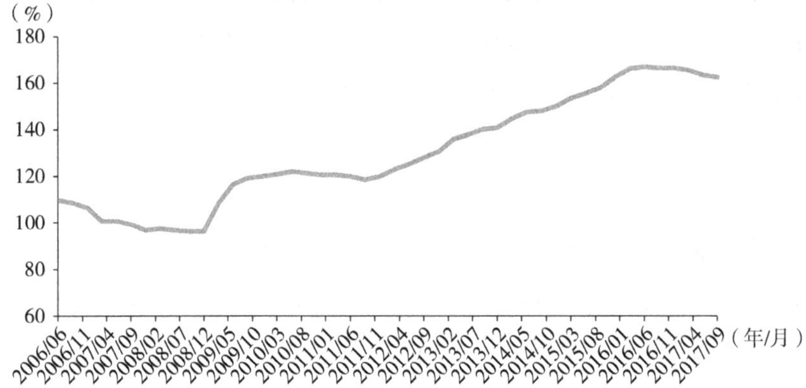

图 6-13　我国非金融企业部门杠杆率（负债 /GDP）

数据来源：BIS，安信证券。

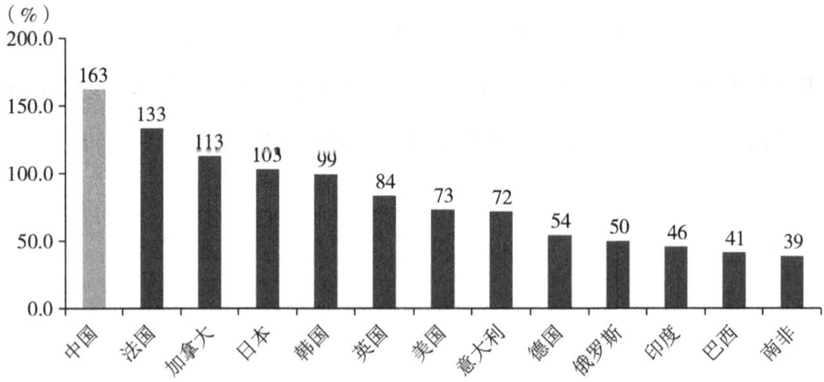

图 6-14　2017 年各国非金融企业部门杠杆率比较

数据来源：BIS，安信证券。

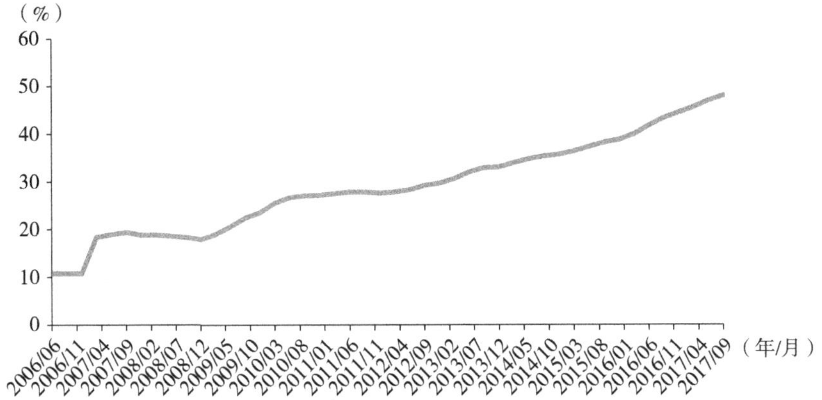

图 6-15　我国居民部门杠杆率

数据来源：BIS，安信证券。

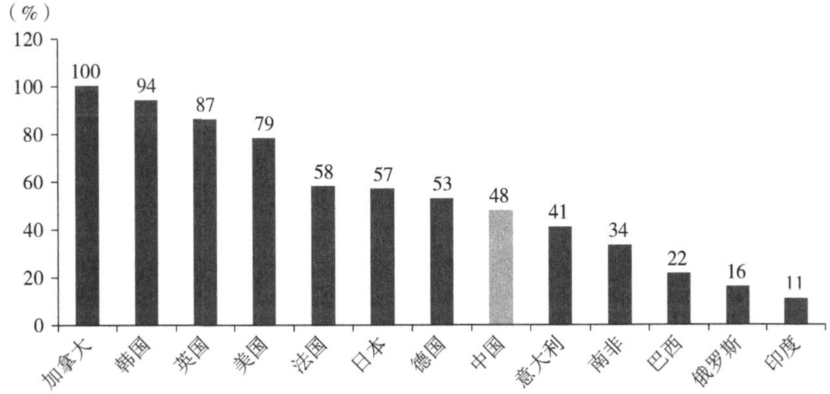

图 6-16　2017 年各国居民部门杠杆率比较

数据来源：BIS，安信证券。

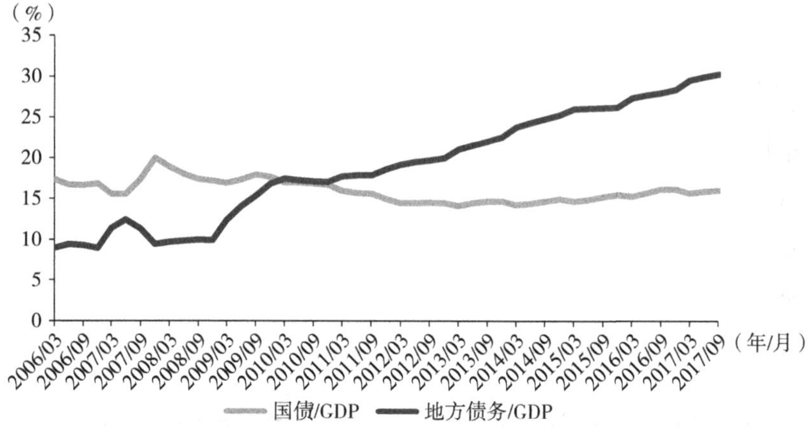

图 6-17　我国中央政府和地方政府杠杆率

数据来源：BIS，安信证券。

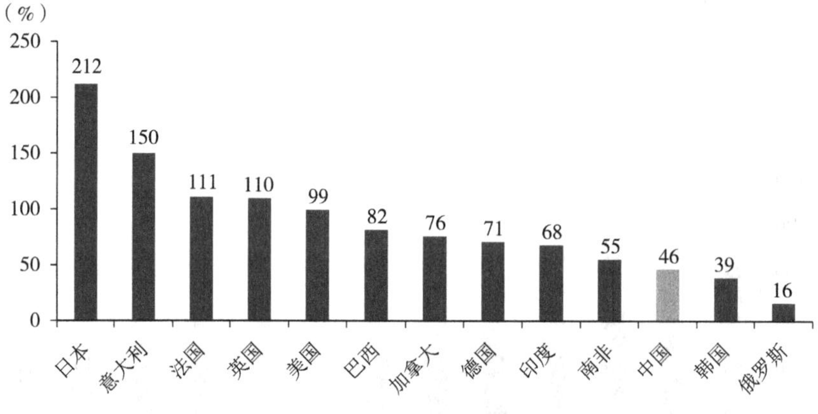

图 6-18　2017 年各国政府部门杠杆率比较

数据来源：BIS，安信证券。

需要明确的是，地方融资平台的许多债务在计算中被统计为企业部门的债务。如果将其计入地方政府债务，那么不仅企业部门的杠杆率仍然高企，地方政府的债务率也将进入较高水平。

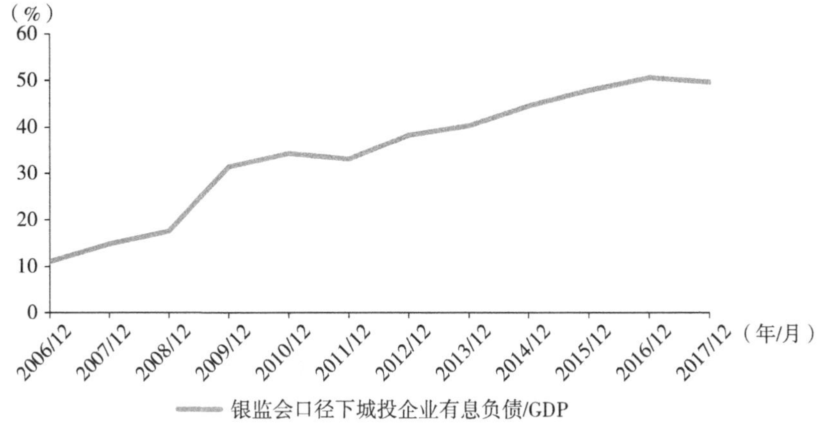

图 6-19　我国城投企业杠杆率

数据来源：Wind，安信证券。

研究不同口径的企业部门的资产负债率数据容易发现，无论是工业企业还是非金融上市公司，以资产负债率形式体现的杠杆上升主要集中在国有企业；作为对比，金融危机以来，民营企业的杠杆率总体没有上升（见图 6-20 至图 6-22）。

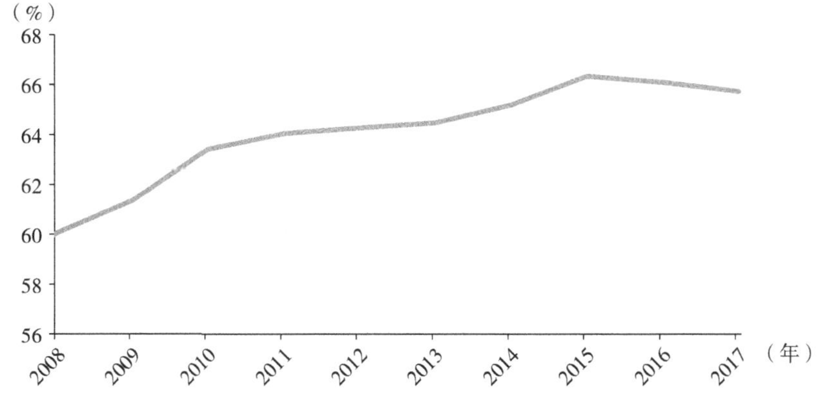

图 6-20　全部非金融国有企业资产负债率

数据来源：CEIC，安信证券。

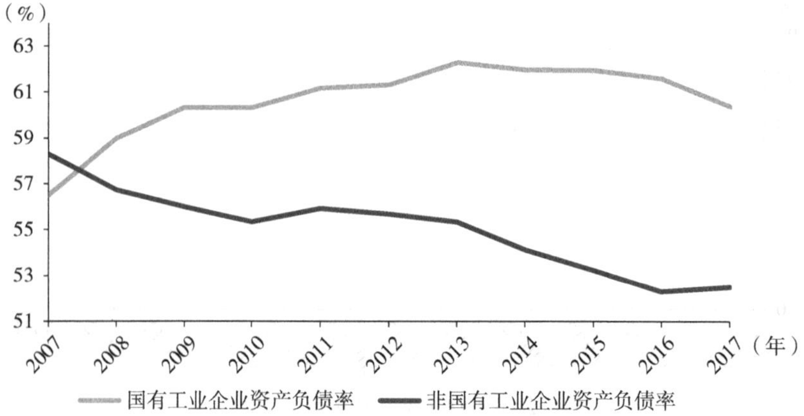

图 6-21 规模以上工业企业资产负债率

数据来源：CEIC，安信证券。

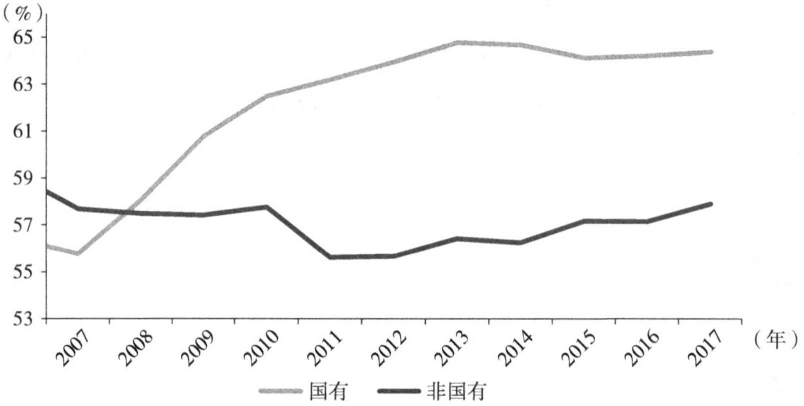

图 6-22 非金融上市公司资产负债率

数据来源：Wind，安信证券。

更细致的行业分类显示，杠杆率的上升主要集中在周期类的板块，以及电力、交通运输和建筑等具有周期色彩的行业，其他板块的企业总体上也没有经历杠杆率的提高（见图 6-23）。

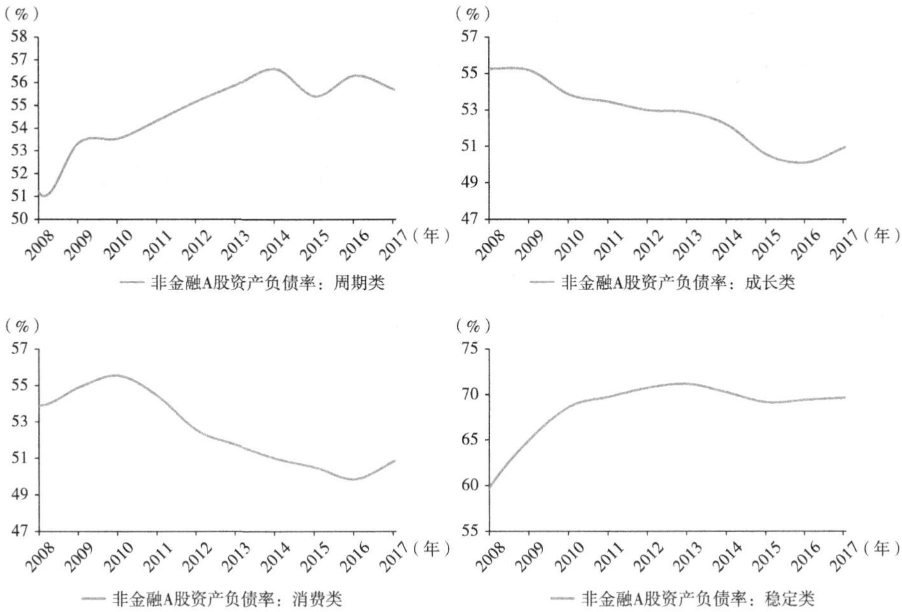

图 6-23　各类板块上市公司资产负债率

数据来源：Wind，安信证券。

数据说明：公司所属风格板块基于 2016 年分类，无历史追溯。稳定类上市公司主要包括建筑（39%）、电力及公用事业（31%）、交通运输行业（25%）。

我们知道，从资产负债率过渡到宏观杠杆率的重要桥梁是资产周转率。我们把宏观杠杆率分解为三个微观指标：资产负债率、资产周转率的倒数和增加值率的倒数。

债务 /GDP

=（总负债 / 总资产）×（总资产 / 销售收入）×（销售收入 /GDP）

= 资产负债率 × 资产周转率的倒数 × 增加值率的倒数

其中，增加值率本身没有特别的经济含义，仅是一个统计上的系数，用于衡量每产生一单位的销售收入，有多少会计入 GDP 中。所以从经济含义的角度来看，杠杆问题实际上可以拆分成两个部分：一个是资产负债率，另一个是资产周转率。从这个角度观察，杠杆的上升要么是资产负债率在上升，要么是资产周转率在下降。

如果认为一家企业的潜在生产能力与其资本存量（或总资产多少）存在单调增加的关系，即在其他因素不变的条件下，总资产越多，潜在生产能力越高，那么资产周转率就可以理解为产能利用率的某种度量。（进一步详细讨论见本章附录。）

不同口径的企业资产周转率数据显示（见图 6-24 至图 6-26），2011 年以来，所有类别企业的周转率都经历了持续和大幅度的下降，并在 2016 年达到前所未有的水平，这成为推动宏观杠杆率上升的重要原因。

从这一角度看，宏观杠杆率上升与产能过剩是一个问题的两个方面。

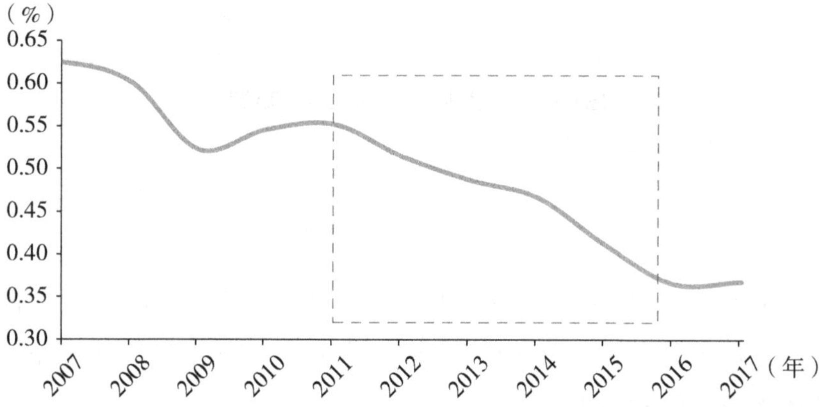

图 6-24　全部非金融国有以及国有控股企业资产周转率

数据来源：Wind，安信证券。

资产周转率下降（或产能过剩加剧）最明显的原因是总需求减速。非常重要的事实是，受一系列结构性和周期性因素的影响，无论是名义增速还是实际增速，中国自 2011 年以后的经济放缓幅度大、持续时间长，这是周转率恶化和宏观杠杆率上升十分重要的背景。

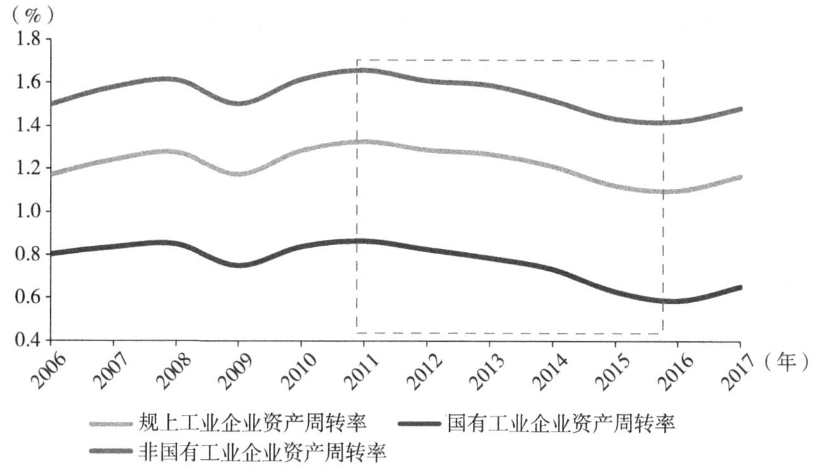

图 6-25　规模以上工业企业资产周转率

数据来源：Wind，安信证券。

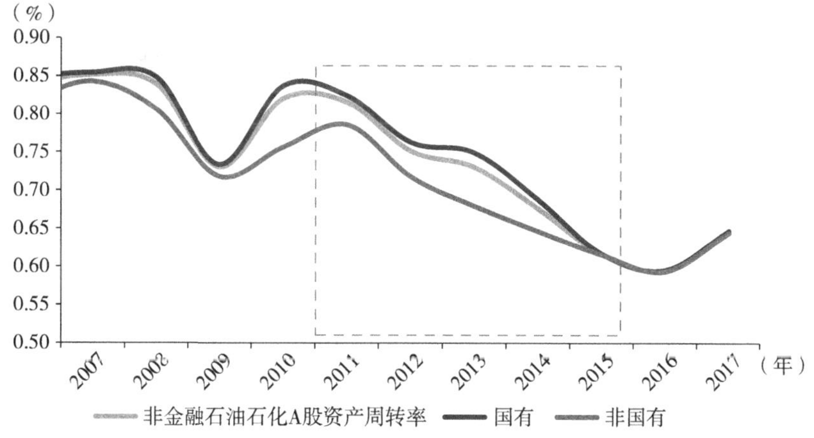

图 6-26　非金融上市公司资产周转率

数据来源：Wind，安信证券。

但是，处在分母上的总资产增速（或新增产能的多寡）在周转率的变化过程中也发挥着微妙的作用。显然，宏观上总资产增速与固定资产投资等活动紧密关联。

如果固定资产投资大幅下降，这可以推动随后的总资产增速快速走低（或新增产能快速减少），但也会带来短期总需求的显著走低，反之亦然（见图 6–27）。

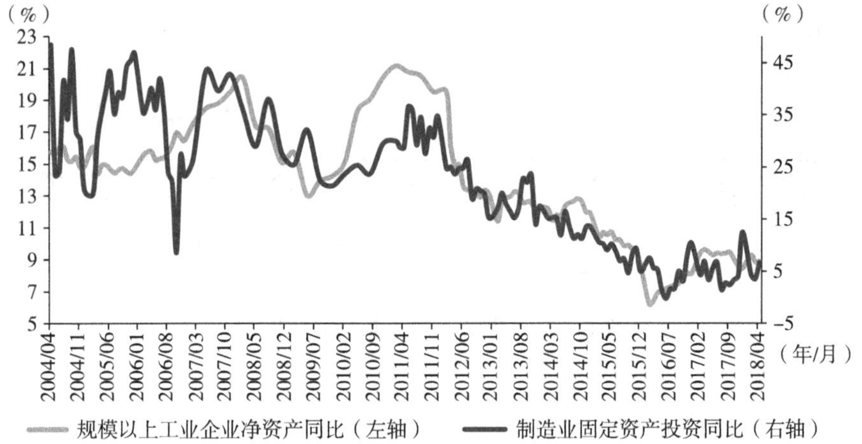

图 6–27　规模以上工业企业净资产同比与制造业投资同比

数据来源：CEIC，安信证券。

二、去杠杆的两种操作方法

所谓财政去杠杆，是指由财政部门责令和督促地方政府和国有企业减少借贷，加快修复资产负债表。所谓金融去杠杆，是指由金融部门减少放贷，从而迫使企业和地方政府加快修复资产负债表。

这两种操作方法均着眼于减少经济活动中的债务积累，但存在以下重要差异。

第一，信贷市场上，在信贷总量下降的同时，财政去杠杆将伴随利率的下降，金融去杠杆伴将随利率的上升。第二，在外汇市场上，财政去杠杆将带来资本流入的减少和汇率的贬值倾向，金融去杠杆将带来资本流入的增加和汇率的升值倾向。第三，在实体经济领域，财政去杠杆和信贷利率的下降将造成民营投资被“挤入”市场，金融去杠杆将导致政府、国企和民营企业的投资均被“挤出”市场。第四，在出口领域，财政去杠杆通过引导汇率贬值进而可以刺激出口，金融去杠杆通过引导汇率升值将抑制出口。第五，尽管两种去杠杆都倾向于直接减少总需求，但财政去杠杆通过对出口和民营投资的积极影响，倾向于缓和以及稳定经济活动，金融去杠杆则倾向于通过抑制出口和民营投资进一步造成经济的收缩。第六，如果信贷市场存在隐性担保以及所有制歧视，财政去杠杆将减少和缓和这些扭曲，但金融去杠杆将加剧扭曲，造成民营经济更显著受到信贷减少的影响，从而容易造成“误伤”。第七，财政去杠杆通过诱导利率下降、信贷扭曲缓和以及出口和民间投资改善，有助于稳定权益市场。金融去杠杆通过迫使利率上升、加重信贷扭曲、抑制出口和民间投资活动，从而进一步抑制权益市场的表现。

因此，在中国目前的现实条件下，如果遵循财政去杠杆的路径将更容易取得成效；如果遵循金融去杠杆的路径可能事倍功半，还容易出现风险事件。

那么，以上分析是否只具有理论和逻辑上的价值，没有现实的可行性呢？

实际上，仔细研究中国的经济数据容易看到，2014 年以后，由于一系列内外因素的变化，中国经济实际已经走上了财政去杠杆的道路，并持续到 2017 年底。自 2018 年初以来，由于“严监管”等一系列政策的影响，中国实际上转向了金融去杠杆。

三、关于财政去杠杆的一点思考

实际上，仔细观察第一部分中各种口径下企业资产负债率的数据容易看到，即使对于国有企业而言，其负债率的高点也在 2014 年前后达到，随后出现一定下降，各类企业的资产周转率均在 2016 年见底回升，政府债务的情况似乎也有改善的迹象。宏观上企业部门的杠杆率在2016年下半年以后开始稳中有降。

为什么2014年会出现这样的转折呢？为什么这种转折在2016年开始会出现宏观效果呢？这一过程还存在哪些问题呢？

实际上我们不太确定2014年经济趋势转折的原因，但看起来两个因素多少与之相关：一是以财政部《国务院关于加强地方政府性债务管理的意见》（“43号文”）为代表，中央政府开始尝试严格控制地方债务；二是各方面对中国经济进入“新常态”逐步达成共识，随着长期经济增长预期的下调，经济行为随之改变。

下面我们检查这些变化及其产生影响的证据（见图6-28至图6-37）。

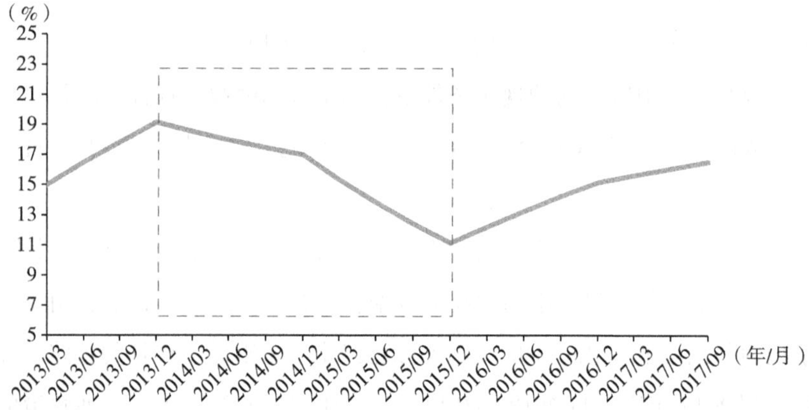

图6-28　政府部门债务性收入同比增速

数据来源：Wind，安信证券。

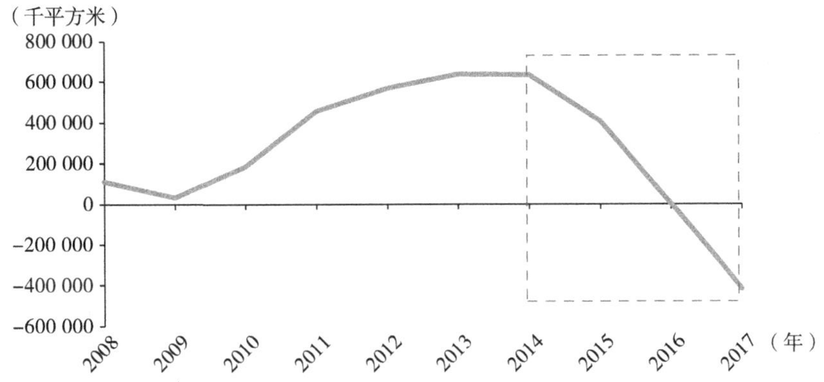

图 6-29 全国房地产非合意库存测算

数据来源：CEIC，安信证券。

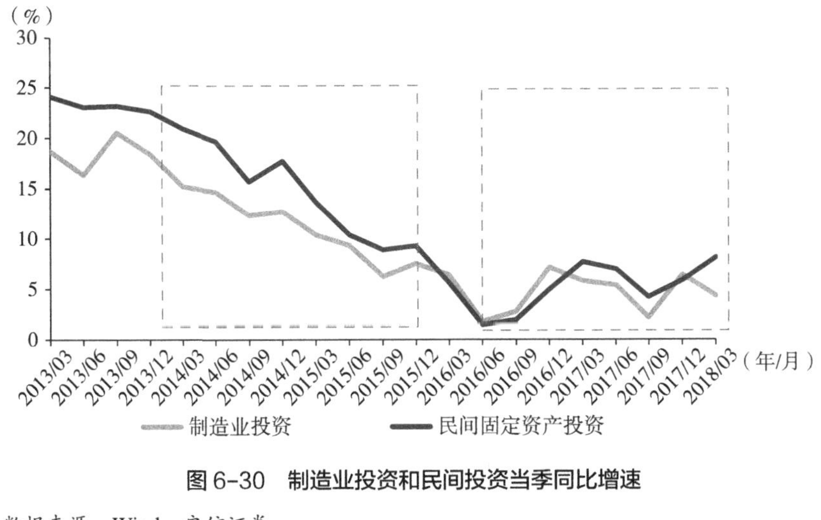

图 6-30 制造业投资和民间投资当季同比增速

数据来源：Wind，安信证券。

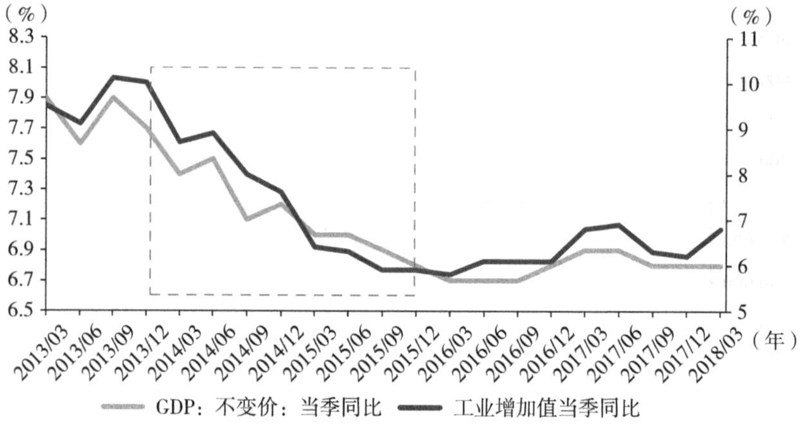

图 6-31　GDP 季度同比和工业增加值季度同比

数据来源：Wind，安信证券。

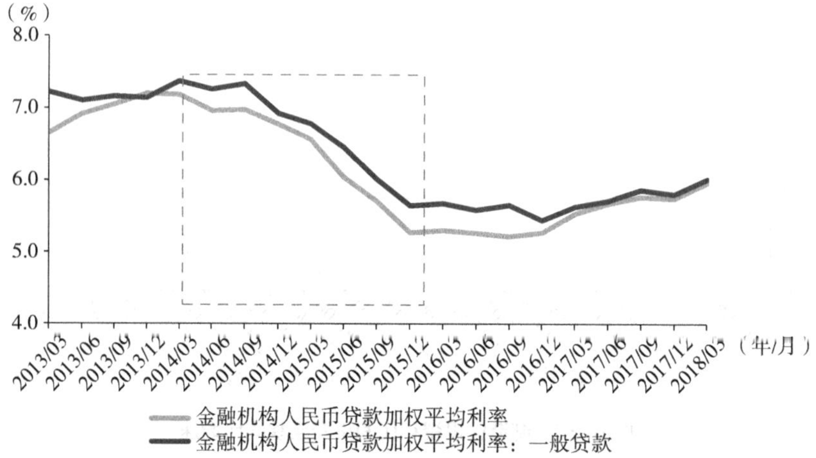

图 6-32　金融机构人民币贷款加权平均利率

数据来源：Wind，安信证券。

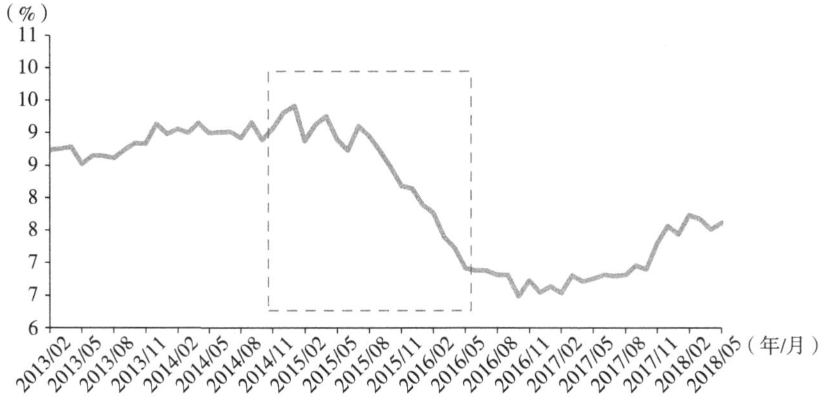

图 6-33 非证券投资类信托产品预期收益率：1~2 年（含）

数据来源：Wind，安信证券。

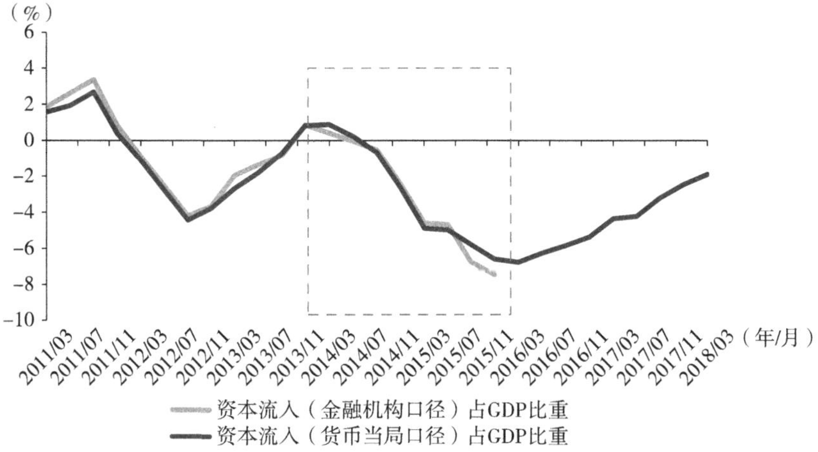

图 6-34 资本流入占 GDP 比重

数据来源：CEIC，安信证券。

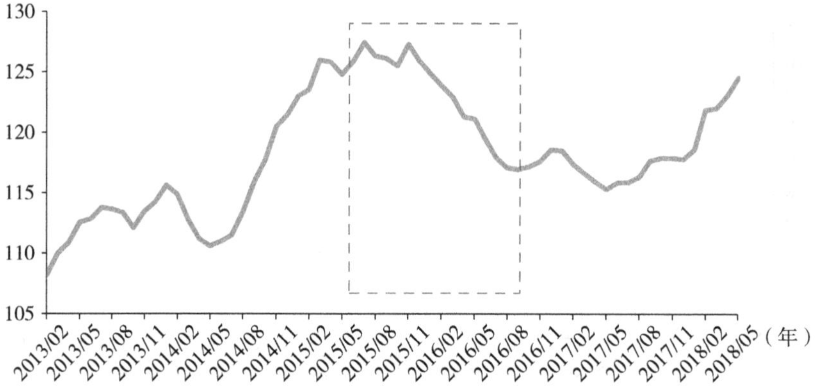

图 6-35 人民币：名义有效汇率指数

数据来源：CEIC，安信证券。

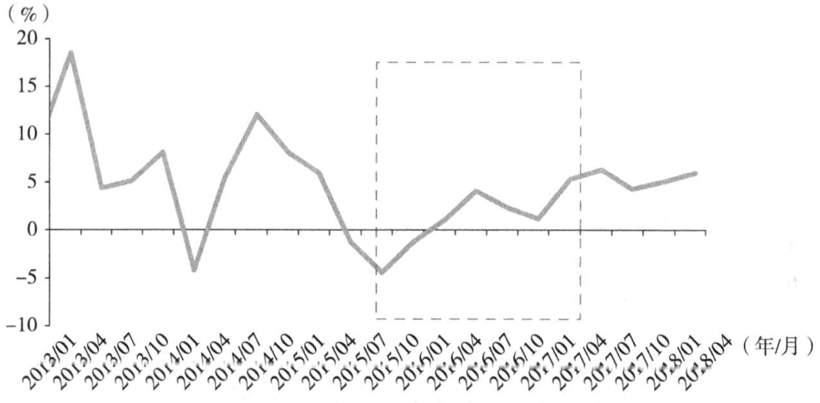

图 6-36 出口数量实际同比增速

数据来源：Wind，安信证券。

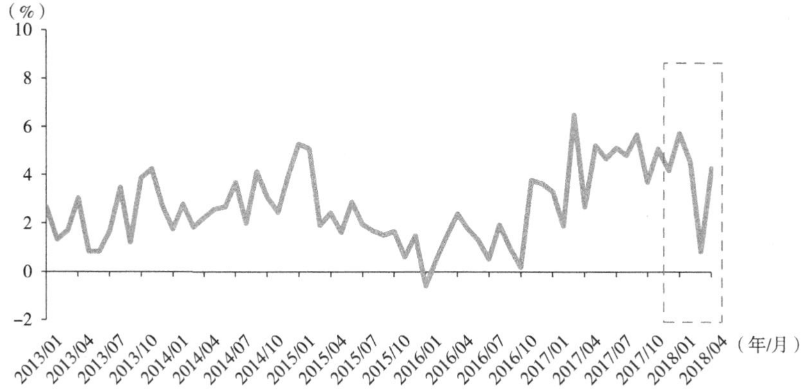

图 6-37 全球出口实际同比增速

数据来源：Bloomberg，安信证券。

容易看到，在国有企业和地方政府停止或放慢加杠杆的条件下，这段时间出现了总需求减速、利率下降、汇率贬值等一系列变化，与前述分析大体接近。

毋庸讳言，2016 年下半年以来，中国面临的外部环境出现改善，全球经济活动开始强劲恢复，供给侧改革则大幅推高了工业品价格，这些内外变化客观上加速了宏观杠杆率的改善。但是，此前财政去杠杆的积极影响仍然不可忽视。例如，在 2018 年全球经济减速的背景下，中国实际出口继续加速、这与此前的汇率贬值似乎存在关联。在房地产、政府基建和消费减速，制造业投资总体企稳的背景下，民营投资开始回升，如果数据的方向大体可信，那么挤入效应的解释则应当仔细考虑。

更重要的是，从工业企业和上市公司的数据看，由于持续的投资减速，企业总资产的增速大幅降低，其趋势水平在 2016 年以来稳定在 7% 以下，未来很长时间可能继续如此（见图 6-38 和图 6-39）。

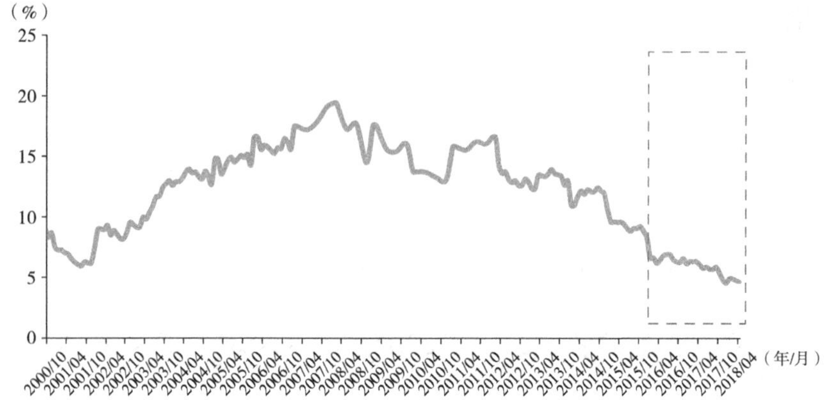

图 6-38　规模以上工业企业非流动资产增速

数据来源：Wind，安信证券。

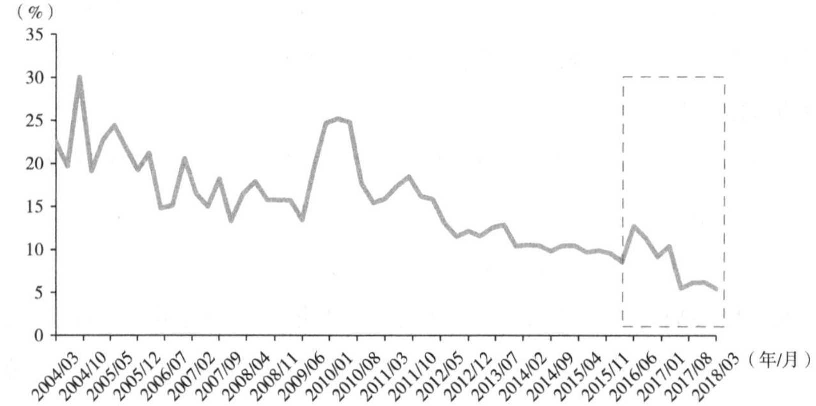

图 6-39　上市工业企业固定资产 + 在建工程同比

数据来源：Wind，安信证券。

企业资产增速低于名义潜在增速意味着由于经济趋于回到潜在增速的内在调整机制，资产周转率已经触底，并转入系统性回升趋势，这将持续改善宏观杠杆率。

换句话说，由于过去几年财政去杠杆的影响，2016 年企业资产增速已经降低到临界水平之下，这使得在有利的需求冲击下，很容易出现资产周转率和宏观杠杆率的明显改善。

目前来看，这一过程较多来自企业的自发行为，政策的调整可能产生了积极影响，但从地方融资平台看，政策效果仍然不够彻底，国有企业资产负债率的修复也比较缓慢。

解决方法应该是沿着财政去杠杆的总体路径进一步加大工作力度，特别是更加严格地约束和限制地方在融资平台等的举债行为，督促国有企业抓紧降低负债率。

四、关于金融去杠杆的一点思考

2018年以来，伴随“严监管”等政策的实施，金融条件收紧，利率上升，看起来经济实际上转向了金融去杠杆的调整路径。这一变化在金融市场产生的影响与此前的路径形成了鲜明的对比（见图6-40至图6-46）。

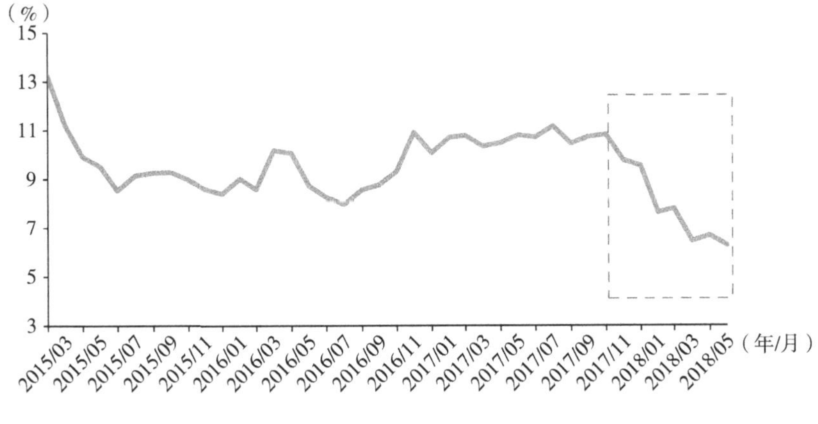

图6-40　非贷款社融余额同比增速

数据来源：Wind，安信证券。

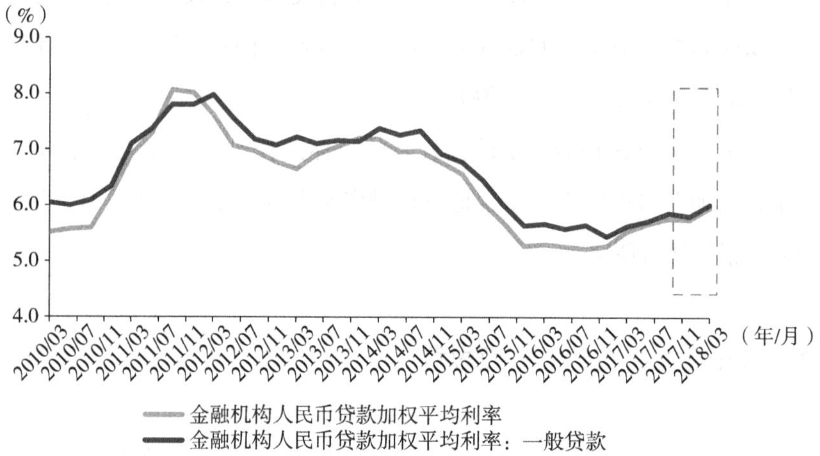

图 6-41　金融机构人民币贷款加权平均利率

数据来源：Wind，安信证券。

图 6-42　非证券投资类信托产品预期收益率：1~2 年（含）

数据来源：Wind，安信证券。

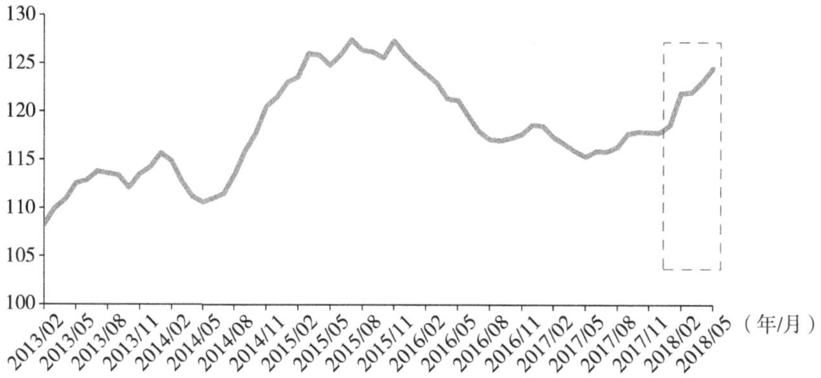

图 6-43　人民币有效汇率指数

数据来源：BIS，安信证券。

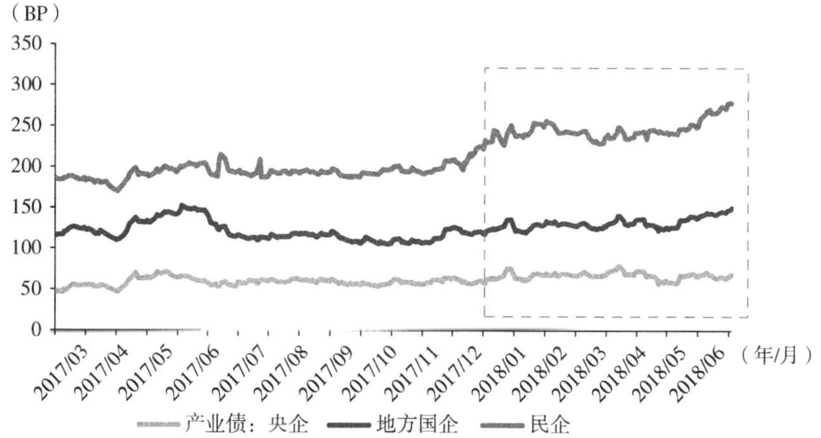

图 6-44　信用利差：央企、地方国企和民企

数据来源：Wind，安信证券。

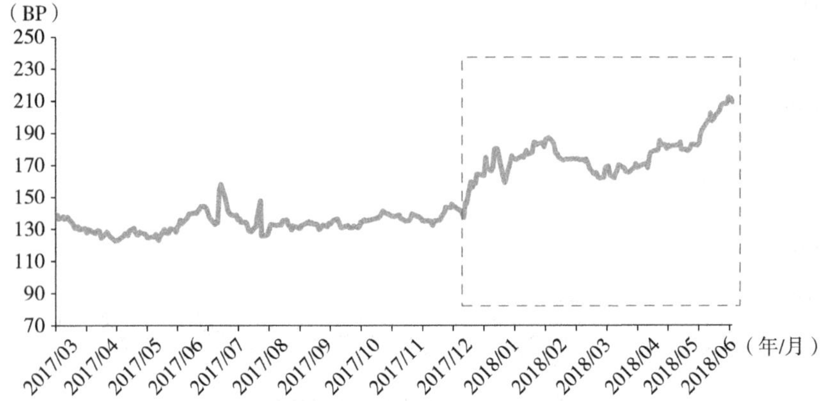

图 6-45　民企与央企信用利差（民企信用利差 - 央企信用利差）

数据来源：Wind，安信证券。

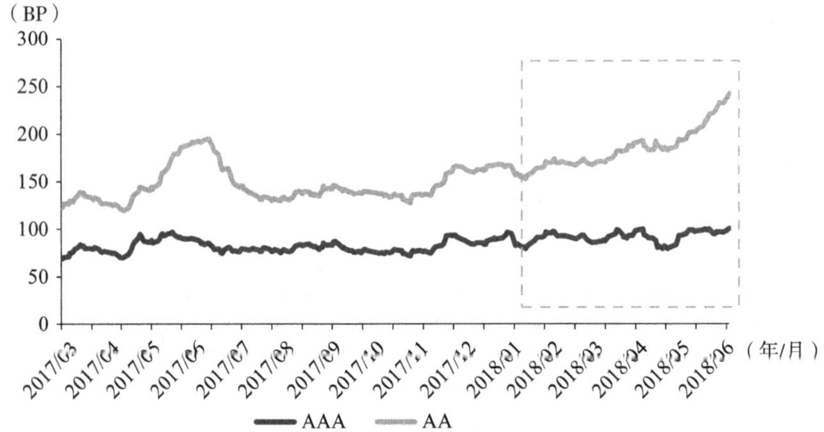

图 6-46　城投债信用利差

数据来源：Wind，安信证券。

容易看到，随着社会融资增速，特别是表外融资增速的下降，信贷市场利率上升，人民币对“一揽子”汇率在2018年6月上旬之前明显升值，在国有企业和高评级融资平台利率大体稳定的条件下，民营企业和低评级平台的利率水平大幅度上升。

从宏观上看，去杠杆的主体是国有企业和地方政府；从金融市场看，去杠杆压力集中在民营企业和低评级的融资平台，政策指向与政策效果之间存在的偏离值得关注。

更加重要的是，汇率升值倾向于抑制出口，再加上2018年以来全球经济的减速以及贸易摩擦的影响，出口滑坡的风险值得警惕。此外，假以时日，信贷紧缩对民间投资的挤出效应也可能表现出来，这可能造成固定资产投资的进一步减速，并形成“国”进“民”退。如果未来出口滑坡与投资减速同时出现，那么去杠杆的进程将会受到冲击。

我们注意到，最近两周，人民币汇率出现快速贬值，引发广泛关注，这与此前人民币对“一揽子”汇率升值趋势对比鲜明，也与信贷紧缩导致汇率升值的前述分析形成矛盾。尽管目前对此的解释众说纷纭，包括将此与降准或贸易摩擦相联系，但一个更明显的可能是，2018年初以来的紧缩正在引发投资者的恐慌，市场一方面担心股票质押的多米诺骨牌正在被推倒，另一方面担心紧缩政策（再加上其他一些政策调整）会导致未来经济很快失速，从而形成自我强化的过程。

图6–47显示了中国美元主权债的违约风险。这一风险最近明显上升，与中国股市加速下跌同步出现，需要引起注意。

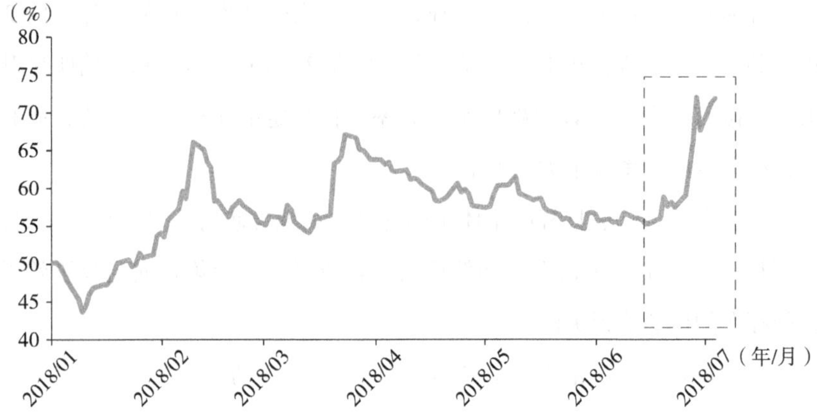

图 6-47　中国 5 年期美元主权债 CDS（信用违约互换）费率

数据来源：Wind，安信证券。

我们知道，从微观的角度观察，许多批评意见认为，在过去几年里，民营企业或其控制人实际上存在激进甚至是鲁莽的加杠杆行为，并将资金用于股票和房地产等市场。在信用收紧的条件下，由于期限错配、资产价格走低和抵押物价值下降，这些企业现金流紧张、违约蔓延、利率上升，这体现了市场机制对上述行为的惩罚。

批评者的意见进一步认为，这些民营企业的现状并不值得同情；相反，信贷市场迫使这些企业出清，是经济优胜劣汰和走向高质量增长的必经之路。为了迫使这些企业出清，即使存在一些误伤，付出一些代价，不仅是值得的，而且是完全应该的。

这些想法无疑是有道理的，也给我们提供了观察杠杆问题更丰富的微观视角。然而，我们认为许多问题仍然值得进一步思考。

第一，我们在宏观层面看到的民营企业资产负债率数据（包括工业企业、上市公司等）是否存在系统性偏差？微观层面的经验观察到底是代表了民营企业的一小部分，还是更精确地刻画了民营企业的总体状况？

第二，国有企业和地方政府平台的杠杆率是否过高？它们是不是过去中国经济加杠杆的主体？低利率在多大程度上反映了政府的隐性担保，多大程度上反映了政府出色的盈利能力和风险控制能力？惩罚坏的民营企业是否可以督促和加速国有企业去杠杆？又应该如何惩罚和约束地方政府和国有企业领域可能存在的激进的加杠杆行为呢？

第三，随着违约潮的蔓延，信贷市场是否普遍收紧了针对民营企业的放贷活动？这是否存在误伤？或者误伤面是否在迅速扩大？

第四，对于高杠杆的民营企业而言，是否应该区分流动性缺失和清偿力丧失的情况？是否应该在迫使后者出清的情况下允许前者有机会修复资产负债表？宏观流动性紧缩（集中在影子银行领域）造成高杠杆企业普遍的资产抛售，这压低了资产价格，迫使更多企业丧失清偿能力，从而进一步引发资产抛售，这种情况是否应该在适当时候及时阻断，防止其普遍蔓延？这是否可能进一步引发宏观领域的风险，例如经济减速、坏账上升、资本恐慌性外流（我们在外汇市场似乎正在看到这种情况）等，从而进一步引发更广泛的资产抛售？宏观政策的风险和收益之间又该如何平衡？

第五，更一般地看，一个人干坏事是品德有问题，一群人干坏事是制度有问题。企业的情况似乎也是这样。单个民营企业激进地加杠杆，其遭遇的紧缩压力并不值得同情。按照一些微观的说法，相当多的民营企业（至少在上市公司领域）都存在激进加杠杆的行为，这种情况是否应该检讨我们的制度安排？面对普遍的流动性困境，又该如何将惩罚企业个体与完善制度安排结合起来？

我们知道，由于数据的缺乏和视角的差异，对于这些问题难免见仁见智，但基于可信的事实观察和合理的逻辑推断进行技术性的争论，无疑有助于我们更好地接近真相。

附　录

如何理解资产周转率的变化

从资产周转率的定义来看，它是销售收入与总资产的比值。当经济体面临某种需求冲击时，销售收入的调整快得多，而总资产的调整要慢一些。因为总资产的调整要通过长时间的投资积累（或折旧）来实现。从这个意义上来讲，即使资产周转率的长期均衡水平不变，当经济面临短期冲击时，产能利用率或资产周转率也会具有很强的周期性，短周期波动相对较大。

从更长的周期来看，资产周转率或产能利用率的长期均衡水平可能出现改变，其中存在一些更基本的经济含义。

如果把经济总量的生产函数处理成柯布－道格拉斯生产函数，在经济处于长期均衡状态的条件下，就可以计算出资产周转率的数学表达，以及资产周转率变化的条件和方向。过程如下：

1. 设定生产函数：$Y = AK^{\alpha}L^{1-\alpha}$

2. 资产周转率：$(Y/K)=AK^{\alpha-1}L^{1-\alpha}$

3. 资产周转率增速：$\frac{(Y/K)^{\bullet}}{(Y/K)}=\frac{A^{\bullet}}{A}+(\alpha-1)*\frac{K^{\bullet}}{K}+(1-\alpha)*\frac{L^{\bullet}}{L}$

4. 资产周转率提升需要满足：$\frac{(Y/K)^{\bullet}}{(Y/K)}>0 \Leftrightarrow \frac{K^{\bullet}}{K}<\frac{A^{\bullet}}{A}/(1-\alpha)+\frac{L^{\bullet}}{L}$

推导过程的第四步给出了在经济处于长期均衡的条件下，驱动资产周转率变化的核心因素，即如果技术进步放缓或者劳动力增速减慢，那么为了维持资产周转率，均衡的资本增速必须系统性下降。

2011 年以后，中国经济经历了周期性的需求减速，同期，稳态劳动力增长率经历了结构性、不可逆的下降。从世界其他国家来看，金融危机后，全球技术进步的速度都在下降，中国应该也不例外。

从这一推导可以看出，在这一结构性变化的背景下，由周期原因带来的资产周转率下降会变得更严重，持续更长的时间，到达的底部也会更深。这正是我们从数据中看到的情况。

但是，这并不意味着资产周转率长期下降是不可逆的。实际上，只要资本总量的增速下降到足够低的水平，低于以上计算显示的临界值，资产周转率就会转入上升。

从我国的经验数据来估计，这一临界值应该在 7%~9%。

第七章

国际贸易摩擦的真相

国际贸易摩擦的由来和前景

本文是我在2018年4月11日清华大学时事大讲堂，就国际贸易摩擦的由来和前景，与在校学生所做的分享和交流。

随着中国经济实力和综合国力的提升，对目前的全球经济治理体系形成重大挑战，中美之间的摩擦和潜在冲突在所难免。

中美经贸关系的未来走向充满不确定性，需要担心的是从过往的全球化走向未来的碎片化，中美在双向投资、技术合作、人才流动等领域从过去日益融洽的局面走向未来不断分离的局面。

中美关系是当前国际社会最复杂的关系，两国贸易摩擦涉及法律问题、经济贸易问题以及中美关系的全局。这其中的任何一个领域都需要具备长期的知识积累以及很高的专业门槛才能够做出全面深入的分析和评论。

对我来讲，在资本市场长期从事宏观经济领域的商业研究，并不具备这些方面的知识积累，突然切入这样一个话题，本身似乎是很奇怪的。

一个重要的原因是在2018年初的时候，应中国金融四十人论坛的邀请，我同论坛组成员一起去往华盛顿参观。我们一行人拜访了华盛顿比较重要的经济类智库以及美国的经济决策部门。在进行此次访问的时候，华盛顿圈内对华进行贸易打击的策划基本上已经到了尾声，大家共同关注的不是是否会有一场贸易摩擦，而是中国会如何反击。

但是从北京出发的时候，我们留意到当时国内的媒体以及国内政府官员的公开表态，这些人对于即将到来的贸易摩擦似乎是没有思想准备的。大家普遍觉得中美关系虽然说不上多好，但是总体上可控，处在一个正常的轨道上。

这与我们在华盛顿看到的情况和了解到的信息是非常不一样的，而且尽管现在媒体已经把舆论焦点聚集在关税和贸易上，但是实际上就我们当时在华盛顿看到的情况，美国策划的一系列行动远没有局限于贸易领域。最近，美国国会与美国外资投资委员会（CFIUS）正在进行辩论，围绕外国企业在美投资法案要进行一系列重大修订。美国政府官员和智库都不讳言，CFIUS 这次修订主要针对的就是中国。除了 CFIUS 之外，在中美关系其他一些极其敏感的领域，美国实际上还有一系列触及中国底线的行动，比如美国签署通过的“台湾旅行法”。

这些与我们身处国内，从国内媒体获取的以关税贸易为主要领域的中美摩擦的信息并不完全一样。基于这样的原因，考虑到各位同学的专业背景，我们接下来对国际贸易关系中一些基础的问题展开讨论。

一、国际贸易摩擦的来源

在讨论中美关系之前，首先我们来看看经济和贸易领域一些基础性的问题。

我们知道，市场经济制度是人类组织经济活动中一种有效的方法，它可以促进经济的增长和人类生活水平的持续提高。在市场经济制度之外，迄今为止人们没有找到其他替代性的制度，能够在很长的时段里面持续做到这一点。

20 世纪初，苏联的计划经济制度曾经对市场经济制度提供了一种替代性的解决方案，但是几十年的实践结果证明，相对于市场经济制度而言，应该说从长期来看，计划经济制度是不可行的。

1929 年美国经济大萧条的时候，人们对市场经济制度的合理性抱有巨大的怀疑，至少当时的一部分美国学者是这样的。但是到了金融危机如此严重的 2008 年，美国没有人质疑市场经济制度本身，这一点与 1929 年形成了鲜明的对比。

市场经济制度之所以能够做到这一点，有两个关键的原因：一是市场经济制度通过自由交换促进了专业分工，每一个人集中做自己最擅长的事，通过市场实现商品或服务的交换；二是它能促进充分的竞争，充分的竞争既能刺激分工的深化，又能促进技术的进步、专业知识的积累。因此市场的范围越广，自由交易的范围越宽，整个社会分工的程度就越深，充分竞争的程度就越激烈，整个市场运行相对来讲就会越有效，进而越有利于促进经济的增长和人类生活水平的改善。

但是市场经济制度并不是自发形成的，它需要一系列极其重要的制度安排来支持，这一系列的制度安排之中少了任何一条，市场经济制度都无法正常工作。市场经济制度所需要的基础设施有很多，其中至少有以下几条比较关键。

第一条是保护私有产权，包括知识产权，这是市场经济制度得以高效率运行的关键，没有这一条，市场经济制度完全无法工作。

市场经济制度所需要的第二个极其重要的安排是，市场经济制度必须能够破除垄断，抑制强权，保证公平和充分的竞争。市场在竞争过程中很容易形成垄断，这些垄断有可能转化为政治上的强权。

一个能够正常运作的市场经济制度，必须有能力破除垄断和抑制强权，保护一个相对公平的竞争环境。从当今世界很多国家的情况来看，这一点其实并不容易做到。

此外，现代市场经济制度需要通过大量的交易来实现，而要完成交易，就需要一种非常便捷可信的汇兑工具和汇兑安排。美国经济学家萨缪尔森曾说，人类有三大发明：一是学会了使用和控制火，二是发明了轮子，第三大发明就是中央银行。中央银行使现代人可以非常便利、稳定、可靠地大规模交易，而这一点实际上在几百年以前是很难做到的。

总的来说，现在的市场经济制度是我们所知道的一种合理的制度安排，但是它需要一系列极其重要的基础设施，这些基础设施不是从天上掉下来的，而是需要通过政府的强制力来维护。保护产权需要政府的强制力，破除垄断、保护公平和充分的竞争同样需要政府的强制力，发行现代的信用货币在一定程度上也需要政府的强制力。

在此基础上我们讨论市场的边界问题。

市场是通过自由交换、专业分工和充分竞争来提升效率和促进增长的。在这种安排中，有没有什么强大的理由，必须把市场的边界限制在一国的领土范围之内呢？有没有什么合适的理由使我们相信，将市场限制在一个国家的领土范围之内就是最好的？

没有这样的理由。因为市场是通过自由交换、专业分工和充分竞争来实现效率提升的，所以市场内在的力量一定是跨越一个国家的自然领土边界的。它所能实现交换的范围越大、分工越深入、竞争越充分，越能促进改善参与贸易的所有国家的福利。从这个意义上来讲，市场的力量延伸到一国的领土范围之外是非常自然的事情，它延伸到一国的领土范围之外以后，能够更好地促进所有参与方的福利改善和经济增长。

但是在早期非常长的时间里，大规模的国际贸易在技术上存在一些困难。除了法律、汇兑方面的很多困难之外，早期在技术层面上还面临着运输、信息交流的种种困难。比如说，大规模的交换就涉及货物的运输，当生产实现全球分工之后又涉及更大规模的运输。在非常早的时候，在一国的领土之内实现长距离的运输是很困难的，更不要说跨越大洲的超长距离运输了。另一个约束就是信息的流通，商品交换需要实时获取大量的信息，比如交易行情、价格变化、当地需求的波动等，而信息的大范围流通在早期也是极难以实现的。

我们知道跨大西洋电报是在20世纪初出现的，跨大西洋电报所标志的远距离即时通信的实现，对贸易在全球范围之内更加快速的推广起到了很重要的作用，当然并不是唯一的作用。20世纪五六十年代标准集装箱的推广大大降低了远洋运输的成本，也在客观上破除了在全球范围之内展开贸易的另一个约束。信息交流和货物运输问题的解决为市场在更大范围的扩张提供了有力保障。

当然，在这些重要变革出现之前，技术也一直在快速进步，国际贸易的成本在不断下降。

前面讲的两点，第一点是市场需要一些强制力量来保证，第二点是市场自发的力量会跨过一国的边界，这两点本质上是相互冲突的。

如果市场要跨越一国的边界去展开，市场就变成了国际贸易、国际经济活动，它面临的基本困难就是用何种力量来实现保护私有产权、维持汇兑体系以及保护公平和充分的竞争。市场力量跨越一国的边界面临的一个内在的困难就是，一个国家在内部用来维持市场正常运作的一系列安排，一旦跨越国界以后，它的有效性、可得性就面临巨大的困难。

二、全球贸易发展的历史

图7–1显示的是1872年以来全球商品贸易量占全球经济产出的比重。

如果我们认为随着技术的进步，通信技术和运输技术不断改善，贸易总是能够促进经济增长、促进福利改善，那么贸易占整个GDP的比重总体上应该一直在上升，而且只要贸易占GDP的比重在上升，自由贸易的范围越来越广，它就越来越有利于促进经济增长。

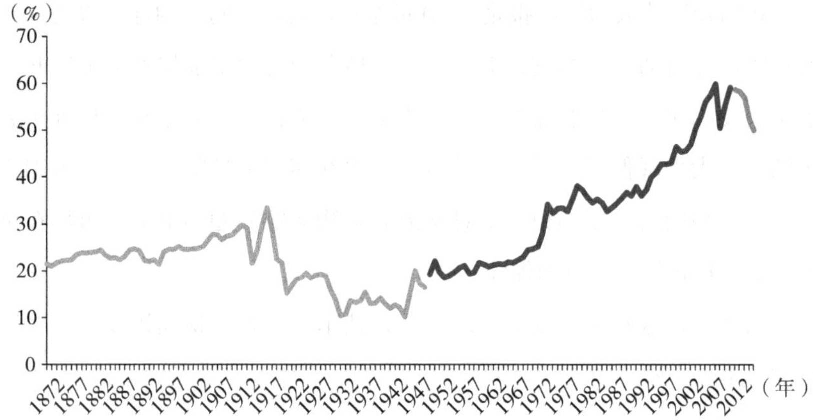

图 7-1　全球商品贸易占全球 GDP 比重

数据来源：Klasing 和 Milionis，2014 年（浅灰色线段）；佩恩表 8.1 版（深灰色线段）；CEIC，安信证券。

我们观察历史上的案例，一般认为如果把 1890—1900 年作为起点，到 1920 年前后差不多二三十年的时间里，全球贸易或者是以货物贸易自由化为标志的全球经济曾经历了一段黄金时期。在这段时期，我们可以看到全球的货物贸易量相对全球的 GDP 是有明显上升的。经济的全球化、贸易的全球化、商品在全球范围之内流通，这一过程相对 GDP 以更快的速度展开，使全球经济经历了第一轮黄金时期，而这一轮全球化也刺激并促进了当时深刻参与其中的相关国家的经济增长和发展。参与这一浪潮的国家包括美国、英国、西欧国家、日本等。

但是从 1920 年这个顶点到第二次世界大战结束，全球化经历了二三十年的严重收缩和倒退。在第二次世界大战前后，经济全球化的程度甚至比美国内战结束的时候还要低。

尽管人们并不认为这一次全球化的崩溃是当时全球范围内经济萧条的原因，但是所有人都同意这次经济全球化的倒退延长并加剧了经济大萧条。这一点也是容易理解的，本来市场在跨国的自由交易中分工程度是非常深的，然后跨国的交易突然中断了，分工只能在非常小的范围之内展开，这基本破坏了一个经济所拥有的生产潜力，也基本破坏了经济所能够生产出来的产品的技术边界。

既然市场力量这么美好，全球化跨国贸易这么美好，那么为什么在20多年时间里全球化会出现如此严重的倒退和收缩？

非常重要的原因是，1900—1920年的全球化没有一个相对应的全球治理结构去维持它。市场力量需要一些基础的制度安排去维持，需要保护产权、促进竞争以及国际汇兑等一系列的制度安排去维持。而这一轮全球化没有这样一种制度安排去支持它，它完全是由市场力量自发形成的全球化。

当这种自发形成的全球化处在上升浪潮的时候，每一个人都获益，大家都纷纷加入其中。但是当经济衰退到来的时候，每一个国家的反应都是要保护本国的产业，保护本国产业的方法就是竞争性加税，因此跨国贸易基本上就被阻断了，贸易活动局限于越来越小的范围，这加剧了经济收缩，从而进一步增加关税的压力，形成恶性循环，全球化就崩溃了。

除了加关税之外，为了维护本国产品的出口竞争力，政府另一个办法就是对货币进行竞争性的贬值。货币竞争性贬值的结果是国际汇兑体系极其混乱，加剧了经济收缩和衰退，带来了全球化20多年的停滞。

这带给我们的启示在于，由市场内在的性质和通信技术、运输技术等所主导的全球化趋势，需要全球的治理安排去维持。

第二次世界大战结束以来，相对于全球的GDP，全球贸易经历了一轮又一轮大幅度的上升。从1945年到现在70余年时间里，相对于全球的经济增长，全球贸易在以更快的速度成长。全球化在商品贸易以及后来在生产层面上深刻展开，在一定程度上大大刺激了全球经济的增长和人生活水平的提高。

对这一现象具有发言权的国家之一是中国，中国在1978年改革开放以后能够实现惊人的经济增长，关键的原因是我们加入了全球经济的分工体系，我们的商品能够销售到全世界越来越多的国家和地区，我们加入了全球生产链和供应链的形成过程之中，没有这样的基础，不太可能取得我们现在所看到的惊人的成就。

为什么在第二次世界大战结束以后，全球化能够取得这么大的成就，并在70年的时间里，在非常大的范围之内，促进了经济的增长和人们生活水平的提高呢？

我们再来看第二个重要的相关事实。

三、以美国为中心的全球经济治理体系

图7-2是基于麦迪逊数据库的数据制作的，表示了从1700年开始，基于购买力平价计算的全球一些主要国家的经济总量的全球占比。图7-3是基于市价汇率的计算结果。

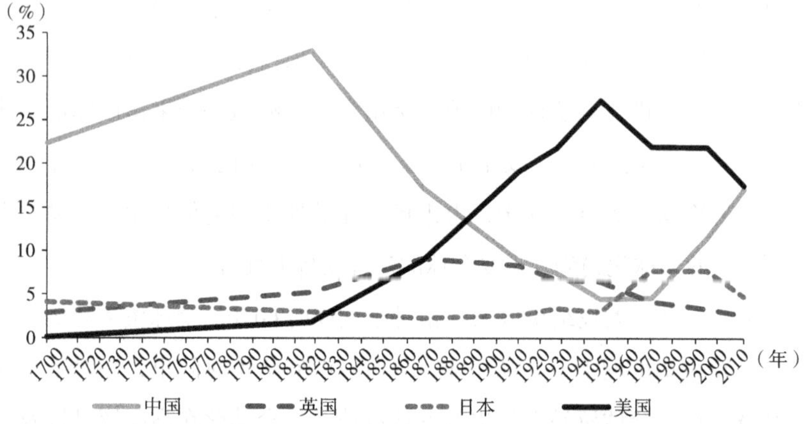

图7-2　主要国家的经济总量占全球经济比重（基于购买力平价）

数据来源：世界银行，麦迪逊数据库，安信证券。

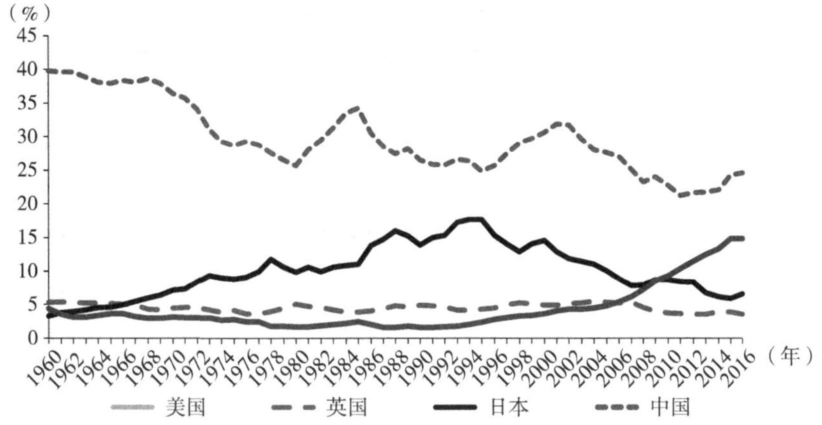

图 7-3　主要国家的经济总量占全球经济比重（基于汇率）

数据来源：世界银行，安信证券。

近代中国的衰落在鸦片战争之后几乎是不可逆的。从近代一直到改革开放以前，中国占全球经济的比重出现近 150 年的连续大幅度下降。

再来看美国，如果以购买力平价计算，除了中国，美国在南北战争结束以后就成了全球最大的经济体。1890—1900 年，美国已经超过中国成为全球最大经济体，之后美国始终维持着这个地位。

在第二次世界大战结束的时候，以市价汇率计算，美国的经济产出占到全球近一半的比重。到 1960 年，这一比例仍然有 40%。现在，以市价汇率计算，这一比例仍然有 25%，美国仍然是全球第一大经济体。

改革开放以来，中国在全球经济中的占比开始上升，中国加入世界贸易组织以后这一上升急剧提速，截至目前，中国已经是世界第二大经济体。

表 7-1 是基于 2017 年的数据，对中、美、日经济产出的基本比较。2017 年，中国 GDP 超过 12 万亿美元，美国超过 19 万亿美元，世界第三大经济体日本的 GDP 不到 5 万亿美元。中国的经济总量已经是日本的 2.5 倍。

表 7-1　中美日经济比较（2017 年）

	中国	美国	日本
名义 GDP（十亿美元）	12245.2	19390.6	4870.7
GDP 增速（%）	6.9	2.3	1.7
商品出口（十亿美元）	2263.2	1550.7	695.9
商品出口增速（%）	7.9	6.5	8.0
商品 + 服务出口量（十亿美元）	2491.3	2331.6	877.9
商品 + 服务出口增速（%）	8.0	5.6	7.9
制造业增加值（十亿美元）（2016 年）	3227.2	2183.0	1010.1
制造业增速（%）（2016 年）	6.7	0.5	2.0

数据来源：世界银行，Wind，CEIC，安信证券。

中国是全球第一大货物出口国，商品出口金额约为 2.3 万亿美元，美国约为 1.5 万亿美元，日本只有 0.7 万亿美元。再来看商品加服务出口，到 2017 年中国已经是第一大商品和服务出口国，出口额接近 2.5 万亿美元，美国只有约 2.3 万亿美元，日本接近 0.9 万亿美元，中国大约是日本的 3 倍。

再看制造业（2016 年数据），中国的制造业增加值近 3.2 万亿美元，美国近 2.2 万亿美元，中国的制造业产出比美国大 50%，是日本的 3 倍。现在中国制造业的产出比美国加上日本都要大，大概再过几年，中国制造业的产出将比世界七大工业国家加在一起还要大。

基于现在的趋势，大约到 2028 年，中国的经济总量以市价汇率计算将会超过美国，成为全球第一大经济体。届时，中国的经济总量很可能在 25 万亿 ~30 万亿美元，而一旦中国追上乃至超过美国，美国可能就没有太大的机会重新占据第一的位置。作为世界第三大经济体，届时日本的经济体量将有多少呢？ 5 万亿 ~6 万亿美元。也就是说，中国或者美国的体量都将是世界第三大经济体的 5 倍。

我们看到，自鸦片战争衰落以后，到 2030 年，经过近两百年的努力，中国重新回到了全球第一大经济体的位置。这是我们观察中美贸易摩擦的时候，必须清楚的一些基础性事实。

在这些经济背景下，我们首先尝试回答为什么在 1945 年以后，全球贸易能连续 70 年出现如此高速的发展和增长。基本的原因是，在 1945 年，美国占全球经济产出的 50%，美国对建立一个以美国为中心的全球经济治理体系有足够的愿望，也有充分的能力。有足够的愿望是因为美国占全球经济体量的一半,所以建立这样的体系美国获利最大。在能力上，美国及其盟国刚刚打赢第二次世界大战，在经济、军事、科技上的实力，没有任何一个国家能够挑战。

全球经济治理体系由一系列的支柱构成。

在贸易层面上，早先的关税与贸易总协定，以及后来的 WTO（世界贸易组织），引导各国单向、几乎不可逆地降低关税。所以“二战”以后，全世界关税水平不可逆地稳定下降，由此促进了贸易的繁荣。

在国际汇兑安排上，国际货币基金组织总体上维持了国际汇兑体系的稳定。尽管在这期间也出现过一个或者几个国家的汇率危机，但是总体来讲，汇率危机持续的时间都不长，扩散的范围也都很有限，而且最后都在国际货币基金组织的干预下得到了化解。

在政治上，联合国虽然不是一个特别有效率的政治组织，但是与第一次世界大战结束时所建立的国联相比，还是更有力量一些，此外还有世界银行等。

我们在第一部分讨论了两个事实，一是市场需要一些基础性的制度安排，二是市场的力量是超越国界的，两者是相互矛盾的。在第二部分的讨论中，1945 年美国经济体量巨大，美国有意向和能力去建立一个全球经济治理体系，全球经济治理体系保证了战后全球经济的高速成长，中国在融入这个体系以后受益。

四、新时期，美国继续维持全球经济治理体系的愿望和能力都在下降

中国经济实力快速提升，到2030年以后，中国的经济总量将比美国还要大，这种变化几乎是不可逆的。而美国对继续维持目前的全球经济治理体系的愿望和能力都在下降，至少边际上在下降。在这一背景下，就出现了我们看到的以及在未来很长时间里面都会持续存在的中美争执等一系列问题。

现在我们把经贸问题稍微放一放，在一个超越经贸关系的更大的层面回顾中美关系，然后我们再来聚焦经贸问题，可以把很多问题看得更清楚。

我们知道，任何一个国家的经贸政策都是外交政策的一部分，任何一个国家的外交政策的核心都是捍卫自己的国家利益。问题是美国的国家利益是什么？

我认为美国的国家利益可以分解为三个层面。

美国国家利益的第一个层面是维护自己的意识形态、价值观念和生活方式，并在全球范围之内对此进行推广。美国的外交政策有实用主义的一面，也有理想主义的一面，总是在实用主义和理想主义之间摆动，在大多数时候是实用主义，但当其占据优势的时候，又会变得比较理想主义。美国外交政策偏理想主义的这一面，是要在力所能及的条件下，尽可能在全球范围之内推广它的价值观念和生活方式。

第二个层面是保证美国在核心技术和军事能力上拥有领先甚至压倒性的优势。美国只有拥有这些优势，才有能力捍卫自己的意识形态，才有可能去推广自己的意识形态。

第三个层面是让美国的商人在全球范围之内能够自由地做生意，确

保商人能够受到其他国家公正的对待，保障其利益得到充分的保护。美国商人利益在他国受到侵害，可以找美国领事馆、美国商会，美国政府就会出来交涉，目的是要保证美国商人在这个国家受到公平的对待。如果他没有受到公平的对待，美国就劝说这个国家政府这样做，否则就用其他方式进行制裁或报复。

综上，美国的国家利益是由这三个层面组成的。

当我们理解完这三个层面以后，我们再回到全球格局来看中美之间的争端。可以说，在所有这三个层面上，在美国看来，中国都对美国构成了不可忽视的挑战。

五、中美关系的未来充满不确定性

讨论完这些问题我们就容易知道和理解，在对华经贸问题上奉行强硬路线是美国两党的共识，在美国国会享有广泛的支持，在美国社会也越来越享有广泛的支持。

纵观中美建交 40 多年的历史，1972 年中美建交以后，尽管中美之间在很多领域存在不同，但是中美两国关系友好，留学生可以交换学习，经济可以正常往来。

1992—2012 年，美国的战略思想界希望把中国纳入以美国为主导的经济体系，进而希望中国会由此变得更市场化、更接近美国的意识形态。对美国商人而言，中国市场广阔，可以获取巨大的商业利益，与此同时中国当时在技术上完全不足以对美国构成挑战，所以美国的战略思想界和工商界都支持与中国接触，美国商会对华态度友好，经贸关系是中美关系的重要压舱石。

2012 年以来，中美关系的这些基石都动摇了，反对中国逐渐成为美国两党的共识。

总的来说，美国国内有三种政治力量，在反对中国这个层面上达成了高度共识。第一股力量是美国战略思想界，认为中国的意识形态与美国背向而行，以前的对华政策是失败的。第二股力量是锈带地区的产业工人，认为中国加入全球经济体系后承接了大量制造业工作，导致他们失业。第三股力量是美国的工商界，认为中国的经济制度对他们构成了不公平的竞争，侵蚀了美国的利益。

美国的战略思想界、锈带地区的产业工人和工商界，是三股相互独立的政治力量，但是这三股相互独立的政治力量在反对中国的问题上达成了高度共识，取得了广泛共鸣。从美国的政治光谱上看，这大约是目前的状况。

中美经贸关系的未来走向充满不确定性，需要双方相向而行，寻找和扩大利益的交集，需要把经贸关系视为最重要的共同利益加以维护和巩固，需要在涉及经济模式等关键问题上相互妥协，并形成制度化的安排，需要在各自的政治光谱上找到可靠的内外盟友。

需要担心的是，如果这些妥协无法达成，在双向投资、技术合作、人才流动等领域，中美会从过去日益融洽的局面走向未来不断分离的局面，过去几十年的全球化进程会分裂为中美各起炉灶的碎片化过程，中美关系由此将变得越来越不稳定。

国际贸易环境对金融市场的影响

本文是我在2018年9月9日上海新金融研究院闭门研讨会上做的主题演讲，文中试图定量估计贸易摩擦对金融市场的冲击幅度，并以此反推全球投资者对贸易摩擦前景的看法。

2018年6月中旬以来，中美两国的资本市场走势反映出中美贸易摩擦加剧对金融市场产生了较大的影响。定量检验结果显示，市场相信中美经贸关系存在很大的不稳定性，并且认为冲突的剧烈程度会不断扩大。另外，贸易摩擦对汇率市场也产生了明显冲击。坚持汇率改革路径，扩大人民币汇率形成机制的弹性，或一般性地增加经济沿着市场方向调整的弹性，这些对管理风险意义重大。

讨论贸易摩擦对金融市场的影响，在定量分析上最大的困难在于无法知道如果没有贸易摩擦，金融市场会是怎样的。由于无法做出反事实的检验，我们不能清晰地知道贸易摩擦的影响有多大。从市场参与者的角度观察，2018年以来发生了一系列对金融市场，特别是对中国的金融市场影响很大的事件，贸易摩擦无疑是其中之一，但不是全部。其他事件包括持续的金融去杠杆、逐渐加剧的债券违约潮、宏观经济政策年初以来的执行和年中的调整、新兴市场经济活动减速以及美元升息等，这些事件都对金融市场产生了持续的压力，这些压力很难全面且准确地剔除。所以，从定量估计和计量分析的实证研究角度来看，讨论贸易摩擦的影响是特别困难的。

我主要展示三方面的结果：第一，我们从经验出发，不做特别深入的分析，根据金融市场的一些表现来猜测贸易摩擦的影响有多大；第二，基于定量分析，我们讨论出一个尽量谨慎的估计结果，相信这一结果捕捉到了贸易摩擦影响的主要部分；第三，我们对贸易摩擦的影响进行解读。

一、从资本市场反应来观察贸易摩擦的影响

首先，观察上证指数。在贸易摩擦早期，也就是2018年3月至5月底，中国金融市场的一般性看法是，中美贸易摩擦的威胁只是"说说而已"，投资者不相信贸易摩擦会爆发，也没有为此做充足的思想准备，认为中美之间的相互威胁只是在为下一步达成全面协议做准备，并且这一协议很有可能达成，所以市场跌得不深。随后中美发表联合声明，达成了共识，但市场总体上也不太在意这件事情，上涨也不强烈。但到了6月中旬，中美双方正式承诺，将在随后的一段时间内开始征收关税。这使市场迅速调整预期，认识到前期的想法过于理想化，中美贸易摩擦其实是一个严肃的威胁。在这一条件下，市场出现了极大幅度的下跌，尤其是在中美贸易摩擦两次关税落地的时点，市场的下跌都非常剧烈。所以我们粗略猜测，中美贸易摩擦是促使市场下跌的一个重要因素，但也不排除其他因素影响的可能。

其次，我们再集中观察美国市场。观察美国市场的好处在于，参与美国市场上中概股交易的主要是美国本土的投资者，美国本土的投资者不受中国境内去杠杆政策的直接影响，也就是说信用违约等不会直接影响到他们的现金流状况。所以在一定程度上，中国国内的金融体系发生的一系列变化，对美国投资人证券组合的构造和调整的直接影响要弱得多。

在美国市场，我们主要观察中概股指数和纳斯达克指数，其中中概股指数就是把纽交所和纳斯达克上市的主要中国企业合并构造的成分股。在

中美贸易摩擦爆发之前，中国从 2017 年 11 月 1 日起上诉长达 3 个多月。在此期间，纳斯达克指数、道琼斯指数和标普指数联合起来对中概股指数的解释力与纳斯达克单独对中概股指数的解释力基本一致，在大部分时间里中概股指数与纳斯达克指数的走势非常接近，这可以作为反事实检验的一个重要参照（见图 7–4）。由此可知，中美市场对贸易摩擦的看法基本一致。在中美两国 3 月至 5 月相互隔空叫板时，中概股指数不为所动，与美国主流指数保持了顽强的同步性，这是因为中概股指数背后是美国的投资者。但在中美双边关税正式落地时，两个指数却出现了巨大的分化和反向运动：在纳斯达克指数不断创历史新高的同时，中概股指数出现了大幅度的下跌。这可能是因为一旦中美互征关税，投资者就开始调整预期，认识到中美之间出现了严重的问题。贸易摩擦是其中的关键因素，但我们也不认为两个指数之间的相对裂口就完全来源于贸易摩擦。此外，两个指数之间的相对裂口的增加幅度也很大。以 2017 年 11 月 1 日为起点，到 2018 年 6 月中旬，两者相对裂口的大小是 0，而现在，两者的相对裂口达到了 30%。

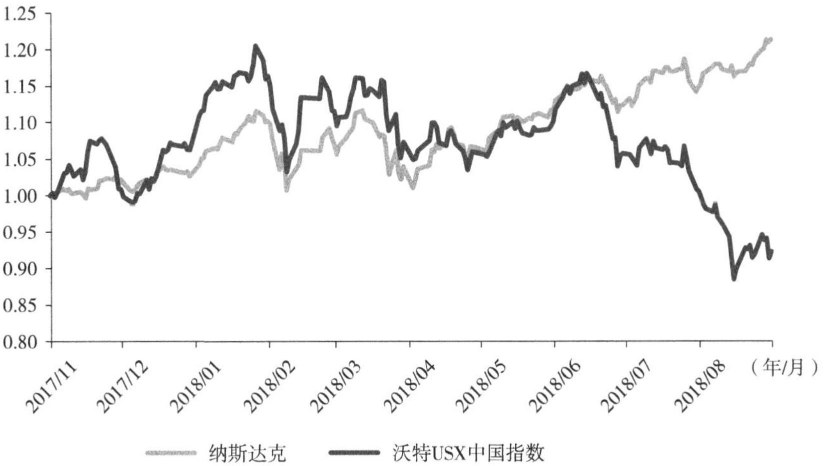

图 7–4　中概股指数与纳斯达克指数的走势

数据来源：Wind，安信证券。

最后，我们再观察企业在香港上市的 H 股指数。与中概股指数相同，H 股指数交易者包括大量的国际投资者和一部分国内投资者，所以 H 股指数更多地受到美元升息和美元汇率走向改变等国际金融环境变化的影响，而受到国内去杠杆和金融条件收紧等金融层面的直接影响则显得相对次要，也就是说，在一定程度上，H 股指数隔离了国内一些金融体系变化的影响。同时，H 股指数所覆盖的上市公司的数量代表性也比中概股指数更好。

我们以同样的方式对 H 股指数进行构造，得出了以下结论。第一，总体而言，中美贸易摩擦爆发前，H 股指数受标普指数的影响，但更大程度上是受到 MSCI 新兴市场指数一般性的影响。国际证券投资经理一般把 H 股作为新兴市场组合中的一部分，只做一般性的调仓，所以 H 股指数尽管也受标普指数的影响，但与 MSCI 新兴市场指数的走势基本趋同。从 2017 年 11 月 1 日到 2018 年 6 月，中美正式开征关税的这段时间里，H 股指数走势总体上与 MSCI 新兴市场指数非常接近，但一般性强于新兴市场指数。而在中美爆发贸易争端后，H 股指数显著弱于新兴市场指数（见图 7-5）。一个可能的解读是，两者之间的裂口是由于受到了贸易

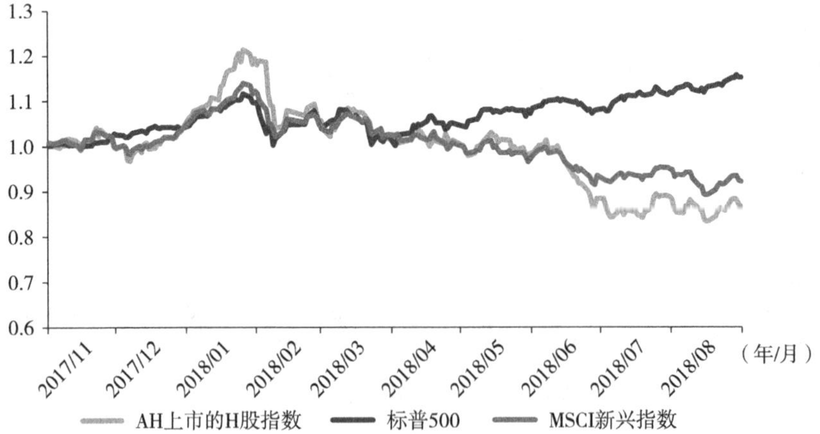

图 7-5　AH 上市的 H 股指数、标普 500 和新兴市场指数

数据来源：Wind，安信证券。

摩擦的影响。第二，香港市场上投资者的共同反应是一样的，即在中美双方隔空叫板时，大家都并不在意，也不认为中美之间的贸易摩擦是真的，但在中美互征关税的决策落地以后，市场就出现了剧烈的调整。

二、贸易摩擦对资本市场影响的定量估计

第一，我们对制造业相关标的的影响进行了粗略的检验。我们把涉及的全部行业构造成一个成分值，然后用中证 500 指数来解释这个成分值，发现中证 500 指数的解释力异常强大，即在每天市场波动幅度的基础上，两者的弥合优度超过了 90%，体现了市场非常强的同步性（见图 7–6）。但如果把中美两轮互征关税之间市场产生明显担忧并做出调整的阶段孤立出来，并用一些虚拟变量来控制，就可以得到一个非常明确的结果：这些虚拟变量非常不显著，并且系数的正负号似乎也有些问题。也就是说，投资者担心的不是标的行业会受到抑制，也不是中国制造业的升级或先进制造业的崛起会受到抑制。在市场价格变动层面上，这种假设并没有特别强的支持。

A股市场：

$$\text{2025指数} = -0.04 + 1.05 * \text{中证500} + 0.06 * Dummy1 - 0.10dummy2$$

$R^2=0.94$　　(p=0)　　(p=0.21)　　(p=0.52)

港股市场：

$$AH\text{股的}H\text{股指数} = 0.05 - 0.39 * \text{标普500} + 1.40 * MSCI\text{新兴} - 0.59Dummy1 + 0.29 * dummy2$$

$R^2=0.69$　　(p=0)　　(p=0)　　(p=0.035)　　(p=0.50)

美股市场：

$$\text{中概股指数} = -0.07 + 1.08 * \text{纳斯达克指数} - 0.78 * Dummy1 - 0.43 * dummy2$$

$R^2=0.55$　　(p=0)　　(p=0.03)　　(p=0.46)

图 7–6　贸易摩擦影响的回归结果

数据说明：dummy1（虚拟变量 1）在第一轮贸易摩擦（6/15~6/27）和第二轮贸易摩擦（7/31~8/6）共 13 个交易日取 1，其他时间取 0；dummy2（虚拟变量 2）在第二轮贸易摩擦取 1，其他时间取 0；2025 指数为电气设备、机械设备和电子的市值加权指数；除虚拟变量外所有变量均为日度涨跌幅。

第二，我们通过定量估计观察贸易摩擦对市场的影响有多大。首先，我们同时用标普指数和MSCI新兴市场指数解释H股指数每天的波动，发现两个指数对H股指数有很强的解释力，特别是MSCI新兴市场指数的解释力异常强大，而基于美国经济与全球新兴经济的分化，标普指数对H股指数的影响一般是反向的。其次，我们把两轮贸易摩擦市场反应特别剧烈的13个交易日（大概3个星期）孤立出来，并用一些考虑了等距模式的虚拟变量来解释，在统计上得到了一个较强的接近于等幅度影响的显著结果：贸易摩擦对市场的涨跌形成了很大影响。与没有贸易摩擦的反事实的情景相比，在13个交易日期间，H股指数平均每日多跌0.6%。最后，我们以同样的方式对美国的中概股指数进行构造，发现结果与H股指数表现的结果非常接近。与没有贸易摩擦的反事实的情景相比，在13个交易日期间，中概股指数平均每日多跌0.8%，累计跌幅略高于10%。另外我们也观察到，中概股指数与纳斯达克指数的裂口在贸易摩擦期间也扩大了30%，我们一般不认为上述跌幅都来自贸易摩擦，但仍有较大把握相信其中至少10%来自贸易摩擦。

三、几点评论

第一，在中美贸易摩擦以后，市场对此产生了剧烈的反应。即便是以虚拟变量相对保守的估计结果为基础，通过简单估算也可以知道市场的情绪和一般性看法。我们考虑最极端的情况，假设在两轮贸易摩擦期间，美方征收的500亿美元额外关税全部表现为中国境内公司、境外上市公司的利润损失，并且这些公司没有能力将损失转嫁给政府、消费者和雇用的员工，也没有能力通过调整出口结构，比如增加对欧洲和新兴经济体的出口来减缓影响。由此，我们就可以计算出在极限条件下中国上市公司的利润损失程度，以此为分母，并以虚拟变量计算中国上市公司的市值损失，以此为分子，就得到了市盈率。通过这个方法，我们估计的市盈率接近 80 倍，但如果全部损失都由中国境内的 A 股上市公司吸收，剔除中概股和 H 股上市公司，这一市盈率就在 40~50 倍。

通过这些数据，我们可以很好地解读市场情绪：如果市场认为贸易摩擦带来的损失是一次性的，即贸易摩擦将在短时间内结束，那么市盈率只是几倍的水平，不可能超过 10 倍；如果市场认为贸易摩擦带来的损失是永久性的，即未来相当长的时间内关税始终保持在 500 亿美元，那么市盈率一般在 10~20 倍，不会超过 20 倍。我们目前计算的市盈率在 50~80 倍，实际的市盈率可能高达 100 倍以上。市盈率如此之高，说明了两点：第一，市场相信中美经贸关系存在很大的不稳定性；第二，市场认为贸易摩擦给中国带来的损害在 500 亿美元的基础上会进一步扩大，加征关税的规模会从 500 亿美元扩大到 1 000 亿美元，再到 2 000 亿美元，市场相信对抗规模在可以预见的未来会急剧扩大。只有在这个假设下，我们才能够理解为什么市场会用几乎 100 倍以上的市盈率来吸收损失。也许市场过度恐慌，但这是中概股市场和 H 股市场上中外投资者的共同反应。国内投资者可能过于情绪化，但美股和港股市场都是由机构投资者主导的。总体来看，市场经历了转变，即从 3 月至 5 月不相信中美贸易摩擦会爆发，到现在相信中美之间的对抗是不可逆的，并且冲突的不确定性会不断加大。

第三，汇率也是贸易摩擦对金融市场产生影响的一个非常重要的渠道。首先观察由 CFETS（中国外汇交易中心）度量的人民币汇率指数（以下简称 CFETS 指数）。CFETS 指数的好处在于它是一个“一揽子”的指数，至少在一定程度上剔除了美元指数和新兴市场指数的影响。从 2017 年八九月起，到 2018 年 6 月中旬，CFETS 指数急剧上涨，累计上涨幅度超过 5%。实际上，我们需要对这种上涨进行严肃的解释，否则就不能很好地理解贸易摩擦对汇率市场的影响。

要解释 CFETS 指数的急剧上涨，我们先观察非证券投资信托类的产品收益率（非标收益率，见图 7–7），原因一方面在于中国的非标产品收益率是最市场化的，相对于表内贷款等其他的贷款，非标产品与实体经济的联系更密切；另一方面在于非标市场在整个金融体系中的规模足够大，利率弹性也非常好。非标从 2017 年下半年起就在“塌方”，从 2017 年 10 月开始到现在，非标收益率水平大幅抬升，而同期金融市场的其他部分利率总体比较稳定，场内交易受非标调整影响，利率有些下降，但在信贷市场等与实体经济联系更密切的领域中，利率是稳定或轻微上升的。从时间点上看，CFETS 指数大概也从 2017 年 10 月开始剧烈上涨，与非标收益率抬升的时间点接近。

作为市场参与者，我们对这一现象的解释是资管新规导致非标“塌方”，企业现金流紧张，被迫把境外资金调回境内或在境外市场筹措资金，即使在美元升息和走强的背景下，大量资金也流入境内，造成 CFETS 指数的大幅度上涨。这一解释与当前局面的相关性在于，截至 2018 年 7 月底，我们也没有看到非标市场的压力缓解，甚至可能会进一步恶化；相反，在债券市场上，利率下降的关键原因是非标市场压力上升，大量投资非标的资金主动或被动回到表内，导致债券市场收益率下降。

从非标市场观察，在 7 月底以前金融市场的一般性压力没有明显缓解并且可能进一步恶化的条件下，我们并没有很强的理由预期 CFETS 指数会下跌。但实际情况是，中美金融市场开始认真地对待贸易摩擦威胁，在中概股、H 股和 A 股大幅下跌的同时，2018 年 6 月中旬 CFETS 指数也出现了剧烈下跌，并且在一个多月的时间里累计下跌幅度非常大，而金融市场上资金流动层面的压力却不能得到很好的解释。换个角度来说，CFETS 指数市场剧烈调整的幅度和发生时点与股票市场几乎相同，都发生在中美相互开征关税后，并且幅度非常大，说明中美贸易摩擦也迫使汇率市场的参与者开始重新评估中国外贸与中美关系等一系列前景，这一预期在短期内的快速调整导致了投资者行为的变化，表现为 CFETS 指数市场上一段时间内汇率的剧烈下跌（见图 7-8）。

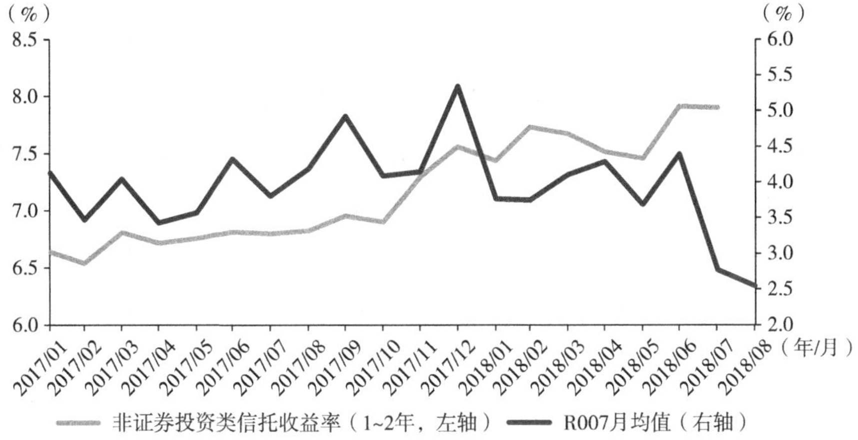

图 7-7　R007 和信托收益率

数据来源：Wind，安信证券。

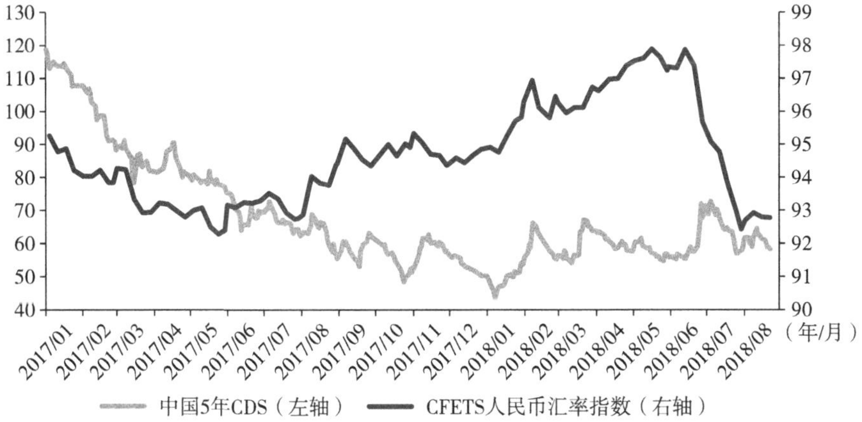

图 7-8　人民币汇率指数和主权债 CDS

数据来源：Wind，安信证券。

第四，坚持汇率改革路径，扩大人民币汇率形成机制的弹性，或一般性增加经济沿着市场方向调整的弹性，对管理风险意义重大。在贸易摩擦爆发、汇率和股票市场开始下跌的早期，中国境外主权债 CDS 大幅上升，但随着外部市场的剧烈下跌并基本调整到位，CDS 费率开始迅速稳定下来，中国五年期的 CDS 费率总体处于近几年相对底部的水平（见图 7-8）。对此，我们认为在贸易摩擦爆发早期，市场一方面剧烈调整股票和外汇定价，另一方面担心中国会由此出现比较严重的金融风险和动荡，但由于汇率与股票市场出现了相对弹性且充分的调整，市场对金融体系出现不可控的瓦解和严重损害金融稳定的风险的担忧开始快速下降，到 2018 年 7 月下旬基本消失，表现为 CDS 费率水平迅速回归正常，也就是说，有弹性的汇率形成机制和股票价格变动，在这一过程中迅速释放了很多压力，使金融体系对风险的一般性评估迅速回归正常。如果在这一过程中，我们承诺对汇率水平和股市进行干预，这些费率就会继续急速爬升，最后由于市场担心金融体系会随时解体，费率水平将难以控制。

尾　声

高中生活二三事

一、去远方

我小时候在农村长大，家里穷，常有衣食之忧。由于交通闭塞，对外面的世界很憧憬，却没有机会去看一看。最远距离的冒险是去大约四公里之外的邻村，去赶一年一次的集市。

尽管山路崎岖，仍然乐此不疲，觉得集市上人潮涌动，唱戏的、耍杂技的、卖小吃的……各类手工艺人，十分热闹，还经常担心会迷路，找不到回家的方向。县城只存在于传说中，如果哪个小伙伴有机会去趟县城，那可够吹嘘炫耀上好几个星期的。

上初中以后开始增长见识。有一次，一个小伙伴略带神秘地告诉我：“你知道吗？中国有三所最好的学校，分别是北大、清华和临汾一中。后者是通向前两者的桥梁。”他这样说的时候眼睛瞪得大大的，一副见多识广的样子。我听了以后觉得十分新鲜，临汾，那可是比我们县城大好多的大城市，有机会一定要去见识一下。

中考以后，我收到了临汾一中的录取通知书，兴奋得彻夜难眠，把通知书压在枕头底下，半夜起来翻看摩挲好几回，只担心这一切不是真的。这也是我生平第一次失眠。三年以后收到北大录取通知书的时候，我反而很平静，远没有当时那么激动。

去临汾上学，对14岁的我来说，是能够想象到的最远、最激动人心的冒险。从县城乘车出发，眼前似乎是永远也走不完的长路，宽阔而平坦，身边是一张张完全陌生的面孔，我与他们天南海北地神聊。这与我以前的经历完全不同，我们村里的土路一个坡连着一个坡，无尽的土坡从县城一路延伸到家。见到的人彼此基本都很熟悉，其祖上几代的事情都算是略知一二。

车在河谷中全速前行，两边的群山纷纷倒退；风吹到脸上，扑面而来一股汽油味，一切都很新鲜。

黄昏时分，终于到了临汾，下车后的第一个感觉是晕。这种感觉一直持续了好几个星期。

第一次从颠簸好几个小时的长途车上下来，感觉两腿酸软，地也不平，走起路来深一脚、浅一脚的。抬眼望去，则是一眼望不到尽头的楼群，以及浩浩荡荡的人流、车流，行人、骑车的人、开车的人……川流不息，又秩序井然。马路被栏杆分开，一侧的人都朝一个方向前行，与我小时候在集市上看到的完全不同。

没过多久，路灯开始点亮，把城市照耀得如同白昼一样。路过一家饭馆，透过高大透亮的玻璃窗，我看见里面的客人围着一张张桌子坐定，服务员来回奔忙，桌上是热气升腾的餐食，有又白又暄的包子，有尾巴似乎还在摆动的清蒸鱼，这可是我第一次看到真正的鱼，不由多看了几眼，摸了摸饥肠辘辘的肚子，从包袱里拿出一个干烙饼开始啃起来，心里想着大城市的生活可真好。

就这样，我的高中生活开始了。

二、沐浴

高中第一节语文课学的是朱自清的《荷塘月色》。代课的语文老师是一位北京来的知青，英姿飒爽、清秀干练，讲一口纯正的京片子，像玉石碰撞的声音一样，偶尔带着儿化音，可真好听。

她声情并茂地讲述荷塘朦胧的美景、作者细腻的感受，以及通感、移步换景等技巧，听得我如痴如醉，心想，这与我们农村的语文老师可太不一样了。以前我们老师讲语文，主要就是带领大家把课文完整地朗读一遍。评价一个语文老师水平的高低，主要看他是否念了错别字，以及读得是否通顺，我从来没想过语文课还可以这么讲。

文章中有个段落，是作者用来形容月光下荷花的美丽，用了许多比拟手法。讲到这里，语文老师略带神秘地说，这段话原文中还有一句，是说荷花像“刚出浴的美人”，考虑到少儿不宜，所以课本里给删除了。

我平生读书，最好奇的就是“此处略去三百字”的部分，中年以后还尝试将所读书中的删节如数补齐。语文老师这句随口讲解立即激起我巨大的好奇心，决心探寻一番。

第一个困难是，我不明白什么是“出浴”。字典上说“浴”是指“沐浴”，可什么是“沐浴”呢？我茫然地想了半天，很难理解。“沐”字是三点水带着“木”，看来和树有关系。“浴”字是三点水带着“谷”字，看来和谷物有关系。那么“沐浴”这个词应该与植物有关系，但到底是什么意思呢？

后来进一步查找，看到一个通俗的解释，说“沐浴”就是“淋浴”，或“洗澡”。可什么是“洗澡”呢？我还是一头雾水。要知道，在上高中之前，我从来没有洗过澡，也没见过别人洗澡。在我的记忆中，周围的人是从来不洗澡的。

几个星期以后，同伴相邀，第一次去了学校的澡堂。进去之前我还不太明白这是要去干什么。一进澡堂，只见水雾升腾之中，一个个同伴走来走去，赤裸相见，一丝不挂。我大为震惊，不知所措，呆立在原地，心中暗想，都说城里人很文明，怎么可以这样在别人面前裸露自己呢？难道不感到害羞吗？

就这样，我终于明白了什么是“沐浴”，尽管仍然没有弄清楚这和树有什么关系。

上了大学以后，有机会读到与西方美术史相关的著作，终于可以直观地想象出什么是“刚出浴的美人”，心中仍然疑窦不少：朱先生当时年轻力壮，夜晚漫步荷塘，妻子在屋里哄孩子睡觉，他却对着荷花神游物外，想入非非，其可乎？

三、火人

高中上英语课，老师有时点名让学生朗读句子，并现场翻译为中文。这对我来说可是一个巨大的考验。

一个原因是我不会说普通话，家里也没人讲普通话。那时没有电视，想学普通话也无从学起。而且，村里的人都以学说普通话为耻，认为这是忘本之举。所以到高中的时候初学普通话，南腔北调，被人嘲笑，是容易想象得到的。

更重要的是，我的英语基础太差。我初中的英语老师是一位民办教员，一边耕田，一边教书。初中一年级第一学期结束以后，他已经难以胜任下一步的教学要求，无法读准许多音标，不是十分明白进阶后的语法区分，再加上家里的农活繁重，他的教学方式就变为带领我们读课文，磕磕巴巴地读一遍，这篇课文就算过去了。所以，许多单词和音标，我既不认识，也不会读，更不明白复杂一些的语法，对英语历来望而生畏。

可是人总是怕什么来什么，我终于躲不掉、逃不过，被抽到了。

我清楚地记得那段英文是关于消防员救火的，但当时我还不知道“消防员”这个词语。读完英文后开始翻译，翻译到“fireman”这个单词的时候，我开始卡壳，不知道中文该怎么说，情急之下灵机一动，大声说这是“火人”，全班哄堂大笑。

老师笑着问，那么“火人”开的车是什么呢？我硬着头皮说，那应该就是“火车”。

高考结束以后，我长出一口气，心里说，这辈子，我终于再也不用学英语了。

后来到了大学才明白，痛苦和折磨才刚刚开始。

四、喝酒与无线电

我们那时的高考是先报志愿后考试，要通过估量自己的水平来选择学校。

大学招生资料发下来，看着一行又一行高大上的专业名字，我一片茫然，不知道这些专业都是干什么的。同伴严肃地告诉我，选专业比结婚还重要。结了婚还可以离婚，重新选择；选了专业，这辈子就陷进去了。我听完以后猛然一惊，心中深以为然。

当时有个专业叫“计算机软件”。计算机还好理解，不就是拿在手里，快速加减乘除的机器嘛，可什么叫“软件”呢？我想破脑袋也无法明白。于是我去请教一位熟悉的老师。

那位老师嘿嘿一笑，认真地说：“有个像电视一样的机器，下面连着一个面板，板上花花绿绿有好多字母。一敲字母，屏幕上的东西就不停地滚动，就像火车站售票柜台后面那些东西一样，这就是软件。”我听完以后觉得十分高深，也不明白这个专业有什么用，心想这门专业就算了吧。

他又进一步解释说，两个人各拿一台机器，相互之间不连线，不管相隔多远，两个人都可以相互说话，别人还听不见。这就是无线电。这下我立即明白了，觉得这个专业有意思，又实用。

就这样，我考上了北大无线电系。

紧张的高考期间，我受邀到这位老师家吃午饭。他热情地准备了不少饭菜，还备了啤酒。这是我第一次见到啤酒。

他亲切地介绍说，啤酒和水差不多，是一种解渴的饮料，可以随便喝。他还说他们上大学那个时候，都是用洗脸盆把啤酒打回宿舍喝的。席间，他不停地劝我吃菜、劝我喝酒。

这是我一生中第一次喝啤酒，也是第一次喝酒，更是头一次知道我对酒精严重过敏。

后来上大学的时候，半瓶啤酒就足以让我昏昏睡去，一瓶啤酒则会导致严重的呕吐，这一问题迄今无法解决。

就这样，我第一次喝了这么多的啤酒后，只觉得昏昏沉沉、头重脚轻、双颊发烫、胃里恶心，脚步虚浮地走进考场。抬眼望去，见到黑板飘来飘去，看任何东西都有重影。

这是一场化学考试。1988 年的高考化学试题特别难，据说是要给联合国教科文组织报送题目。打开试卷没几分钟，我就感觉脊背发凉，心里想这下全完蛋了。我拼命地想冷静下来，整理一下思绪，但脑袋就是不听使唤，东一块、西一块地飘着许多东西，就是拢不起来，再也没有往日考试时的淡定和镇静。

从那以后，一看到啤酒，我就想到高考、想到化学，就感到后背凉飕飕的……

30 年过去了，回望青春，我在临汾一中收获了许多。高中生活的酸甜苦辣早已随着岁月的流逝，沉淀为生命中抹不掉的思念和回味，是为记。

时光的刻痕

40年以前，以邓小平同志为核心的党中央做出了改革开放的伟大决策，掀开了中国现代历史波澜壮阔的新篇章，推动中国向着民富国强的目标大步前行，在规模和深度上创造了人类历史崭新的奇迹。作为在改革开放年代中成长起来的一代人，我有幸目睹、见证并深深受益于这一伟大的社会变革。

生产队的记忆

夜已经很深了，屋外的北风一阵紧似一阵，吹落了院里树上残存的几片树叶。四周静悄悄的，偶尔从远处传来几声狗吠，更增添了夜的静谧。

母亲从织布机上走下来，伸了个懒腰，吹灭窗台上的油灯，打算休息。

这时，院门处传来几声轻响，伴着低声的呼叫："睡了吗？我想借你们家点东西，有急用。"

母亲侧耳静听，分辨出是邻居家要借东西。"这深更半夜的，要借什么呢？难不成家里孩子病了？可我们家也不是药铺子呀？"母亲心里琢磨着，一边起身去开门。

一进院门，邻居低声而急促地说："今天晚上生产队要组织挨家挨户搜家，检查是否有私藏队里棉花的情况，你们要小心呀。"说完，他转身出门，又去通知别的邻居了。

原来，这段时间生产队里组织采摘棉花，但许多棉苞还没有绽开。

由于寒冬将至，气温很低，棉花早已停止生长，只好将棉苞整个摘下，然后分给每家每户。

每户的任务是，用手把棉苞剥开，把其中带籽的棉花扒出来，再全部上交给生产队。

由于缺吃少穿，一些人会私藏扒出来的棉苞，其中的棉籽可以用来榨油，棉花可以自己纺线、织布，做成衣服穿。

为了打击这种行为，生产队的做法是深夜组织突袭搜家。

邻居走后，母亲睡意全无，重新点亮油灯，坐在织布机上，一边织布，一边等待，一边想着家里的生计。

果然，到了后半夜，村里的狗叫声由远及近，越来越多，越来越响亮。紧接着，街上传来杂乱的脚步声，和着咳嗽声和偶尔的低声交谈。没多久，院门处传来“咚咚咚”的声响，像擂鼓一样。

院门刚开，马上涌进来一群壮汉。这些人二话不说，拿着手电筒，就着月光，开始翻箱倒柜地检查，家里的面缸、麦瓮、衣柜、藤筐、被子里都一一查到，有的甚至要下到地窖里看一看。

正在熟睡的我被吓醒，裹着被子蜷缩在墙角惊恐地看着这一切。那时的我，只是一个5岁左右、刚开始模糊记事的小童。

那是20世纪70年代中期，在中国北方农村一个普通的冬天的夜晚。也许后来的中央领导这时正在酝酿着改革开放的伟大构想，但童年的我只模糊地记得，广播里到处在宣传要“割资本主义的尾巴”，而父母却在愁眉紧锁地盘算着日常的生计：眼看着天气一天比一天冷，孩子们的冬衣还没有着落；家里的存粮，到来年开春就支撑不下去了，青黄不接的时候，孩子们吃什么呢？

多年以来，围绕计划经济的争论时而沉渣浮起，但这段童年的经历始终告诉我，至少在摘棉花这件事情上，计划经济是不靠谱的。

北大往事

1988年的北京大学，刚刚在这年5月4日的时候隆重纪念了建校90周年。作为“戊戌变法”的产物，北大师生总是对现实政治怀有异乎寻常的热情，并常以“兼容并包、兼收并蓄”来自诩。

这年秋天，我完成高中学业，进入北大，开始了此后七年在燕园的学习生活。当时的北大校园，多少还散落着一些校庆的气氛,《精神的魅力》作为杰出校友纪念校庆的一本文集，几乎是人手一本。

但一进北大,给我冲击最大的并非这些。我最深刻和最新鲜的感受是，北大像个自由市场。

只是在这个市场上自由叫卖的并非文具，而是各种闻所未闻的新思想。在名目繁多的各类讲座、沙龙和聚会上，社会名流纷纷登场，宣讲他们对中国问题的各种思考,或者自己的学术主张。学生则可以自由出入，甚至打断演讲人，提问交流。

经常出现的情况是，阶梯教室被围得水泄不通，连过道上都挤满了人，讲台两边也都密密麻麻地站满了学生，手里都拿着笔记本。演讲者在讲台上侃侃而谈，眉飞色舞，不时用力地挥动双手，来强调自己的观点。讲到精彩处，教室里自发地爆发出潮水般的掌声和叫好声。偶尔有学生起身提问诘难，观点犀利，见人所未见，周围的人则会报以钦佩的眼神和热烈的鼓掌，连演讲者也会连连赞叹“好问题、好问题”。

当时在北大校园里传播、争论并相互激荡的许多新思想其实是舶来品，但也有不少是本土学者的学术思考。

对刚经历了长期思想禁锢的许多人而言，对刚在高中阶段被灌输了不少形态意识教条的我来说，这一切都是那么激动人心。这好比在一所长期不通风的房间里，突然打开了窗户，新鲜的空气涌进来，终于可以自由地大口呼吸，不由得感觉神清气爽，精神为之一振。

高中的政治课，我们学习了政治经济学、辩证法和历史唯物主义，自以为利刃在手，应有尽有，可以无往而不胜，可以犀利地批判其他经济和社会学说的虚伪和欺骗，可以深刻地揭穿西方资本主义压迫和剥削的真实面目。

但是，面对各种竞争性学说的宣讲和介绍，我似乎毫无招架之力，深感困惑和迷茫。在那时的我看来，不少新鲜的学说具有严密的逻辑推演、扎实的经验证据、深刻的思辨拷问，完全不是自说自话的说教，非常有说服力。这使我开始认识到，具有独立的、批判性的思考能力，而不是寻章摘句地死记硬背是多么重要和稀缺。

高考前夕，我曾经在报考北大还是北大的隔壁校之间颇为纠结。后来听人说北大思想自由、环境宽松，便选择了北大。重要的原因是当时我有两大雅好：一是喜欢凑热闹（属于看热闹不嫌乱子大的类型），二是好为人师（属于不懂装懂的类型）。

进入北大不久，就发现这所学校的气质与我十分契合，两大雅好同时得到了很好的满足，深感当时报志愿的选择是正确的。

尽管当时在北大，各类思想宣讲呈现百家争鸣之势，但大多数演讲和争论还是围绕中国经济改革展开的，这也是当时报纸和社会上最热门的话题。1978 年，北大学生冲出校园，喊出“团结起来、振兴中华”的口号；1984 年，国庆游行，北大学生在通过天安门城楼时，打出了“小平您好”的横幅，这些往事也一直为人津津乐道。

尽管高中阶段曾经着迷于物理学，进入北大的专业是无线电电子学，也是物理学的一个分支，但进入北大不久我就认识到，经济学可真不错，热闹时髦，从之者众；又可以冒充国师，指点江山，十分合我的胃口，于是暗下决心要去经济学院读研究生。

我找到一位北大经济学院的学长寻求帮助。他给了我几本书，并开列了一个书单，还嘱咐了一些要点。实际上，他的书单主要是美国大学经济专业本科和研究生的教材，不少都是原版书目。他嘱咐的要点是，书中有感兴趣或弄不明白的地方，可以查阅和钻研一下相关英文文献。

当时，在大多数中国大学的经济专业，《资本论》仍然是最主要的教材，西方经济学是作为思想史用来批判的，但北大已经引入美国原版教程作为主要的教学内容，这种开放的态度让我受益良多。

几年以后，我进入北大国民经济管理系（北大光华管理学院的前身）开始研究生阶段的学习。

“葵花宝典”

1992年春节过后，从南方回校的同学开始提到邓小平南方谈话的消息，但细节很模糊，我们也是将信将疑，甚至担心这又是境外敌对势力的阴谋和谣言。

大约五六月的时候，系里突然通知召开全体大会，传达重要讲话。大家多少能够猜到要传达的内容，纷纷赶往指定的会场。屋里黑压压地坐满了人，大家都不说话，屏声静气，等待会议开始。往常的会议之前大家多少会相互打招呼、交头接耳，会前总是一片嗡嗡的声音，但这次的气氛显然不同。

系里的领导开始宣读邓小平同志南方谈话的要点，会场不时响起热烈的掌声。当读到邓小平同志说，“要防止右，但主要是防止‘左’”时，雷鸣般的掌声经久不息。我向窗外望去，视野中一片模糊，情不自禁的泪水早已浸透了双眼。

之后，许多同学都去了深圳。

在研究生学习阶段，厉以宁教授担任学院掌门人。由于他长期倡导股份制改革，并带领几位研究生学长牵头起草中国第一部《证券法》，再加上当时股票市场在初创阶段，交易活跃，波动巨大，投机成风，学生在紧张的学习之余，都很关心股票市场的情况。

有天深夜，我正在宿舍上铺熟睡，突然一声巨响，紧接着，听到下铺兄弟声如洪钟般的断喝：“写得好呀！”

我心中一惊，深更半夜的，这家伙大呼小叫，是个什么情况？

我揉了揉惺忪的双眼，探头向床下望去，见他正在挑灯夜读。刚才他读到精彩处，心生共鸣，情不自禁，不由得一掌击在墙上，大声喝彩。原来，那声巨响，是他演习“降龙十八掌”产生的。

我寻迹望去，在书的封面上依稀看到了四个金光闪闪的大字：“葵花宝典”。

我凛然起身，世上竟然真有这等奇书？这可要借过来好好研读一番，实在不行就“巧取豪夺”。

我眯起双眼，瞧个仔细。书的题目赫然是：炒股三十六招。原来刚才是看花了眼。

20 多年过去了。这位同学甫一毕业就投身证券市场，迄今已成为中国股票市场少见的常青树，声名远播。

而我当时正着迷于资本资产定价模型和效率市场假说，折服于其简洁、精巧、深刻的经济思想，以致迄今进入股票市场有年，却仍然是深山探宝，空手而归。

上海滩

四月的北京乍暖还寒。中南海的宫墙外，玉兰花已经凋谢；昆玉河畔，柳树刚刚抽出新芽，在春风中摇曳起舞。

夜晚时分，华灯初上，薄暮下的长安街气度恢宏，庄严大气。

我与朋友漫步在复兴门的桥头，却无心欣赏身边的美景，内心充满彷徨和纠结。

这是2003年的暮春，“非典”的阴影还没有散去，而我则站在人生的又一个十字路口，不知道该何去何从。

一个选项是远赴美国，再念一个经济学的博士学位。当时我已经拿到一些录取通知书，并开始办理留学签证。

另一个选项是在国内谋一份差事，薪水优厚一些，还有一些成长空间。

麻烦在于，在国内谋份差事何其不易，所谓成长空间更是一片朦胧；而留学生涯的未来路径明确清晰，容易预测。

陪同我散步的是多年的同窗好友，当年正是他的指点使我顺利转入经济系读研究生。

这时，他正在力劝我加入光大证券，从事经济数据的分析工作。新上任的光大证券总裁决心加大投入，全力转型和发展卖方研究业务；而好友则受命主理此事。

此前，我曾经在政府机构工作数年，从事公文运转，对证券公司十分陌生，也弄不懂卖方业务到底是做什么，去证券公司分析经济数据有什么价值，心中难免惶恐忐忑。

好友尖锐地指出，我已经三十出头，如果远赴美国，到四十多岁才能够安定下来，大好年华，皓首穷经，十分不值。即使四十多岁在美国谋到一份差事，薪水难言丰厚，这期间还要生孩子、置产业，经济必然不宽裕。而国内证券市场则是“广阔天地、大有作为”。

总之，他痛陈留学之非，极言在国之是，剖析利害，鞭辟入里，直似苏秦重生，张仪再世。

就这样，尽管家里人坚决反对，我也颇有疑虑，但几个月后，我还是撕掉了美国留学的签证，一咬牙、一跺脚，转身去了上海。

光大证券的研究所当时设立在上海浦东张杨路上一个居民楼里，属于这所建筑的底层商铺。这个底商本来的设计是要建一个超市，由于无人承租，一楼变成一家川菜馆，二楼则成为我们的办公场所。每天中午时分，办公室便飘来菜馆炒菜的香气，和着川菜独有的麻辣味；偶尔有老鼠从桌子底下钻出来，又飞快地溜走了。

这一年的证券公司经营极度困难。有同事含着泪说，基层营业部的员工，一个月800元的工资都已经发不出来了。在居民楼里，与川菜馆一起办公，重要的原因是租金便宜。想起“广阔天地、大有作为”的豪言，我的心中开始惴惴不安。

会议室里灯火通明，烟雾缭绕，已经是凌晨两三点，我们刚讨论完一个演示文稿，处理好最后几个数据，开始吐着烟圈，随口议论卖方业务的模式和公司的未来发展。

好友大手一挥说，我们今年的分仓业务收入刚起步，差不多500万元，几年以后，我们的业务收入会达到3 000万元以上。到那时候，大家的个人年收入，将足以睥睨美国的普通中产阶级。

会议室里传出轻快的欢笑声。不是期盼，而是大家认为这是不可能发生的：公司已经快无米下锅了，能否撑到那时候都还难说呢。再说，从哪里能弄到那么多钱呢？

实际发生的情况是，几年以后，我们的分仓业务收入已经数以亿计。

江湖之远

在美国，金融市场的波动在政府宏观经济决策中具有举足轻重的作用，投资银行（在中国称作证券公司）经济学家对经济数据的分析，以及对市场的解读，对政府判断局势具有不可忽视的影响。但中国的情况显然并非如此。

当年，一些朋友听说我去证券公司做分析师、炒股票，感觉十分惋惜：干点什么正经事儿不好，非要去搞投机生意，再说，原来在政府的工作又体面、又高大上，怎么说丢就丢了呢？

在上海期间，有次打电话给当地人民银行分支机构，自我介绍后，客气地询问对方主要负责哪个领域的工作，接电话的人员不屑地说：“我的工作就是管你们这些人。”说完就把电话挂了。

还有一次，应邀参加一个私募基金的午餐会，我的角色是介绍一些经济方面的判断。我站起身来，刚说明身份，就被中国人民银行上海分行的一位科长打断：“这些事情你们不懂的。我的分析刚上报给中国人民银行总行，得到了总行货币政策司的肯定。下面我来给大家介绍一下……”

这就是当时的状况：2003 年，中国证券业的研究业务刚开始蹒跚起步，没有人认为证券公司能够拿出严肃的、具有启发性的宏观研究报告。

2018 年 5 月 31 日上午，成都洲际酒店的大宴会厅座无虚席，连过道和后排都站着许多人，听众十分安静，神情投入而专注。

受现场气氛的感染，站在讲台上的我变得十分放松，脱离既定的演示文稿，开始谈起一段时间以来，郁积在胸中的、对当下宏观经济政策的观察、思考和批判。由于事前没有准备，随口议论，有些言辞颇为尖锐，忘记了两个重要事实：一是台下的摄像机正在进行网络图文直播；二是在移动互联网时代，即时文稿的整理和传播速度是以分钟来计量的。

让我完全没有想到的是，这次演讲的内容立即在网络上疯传，引起了一场轩然大波。

第二天，广州一家很有影响力的报纸即以头版社论的形式发表评论，指名道姓、单刀直入地指责我在成都的演讲是“将个人利益凌驾于国家利益之上”。一些网络评论员也认为我是“一些利益集团的代言人”，试图干扰和阻挠国家大政方针的实施。

作为证券公司的经济分析人员，在媒体能够享受这样的待遇，这与 15 年前相比，判若云泥。

一些很长时间不联系的人也打来电话，嘘寒问暖的同时，旁敲侧击地询问：目前有没有压力？人身是否安全？上下班有人跟随陪同吗？还能够自由活动吗?

实际上，这次演讲的题目倒是事前经过仔细斟酌和精心选择的，用的是故宫保和殿后边的匾额“允执厥中”，想借此表达的意思是政策要做好搭配平衡，财政、货币、监管等各司其职，协调有序，不要单兵突进，不要走极端。由于“允执厥中”这个词语出自《尚书》，艰涩难解，没有引起太多的注意。

后来听人说，这场成都演讲似乎确实引起了政府部门的关注，并引发了一些官员的巨大愤怒。

值得注意的是，几个星期以后，其他一些学者和退任官员开始加入公开批评当前政策的行列，成都的演讲开始显得不那么突兀和孤单了。

6 月下旬以后，金融市场的许多领域都开始出现明显的压力，我在成都担心的一些情况也开始显现。

7 月中下旬，宏观经济政策开始出现全面调整和修正，此前的批评和争论基本平息下来。

差不多 1 000 年以前，范仲淹勉励士大夫要“居庙堂之高则忧其民，处江湖之远则忧其君”。证券公司的研究人员从事的是商业工作，以赚钱为己任，处于江湖之远；但这并不表示他们没有超越个人利益的高尚追求，没有维护公众利益的庙堂之忧。

像在美国发生的那样，证券公司研究人员的经济分析和市场解读，也许正在成为中国制定宏观经济政策过程中，值得参考的意见和想法。这一相对于 15 年前的显著变化，生动地折射了在改革开放的历史大潮中，中国资本市场所取得的巨大进步。

40 年以前，邓小平同志以战略家的无与伦比的远见卓识，掉转了中国历史巨轮的航向，由此创造了前所未见的经济繁荣和社会进步，这一伟大转折必将彪炳史册。作为这一历史巨变中的一粒尘埃，我的经历当然是微不足道的，但我希望它像一滴水珠一样，能够折射出太阳般耀眼璀璨的光芒。